중학교·고등학교 교육용 한자
1800자 한 권으로 끝내기!

중·고등
한자쓰기 1800

초판 발행	2012년 05월 14일
초판 8쇄	2024년 03월 05일
발행인	이재현
발행처	리틀씨앤톡
등록일자	2022년 9월 23일
등록번호	제 2022-000106호
ISBN	978-89-6098-136-2 (13710)
주소	경기도 파주시 문발로405 제2출판단지 활자마을
홈페이지	www.seentalk.co.kr
전화	02-338-0092
팩스	02-338-0097

ⓒ2024, 리틀씨앤톡

본 책은 저작권법에 의해 보호를 받는 저작물이므로 무단 전재와 복제를 금합니다.

머리말

　우리가 일상생활속에서 사용하는 한자 어휘는 상상할 수 없을 정도로 많습니다. 즉, 한자를 알면 그 문장이나 단어를 이해하기 쉽다는 것입니다. 뿐만 아니라 대학수학능력시험에서도 한문이 제 2외국어/한문 영역의 한 과목이며 여러 대학교의 입학시험에 한문시험 점수를 반영하고 있으며 한자능력시험의 국가 공인 자격증은 생활기록부와 기타 자격증란에 등재할 수 있게 되었습니다.

　한문이라는 과목은 중학교와 고등학교에서 배우는 여러 과목과 많은 연계성을 가지고 있습니다. 예를 들어 국어 과목에서 배우게 되는 고전 문학 작품이라 든지 혹은 논술 문제라든지 이러한 과목들을 배울 때 한자의 어휘를 알면 더 빠르고 정확하게 이해할 수 있습니다.

　또한 중학교와 고등학교에서 배우는 필수 한자들은 학교를 졸업하고 사회에 진출하면 더욱 유용하게 쓰입니다. 현재도 많은 사람들이 한자능력시험의 자격증을 따기 위해 공부를 하고 있으며 일부 기업에서는 입사 전형, 승진 시험 등에서 한자능력시험의 자격증으로 가산점을 부여하고 있습니다.

　이 책에는 정부에서 정한 중학교 교육용 한자 900자와 고등학교 교육용 한자 900자, 해당 한자의 활용 단어 및 부수, 필순 등을 가나다순으로 실어 한자를 쉽고 빠르게 익힐 수 있도록 하였습니다. 중·고등학교 과정에서 꼭 익혀야할 사자성어와 유의자 및 반대자를 실어 알차게 공부할 수 있도록 하였습니다.

　꾸준한 학습과 반복을 통해서 일상생활에서 한자를 활용할 수 있도록 합시다.

목차

머리말	3
한자의 부수	5
한자의 육서	6
한자의 필순	8
중등 한자쓰기 900자	11
고등 한자쓰기 900자	103
사자성어	196
유의자	227
반대자	247

한자의 부수

변 글자의 왼쪽에 위치한 부수를 '변'이라 한다.
  亻(사람인 변) : 仁(어질 인), 仙(신선 선), 仕(섬길 사)
  彳(두인 변)   : 後(뒤 후), 徑(지름길 경), 很(어길 흔)
  忄(마음심 변) : 情(뜻 정), 性(성품 성), 惟(생각할 유)

방 글자의 오른쪽에 위치한 부수를 '방'이라 한다.
  刂(칼도방) : 利(이로울 리), 劍(칼 검), 刻(새길 각)
  卩(병부절) : 卯(토끼 묘), 印(도장 인), 卵(알 란)
  阝(우부방) : 部(떼 부), 邦(나라 방), 邱(땅이름 구)

머리 글자의 위쪽에 위치한 부수를 '머리'라고 한다.
  冖(민갓머리)   : 冠(갓 관), 冥(어두울 명), 冢(무덤 총)
  亠(돼지해머리) : 亡(망할 망), 交(사귈 교), 京(서울 경)
  艹(초두머리)   : 草(풀 초), 芒(가시랭이 망), 芳(꽃다울 방)

엄 글자의 위에서 왼쪽아래까지의 부수를 '엄'이라 한다.
  尸 (주검시엄) : 屍(주검 시), 尺(자 척), 局(판 국)
  广 (집엄)   : 店(가게 점), 底(밑 저), 座(자리 좌)
  厂 (민엄호)   : 厄(재앙 액), 原(언덕 원), 厭(싫을 염)

발 글자의 아래 부분에 위치한 부수를 '발'이라 한다.
  儿(어진사람인발) : 兄(맏이 형), 允(진실로 윤), 光(빛 광)
  灬(연화발)   : 熱(더울 열), 無(없을 무), 焦(그을 초)

받침 글자의 왼쪽에서 아래로 걸친 부수를 '받침'이라 한다.
  辶(갖은책받침) : 道(길 도), 過(지날 과), 近(가까울 근)
  廴(민책받침)   : 延(늘일 연), 建(세울 건), 廷(조정 정)녀

에울몸 글자 전체를 에워싸는 부수를 '에울몸'이라 한다.
  凵 (위튼입구몸) : 凶(흉할 흉), 凹(오목할 요), 出(날 출)
  匚 (터진입구몸) : 區(구역 구), 匠(장인 장), 匱(함 궤)

제부수 글자 자체가 부수인 것을 '제부수'라고 한다.
  生(날 생), 父(아비 부), 金(쇠 금), 竹(대 죽), 食(밥 식), 音(소리 음), 牛(소 우) 등

한자의 육서

한자를 이룰 때 여섯 가지의 원리에 따라 하게 되는 것을 말한다. 그 여섯 가지 원리는 상형, 지사, 회의, 형성, 전주와 가차의 방법을 말한다.

상형(象形) - 사물의 모양을 본떠서 만든 글자이다.

지사(指事) - 그림으로 표현하기 힘든 내용을 선과 점 등을 이용하여 나타낸 글자이다.

회의(會意) - 두 개 이상의 글자가 뜻으로 합쳐져 새로운 뜻이 된 글자이다.

형성(形聲) - 뜻 부분과 음 부분이 합쳐져서 새롭게 만들어진 글자이다.

門(문 문) + 口(입 구) → 問(물을 문)

전주(轉注) - 글자의 뜻이 바뀌어 다른 뜻으로 변한 것으로 의미가 확대, 유추된 경우이다.

惡(악할 악) : 본래 뜻 → 惡(미워할 오) : 새로운 뜻

예 惡行(악행) → 憎惡(증오)

가차 (假借) - 의미는 상관없이 소리가 비슷한 한자를 빌려서 나타낸 것이다.

유럽(Europe) → 歐羅巴 (구라파)

한자의 필순

한자의 필순은 엄격한 규정에 의해 꼭 이대로 써야 한다는 것은 아니지만 오랜 관습에 의해 형성된 어느 정도의 규칙을 가지고 있다. 오랜 시간에 걸쳐 사람들에 의해 만들어진 전통적인 필순은 정확한 획과 쓰기에 있어 글자의 전체적인 균형미를 더욱 살려주는 관계로 필순에는 옛 사람들의 많은 시행착오와 경험이 들어 있다고 볼 수 있다. 다음 아래의 여러 원칙을 바르게 배워보자.

1 위에서 아래로 쓴다.

一 二 三

2 왼쪽에서 오른쪽으로 쓴다.

丿 丿丨 川

3 가로획을 세로획보다 먼저 쓴다.

一 十

4 좌우대칭일 경우 중앙을 먼저 쓴다.

亅 小 小

예외 丶 丶丶 火 火

5 둘러싼 글자는 둘러싼 몸을 먼저 쓴다.

丨 冂 月 同 同 同

6 글자를 꿰뚫는 획은 나중에 쓴다.

세로획

丨 口 口 中

가로획

く 夂 女

7 점은 맨 나중에 쓴다.

丿 亻 亻 代 代

8 삐침을 파임보다 먼저 쓴다.

丶 ニ ナ 文

9 받침

1) 받침이 독립자로 쓰이면 먼저 쓴다.

一 十 土 𠂇 𠂇 走 走 起 起 起

2) 받침이 독립자가 아니면 나중에 쓴다.

丨 口 口 冂 冋 咼 咼 咼 咼 過 過 過 過

중등 한자쓰기
900자

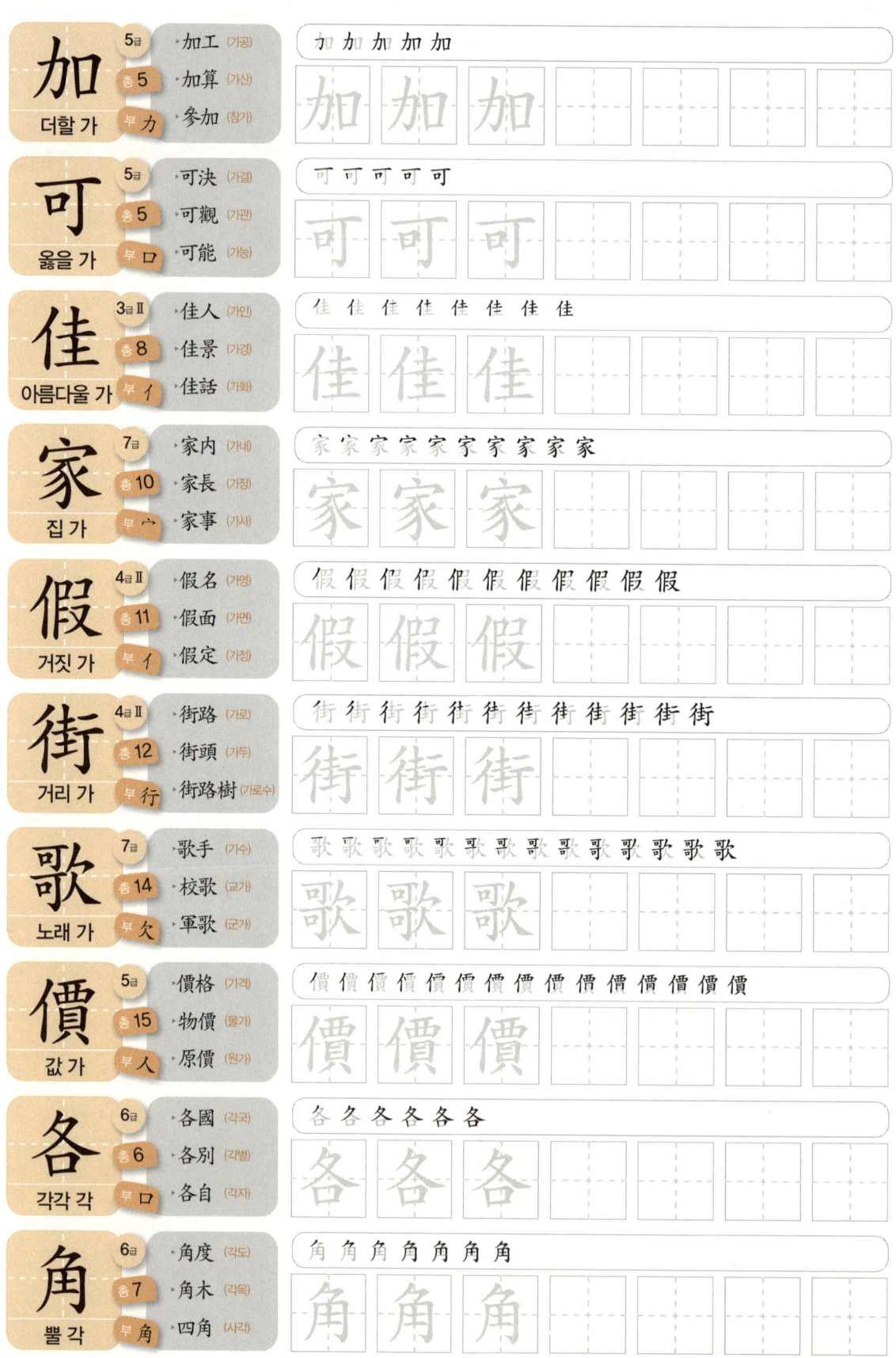

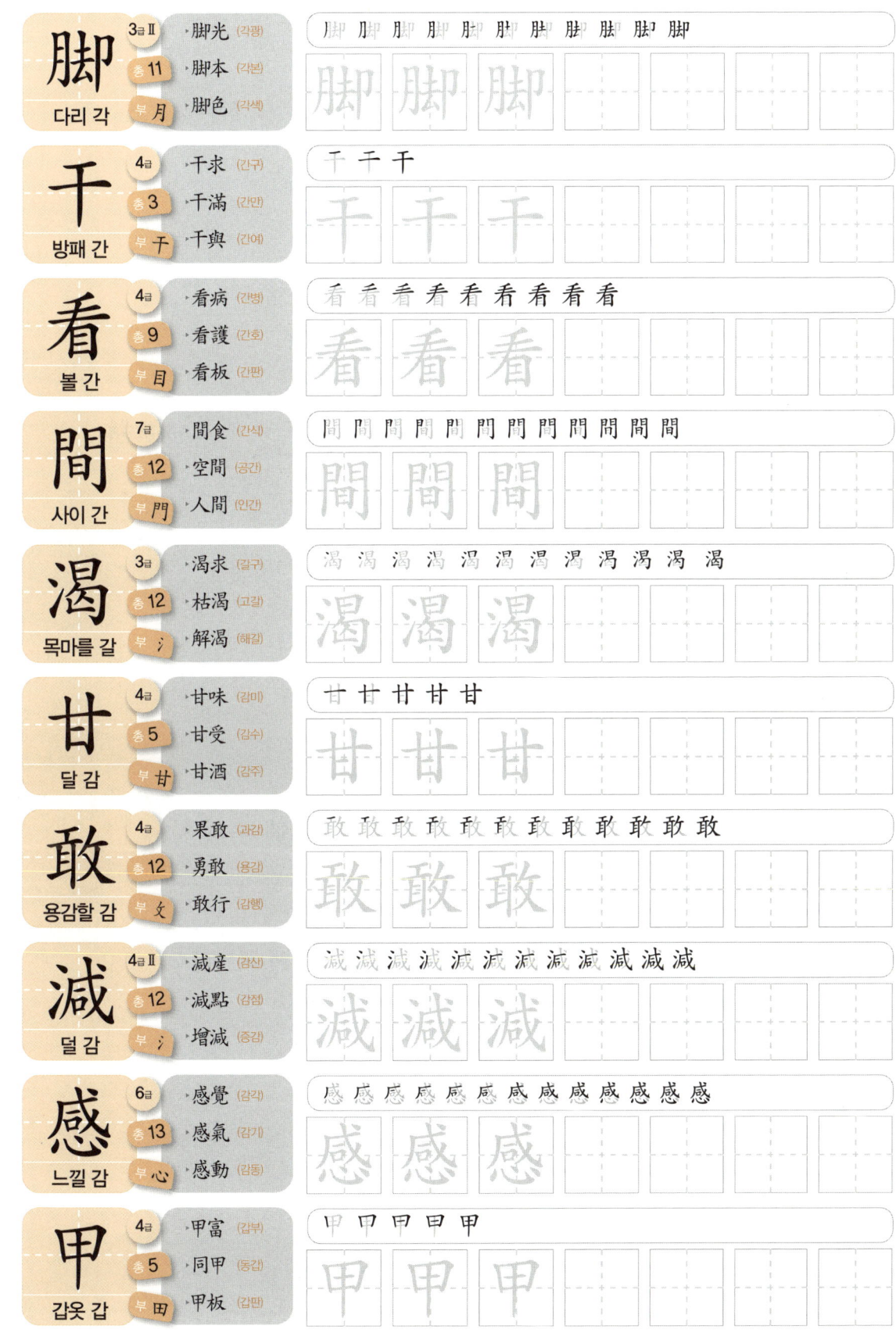

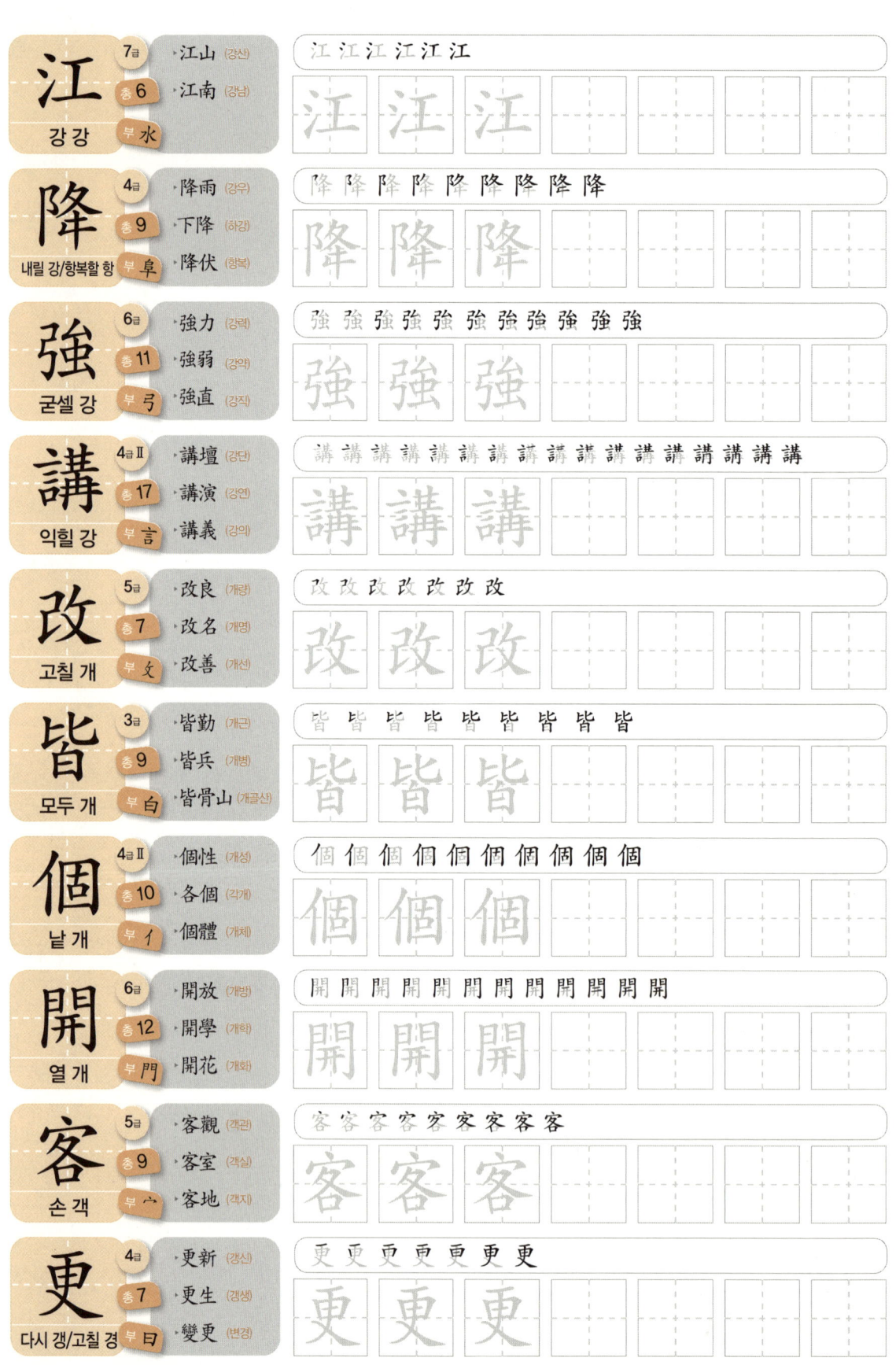

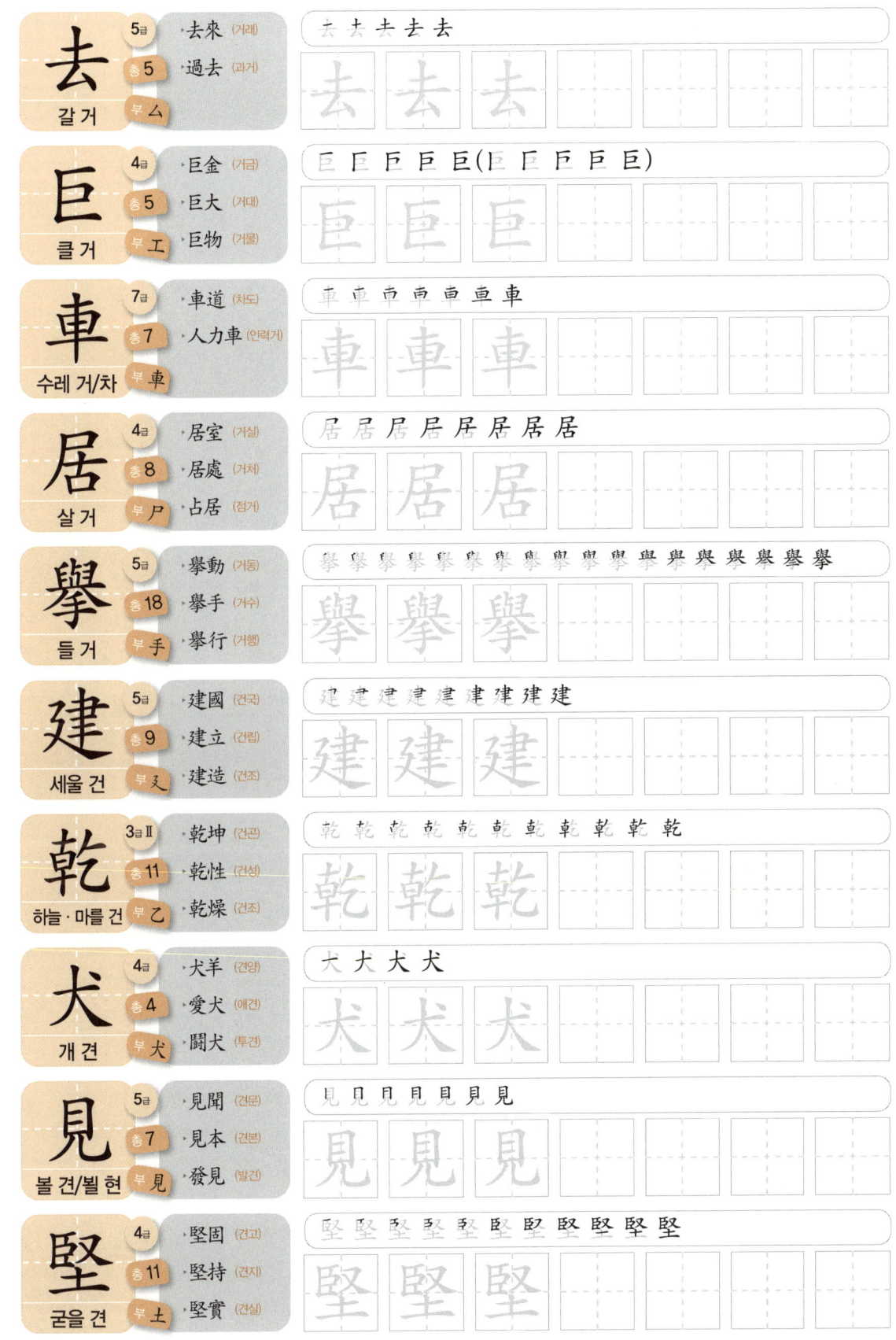

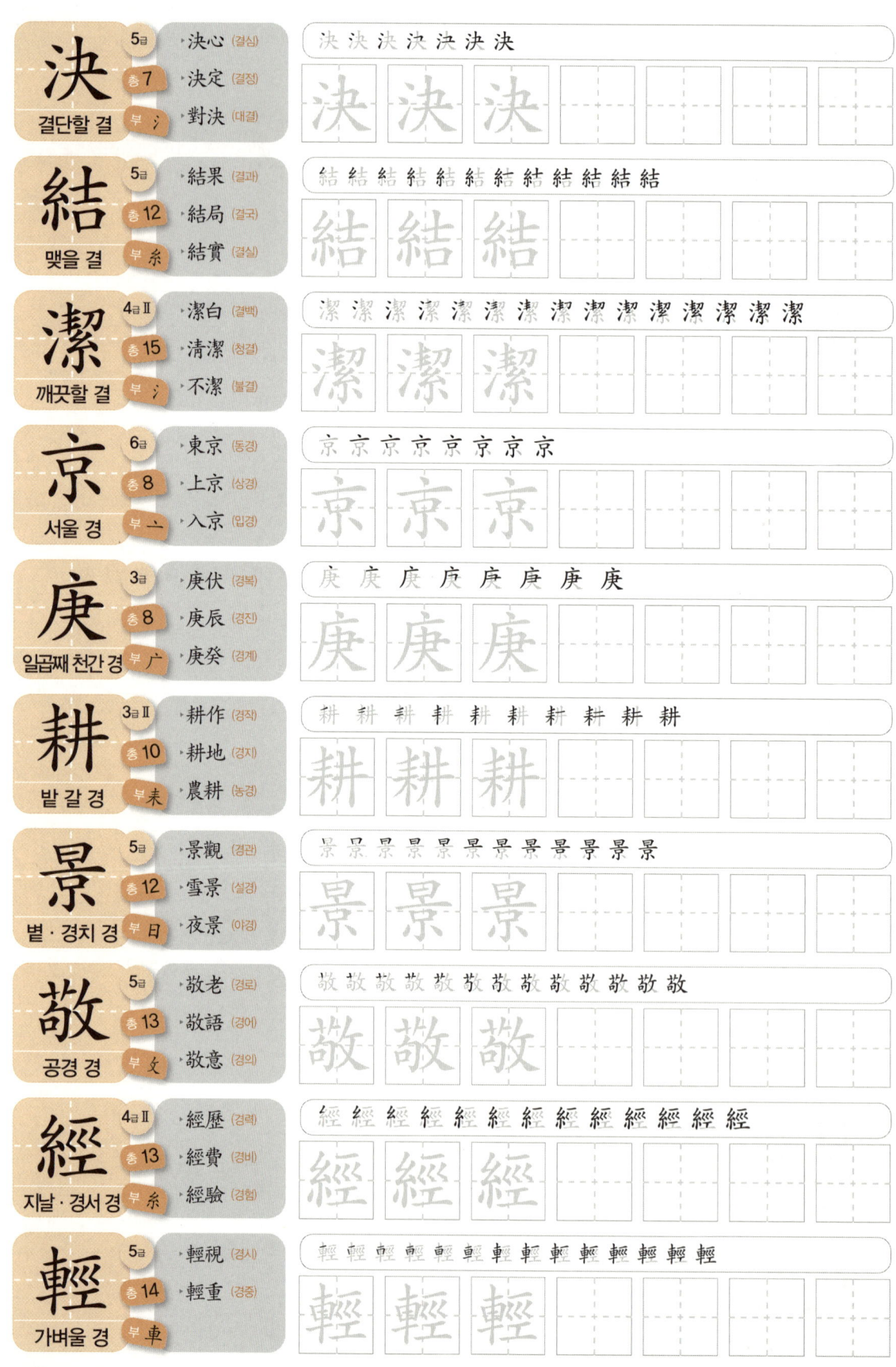

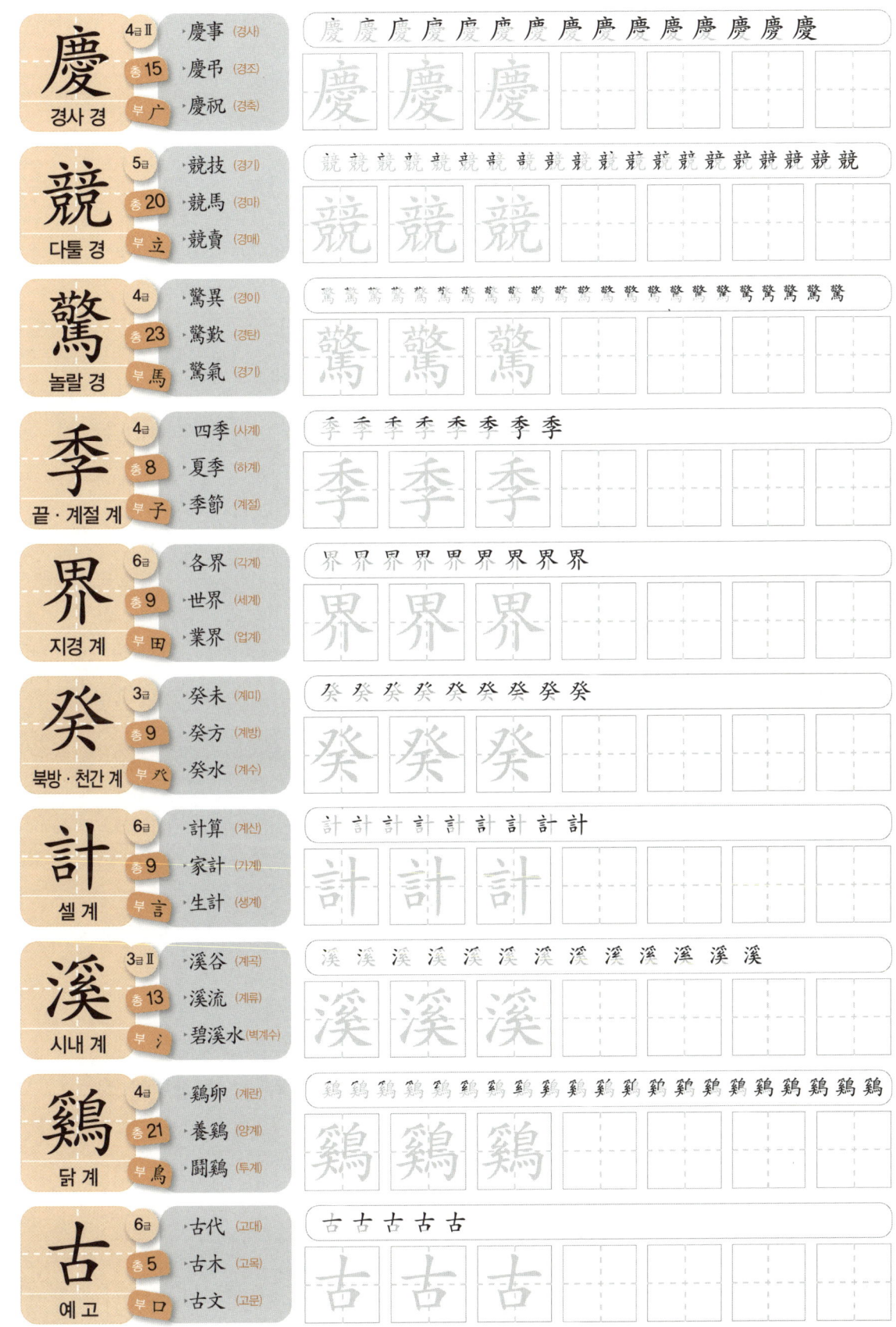

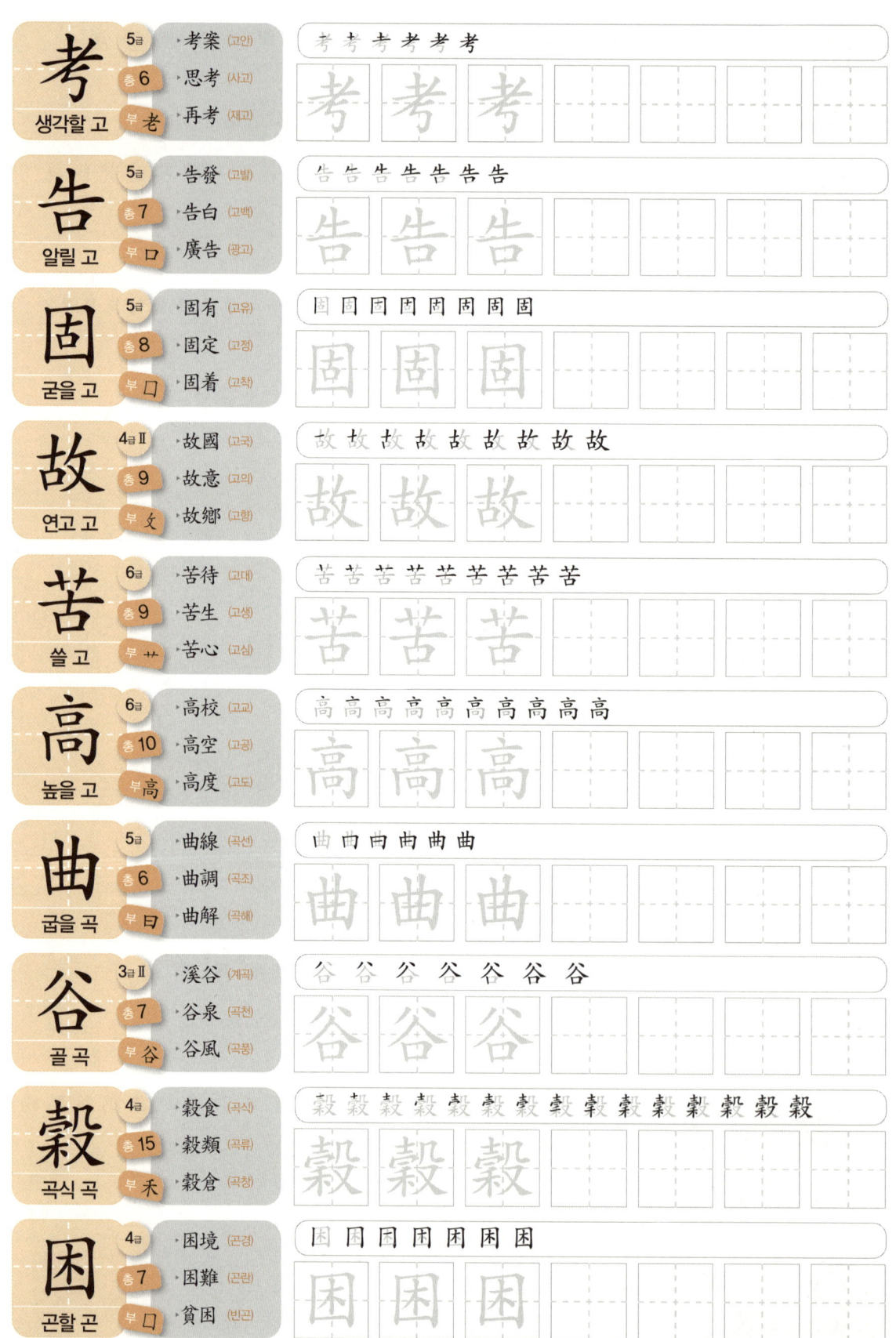

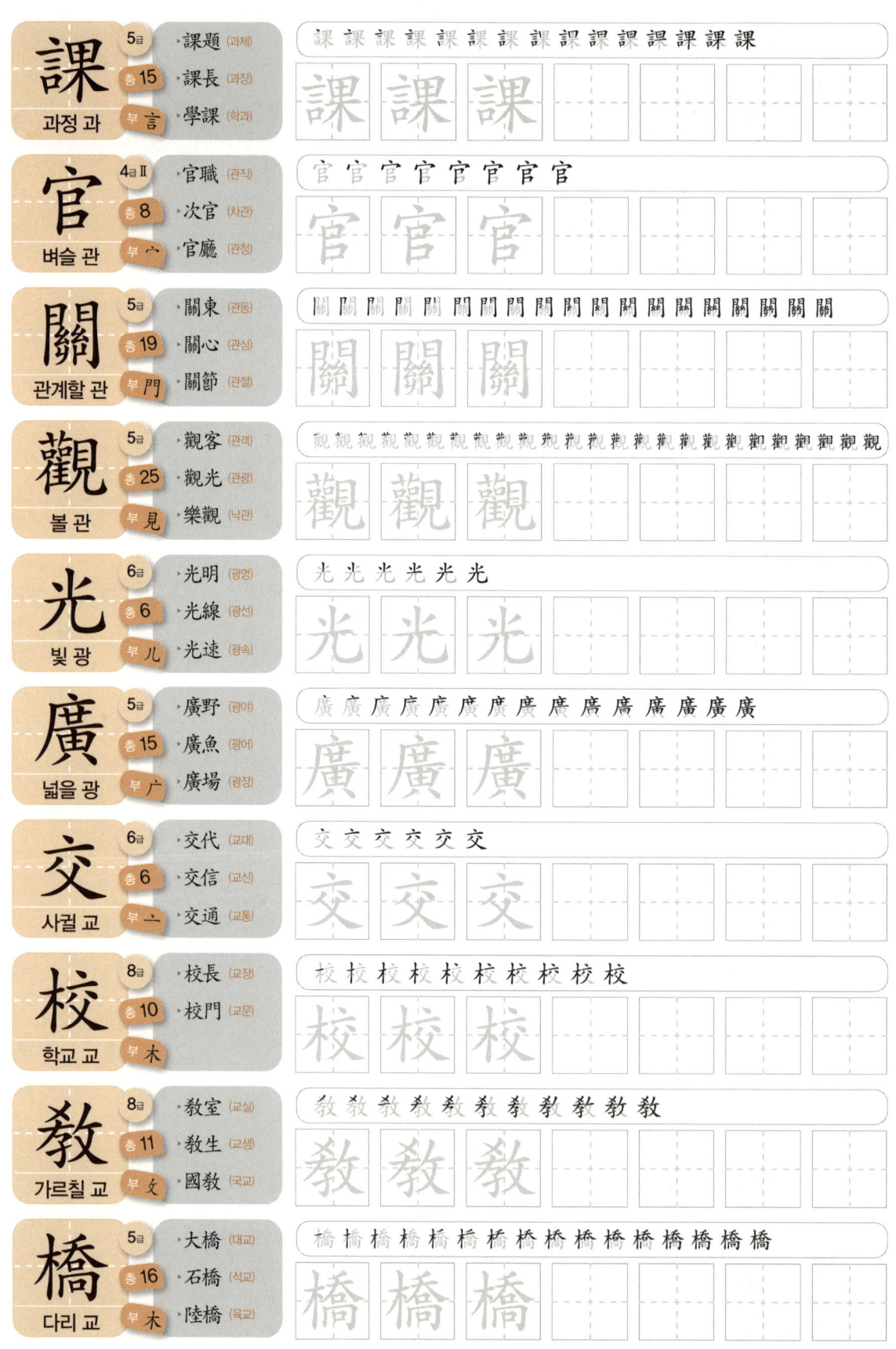

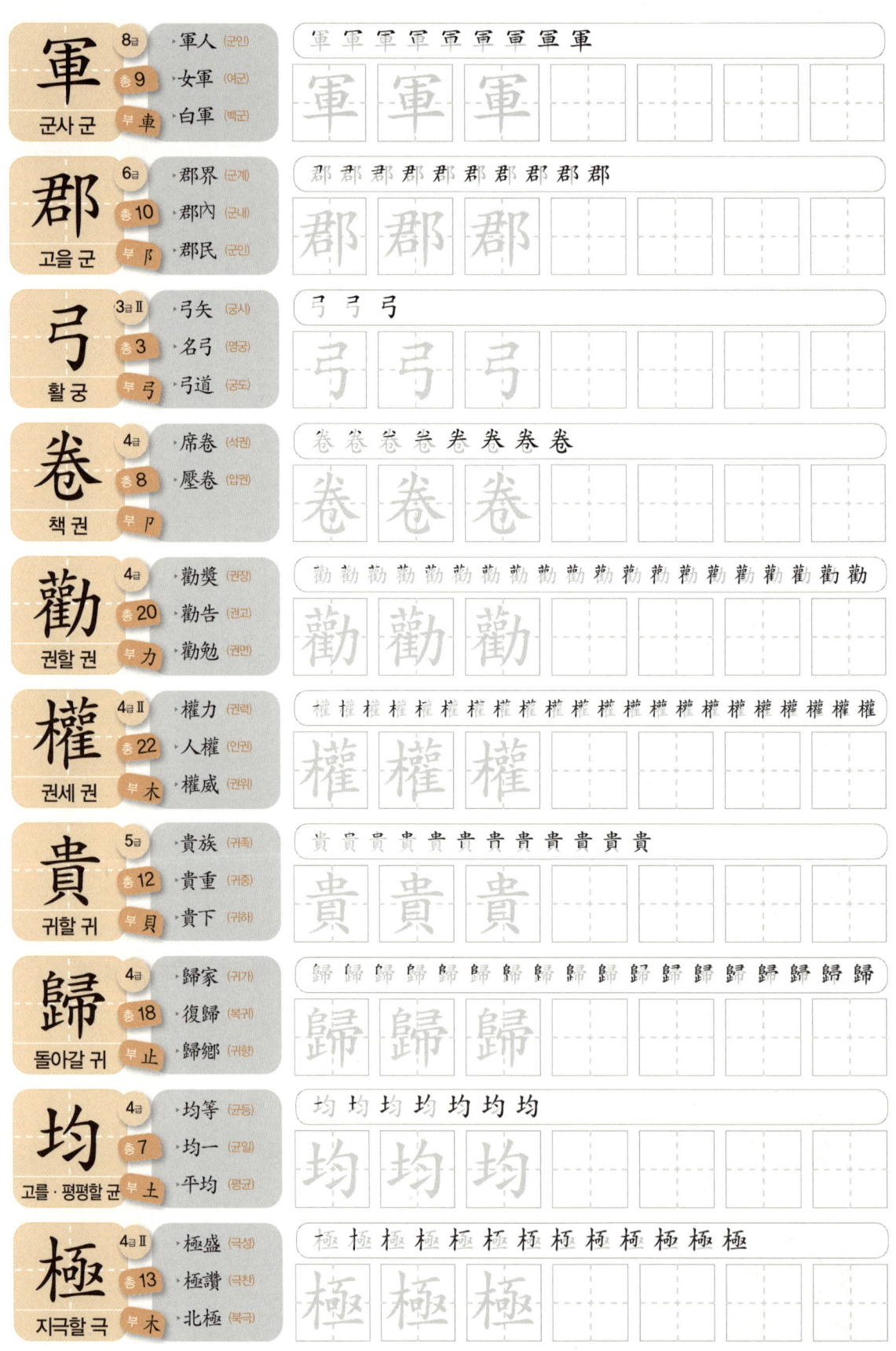

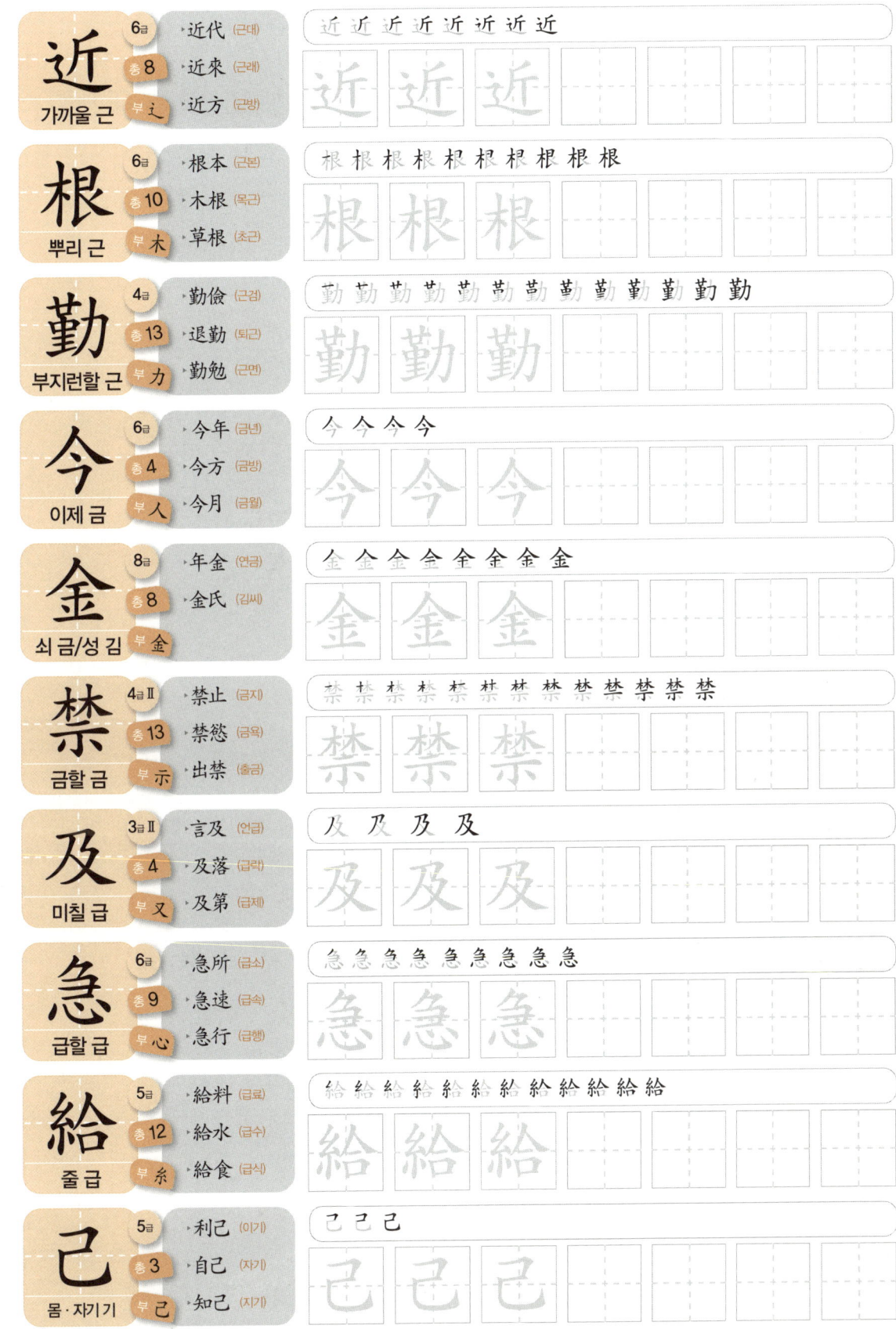

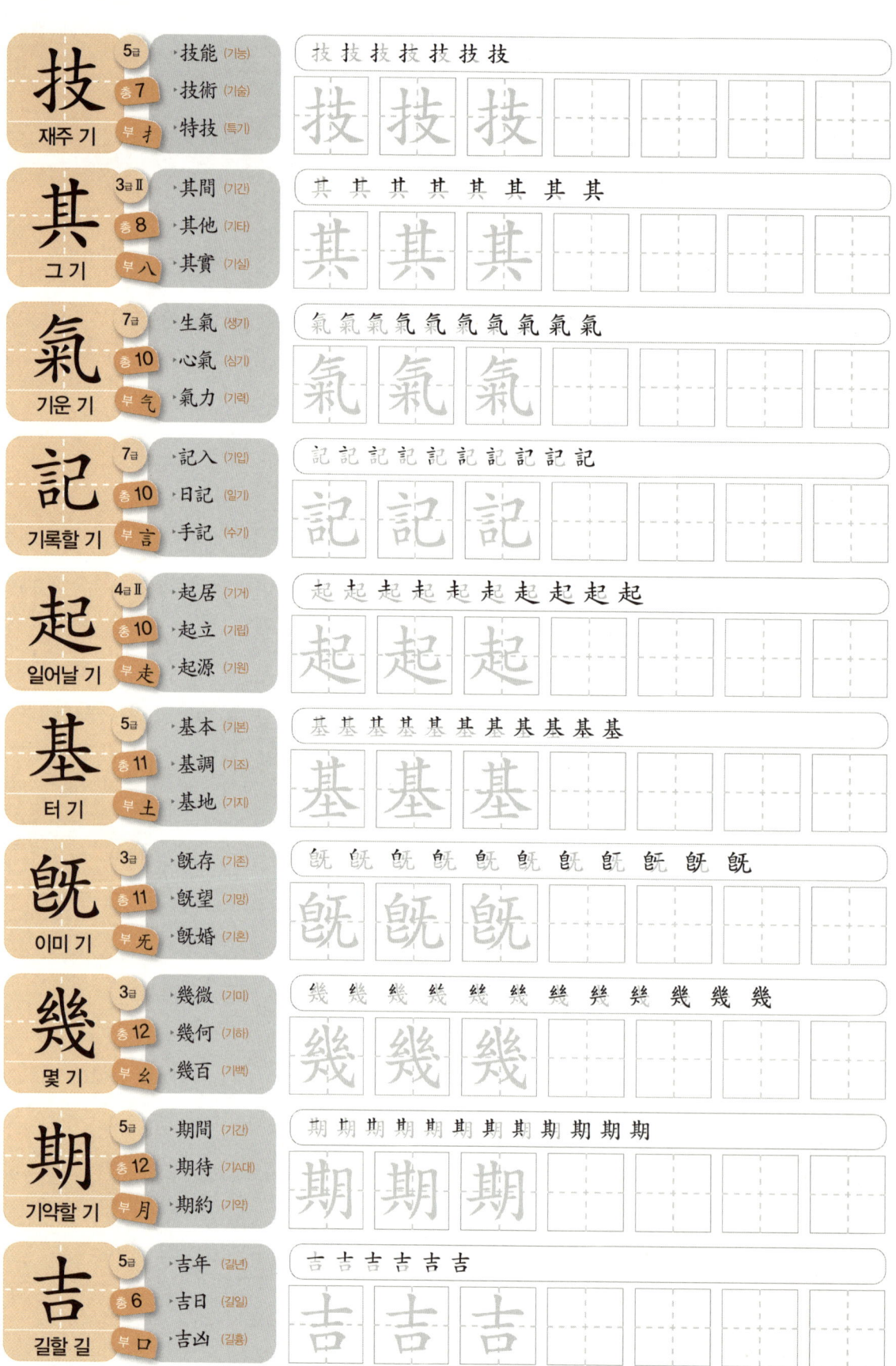

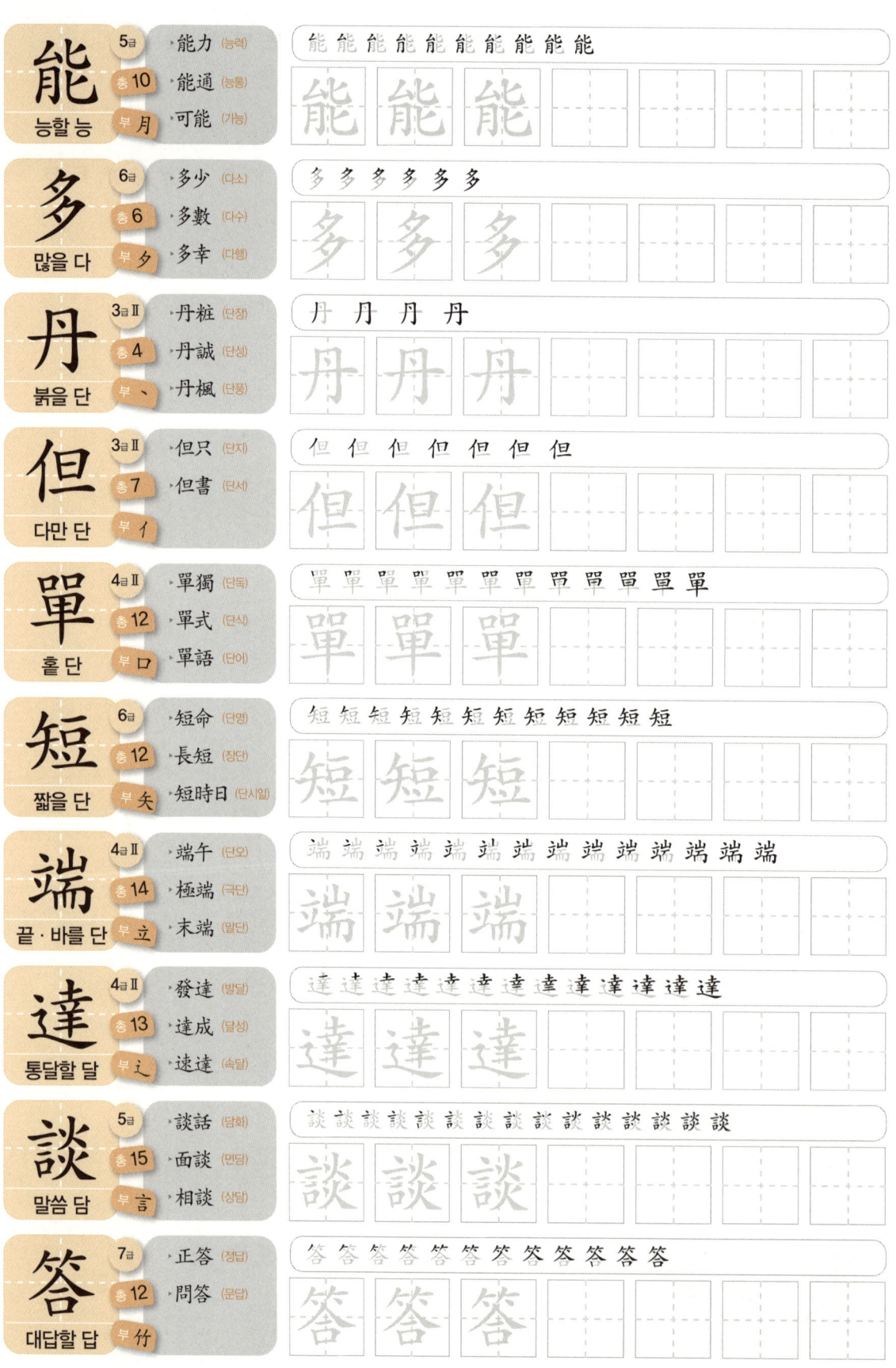

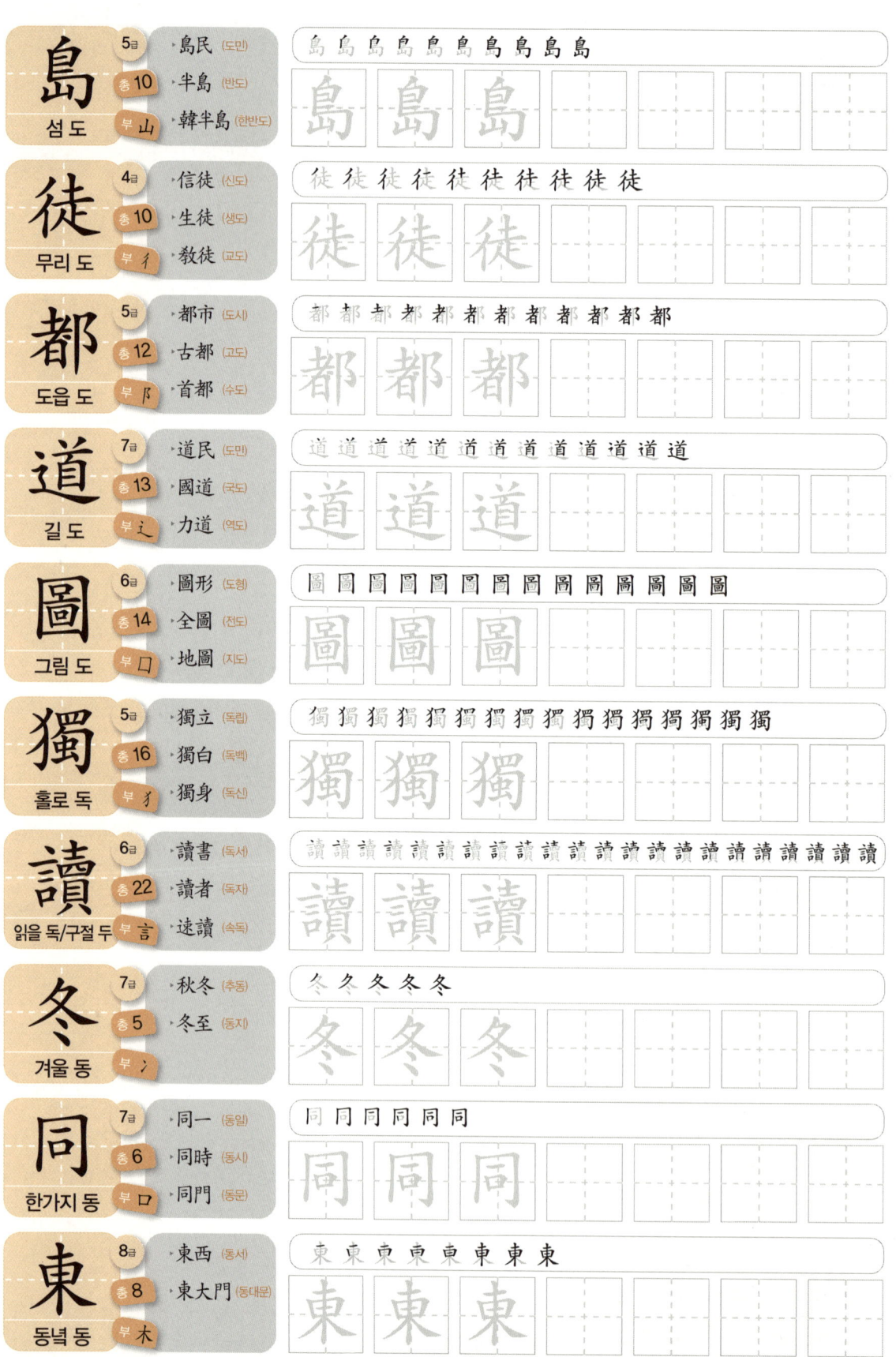

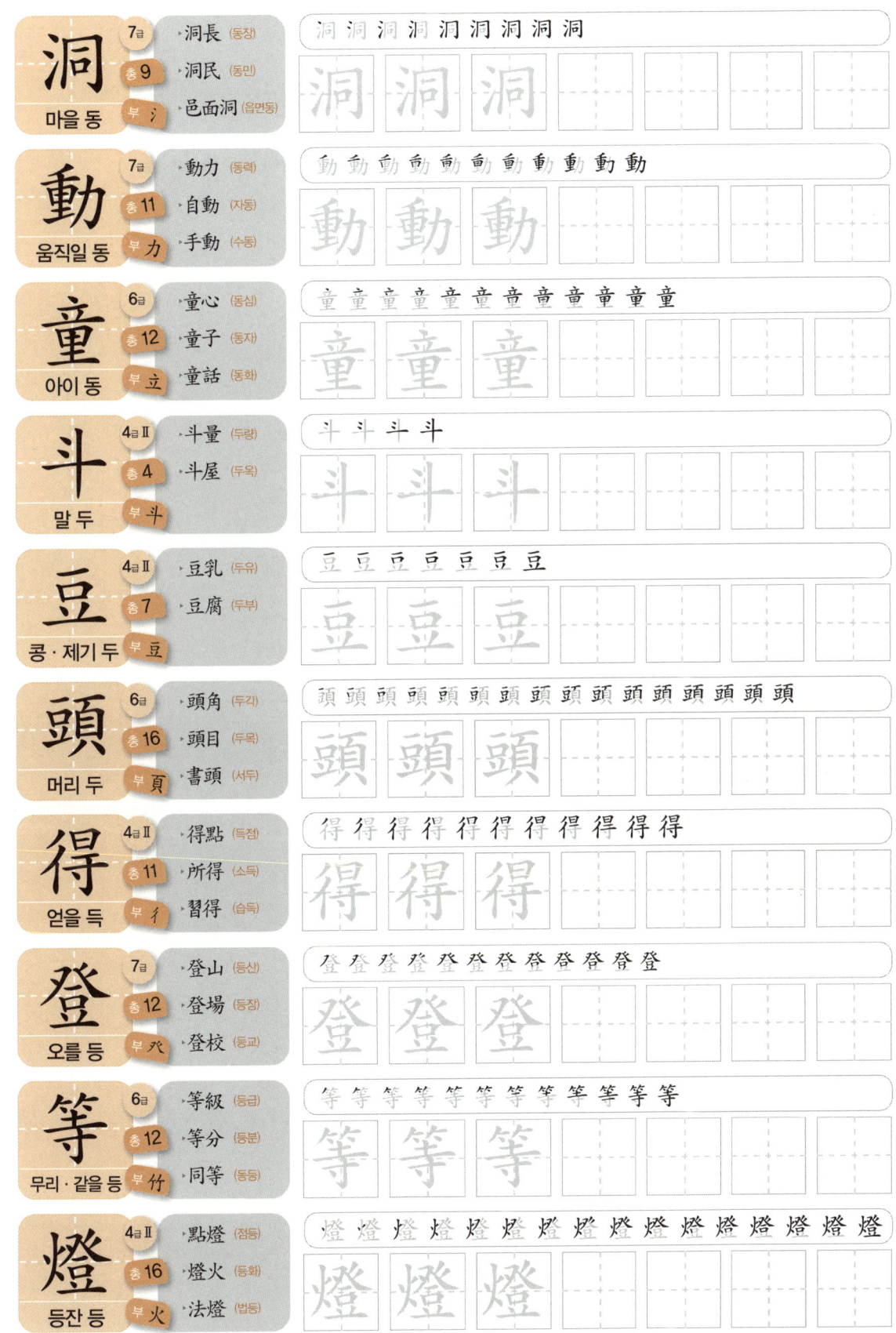

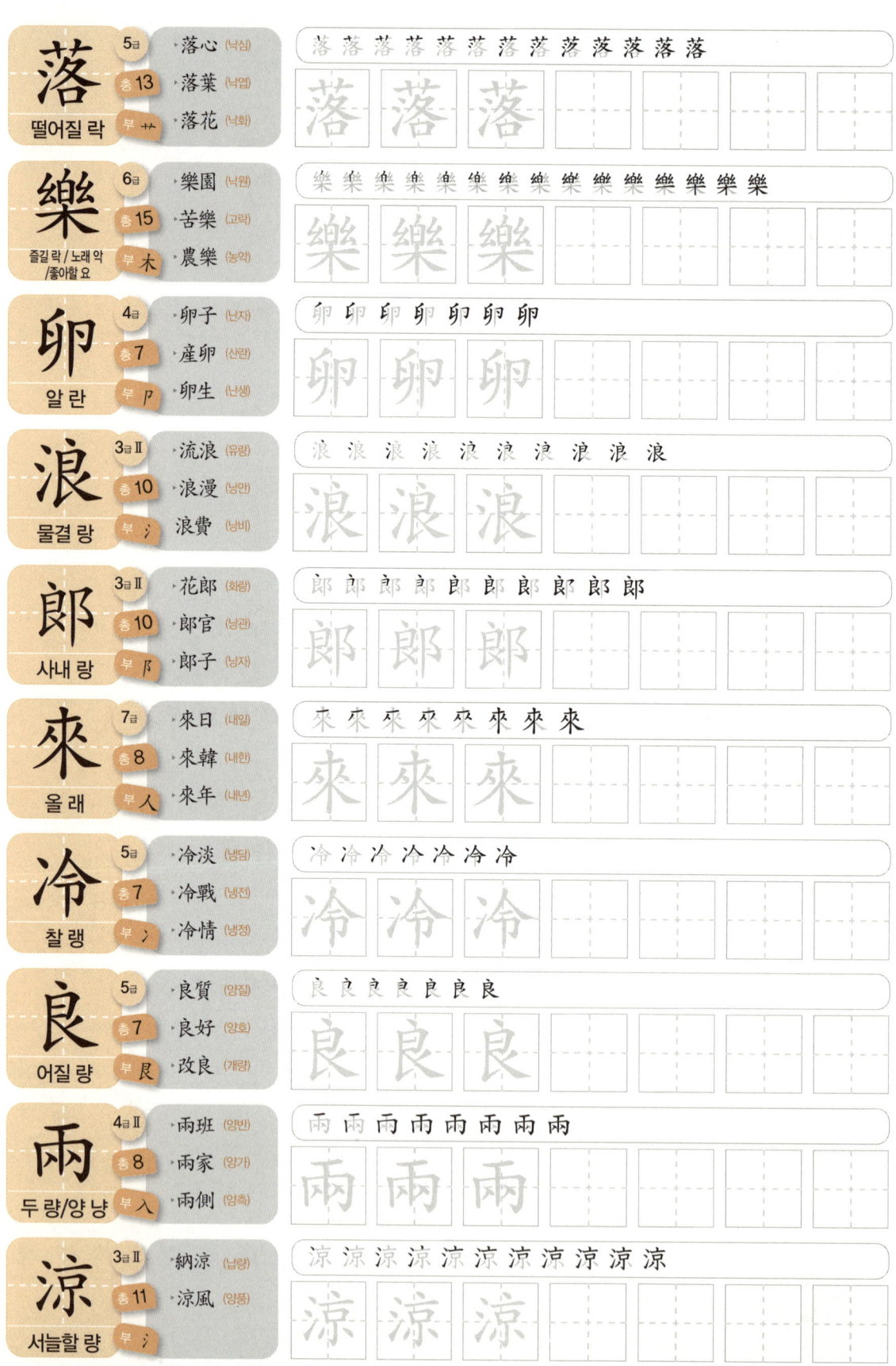

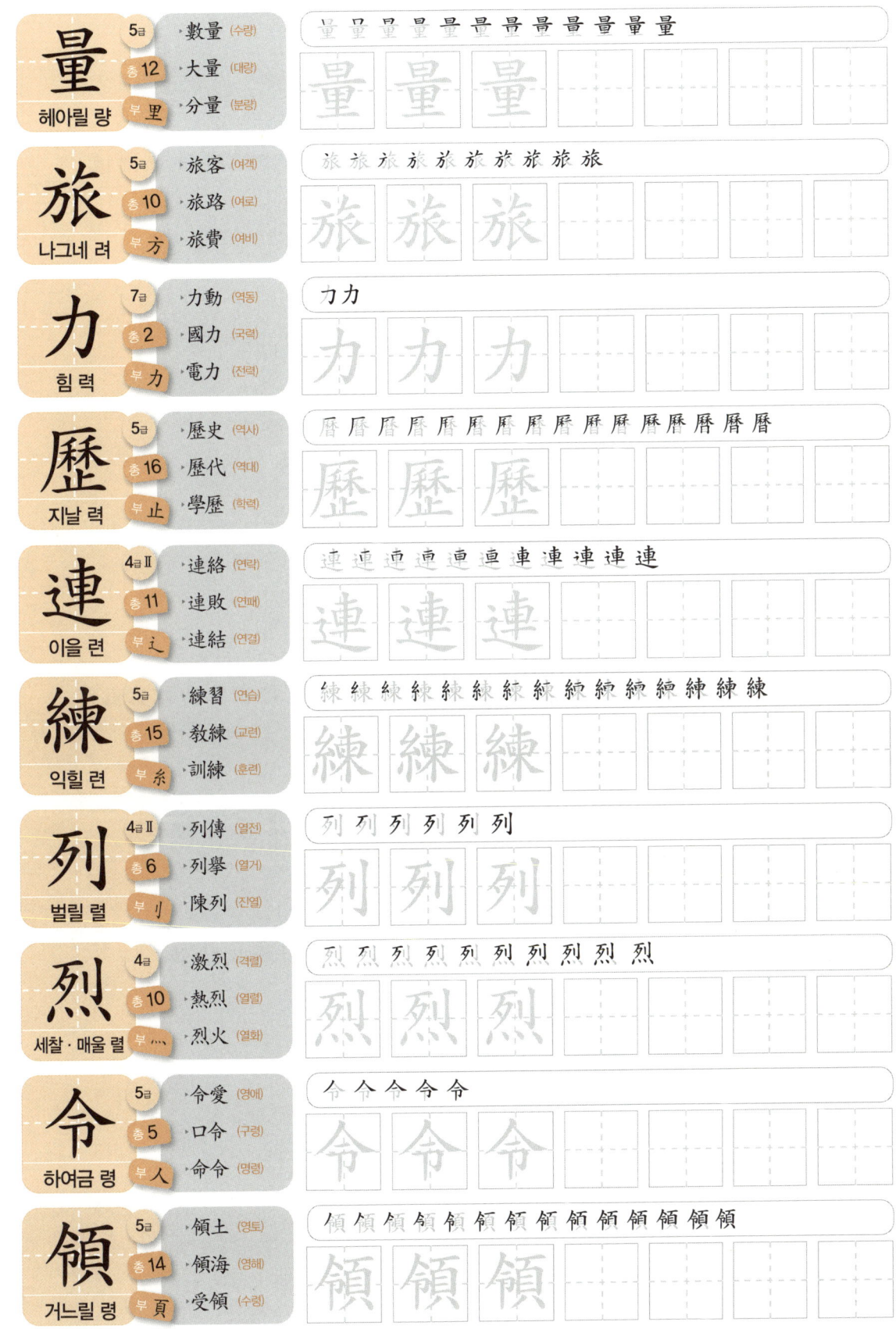

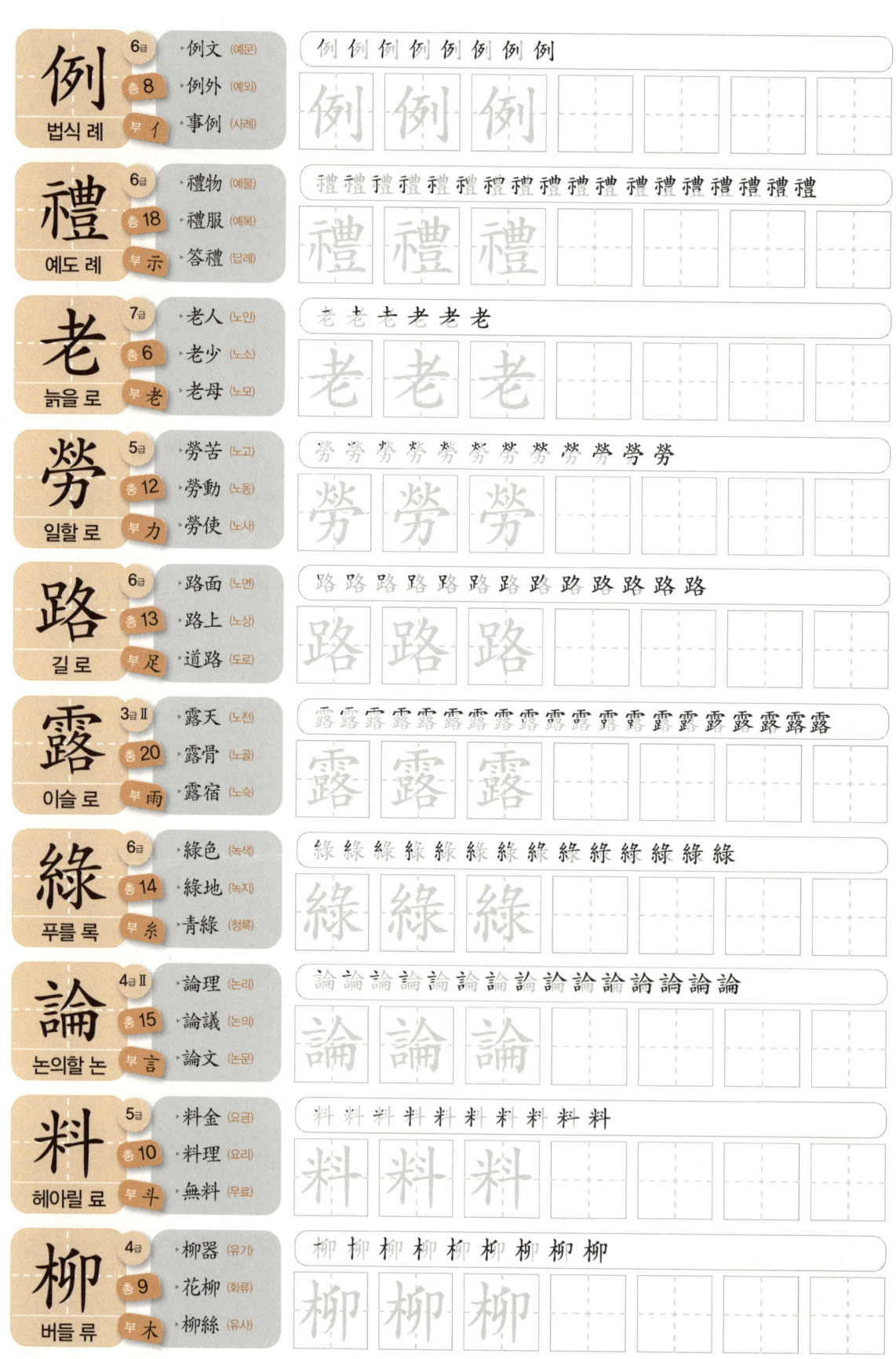

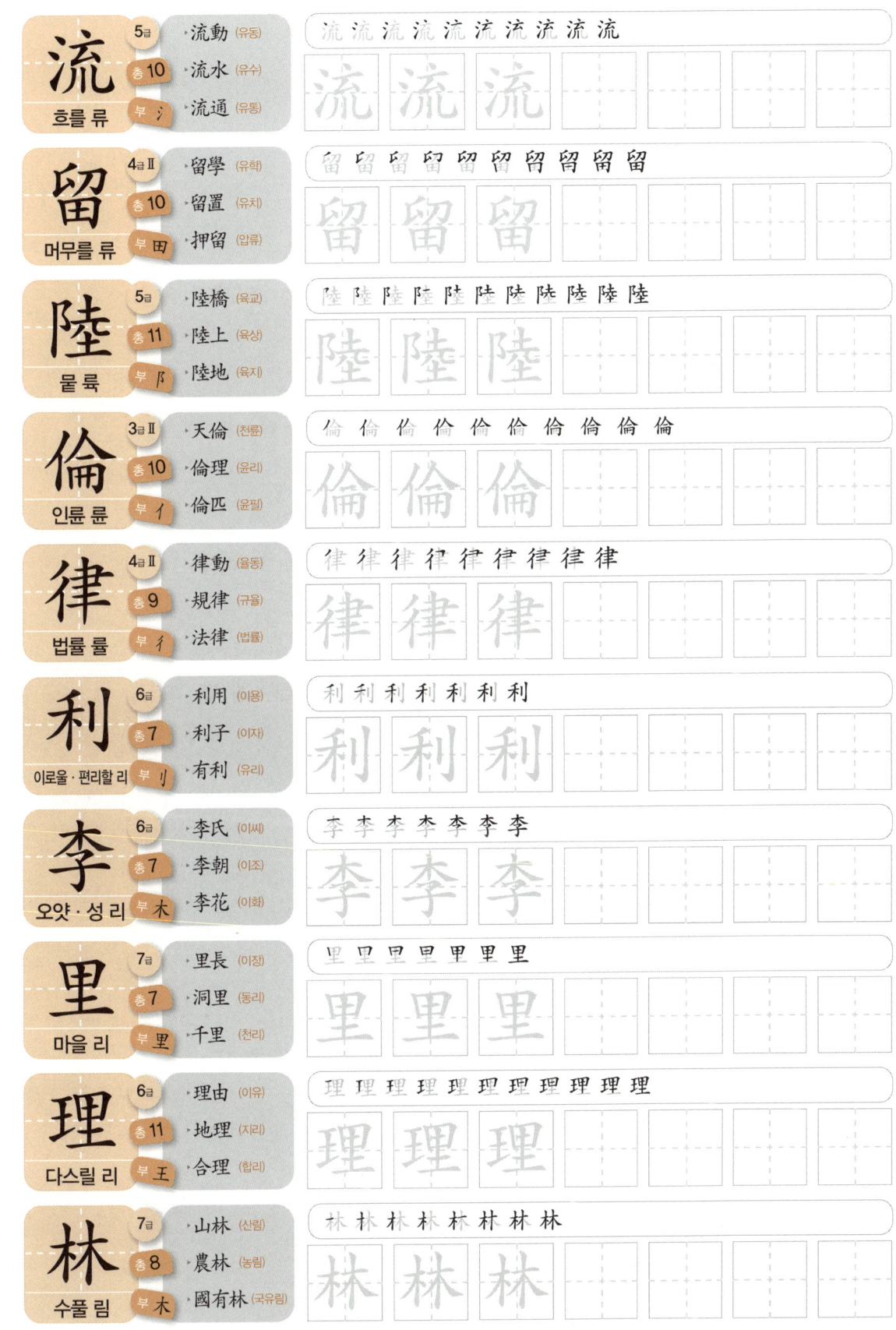

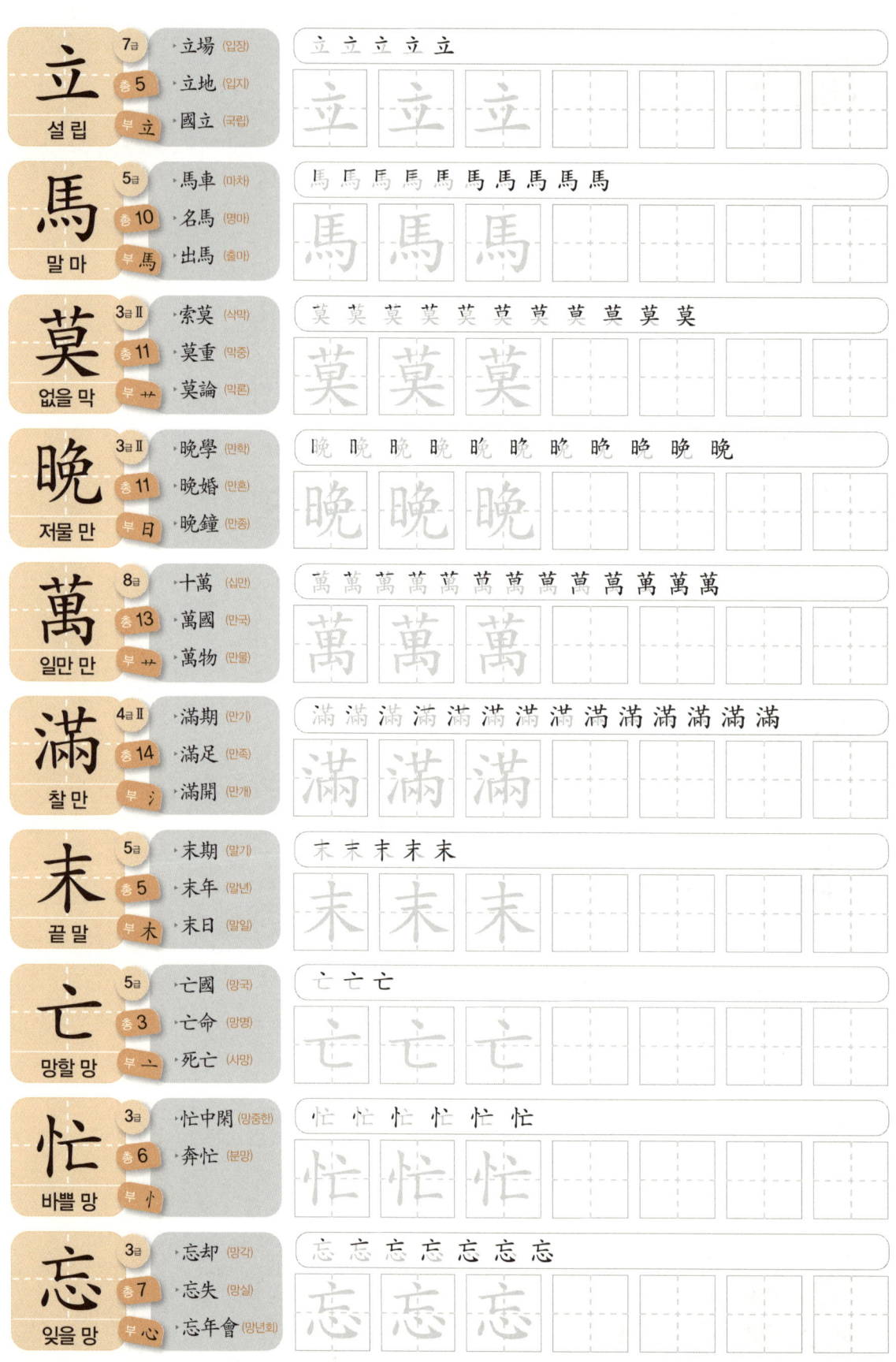

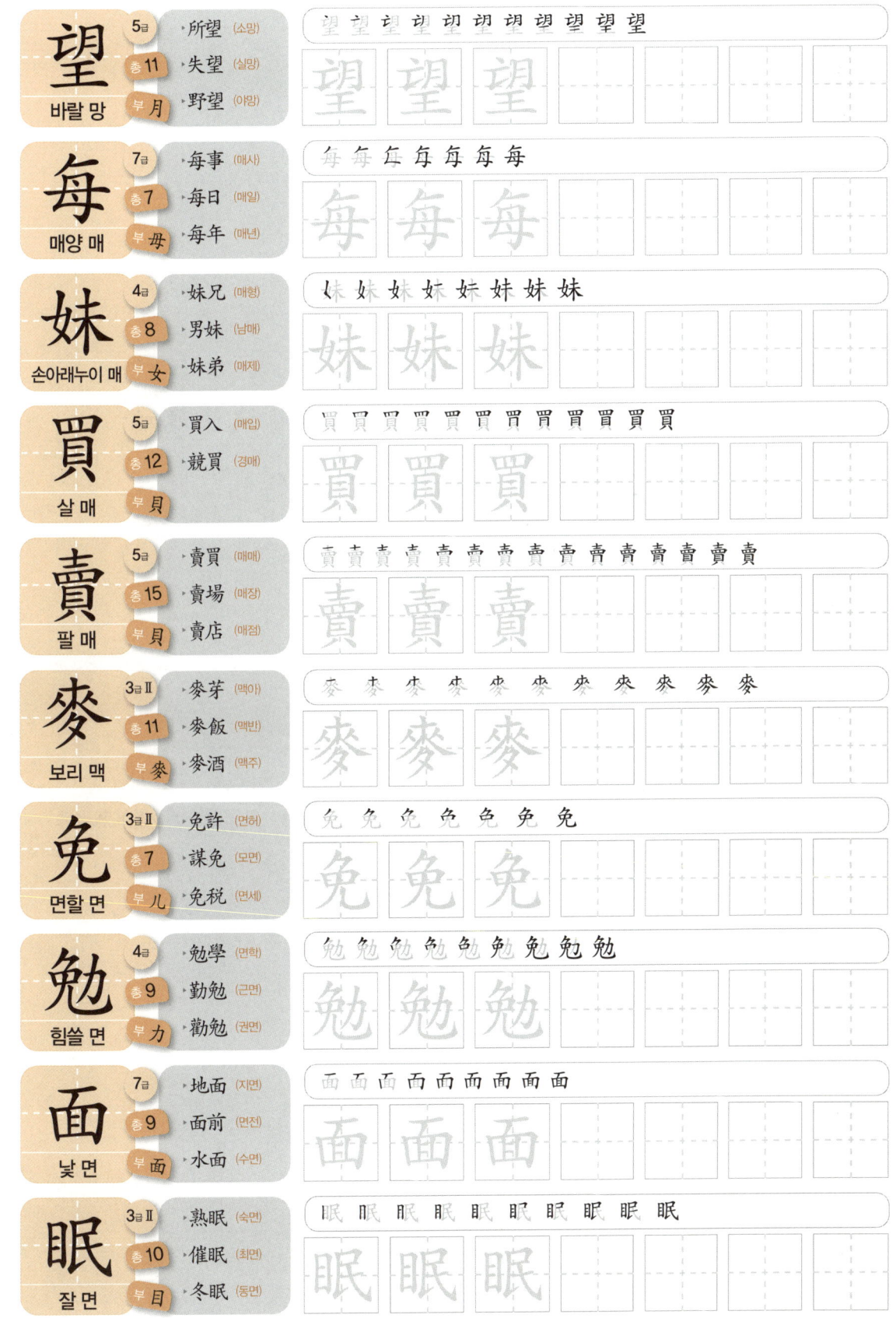

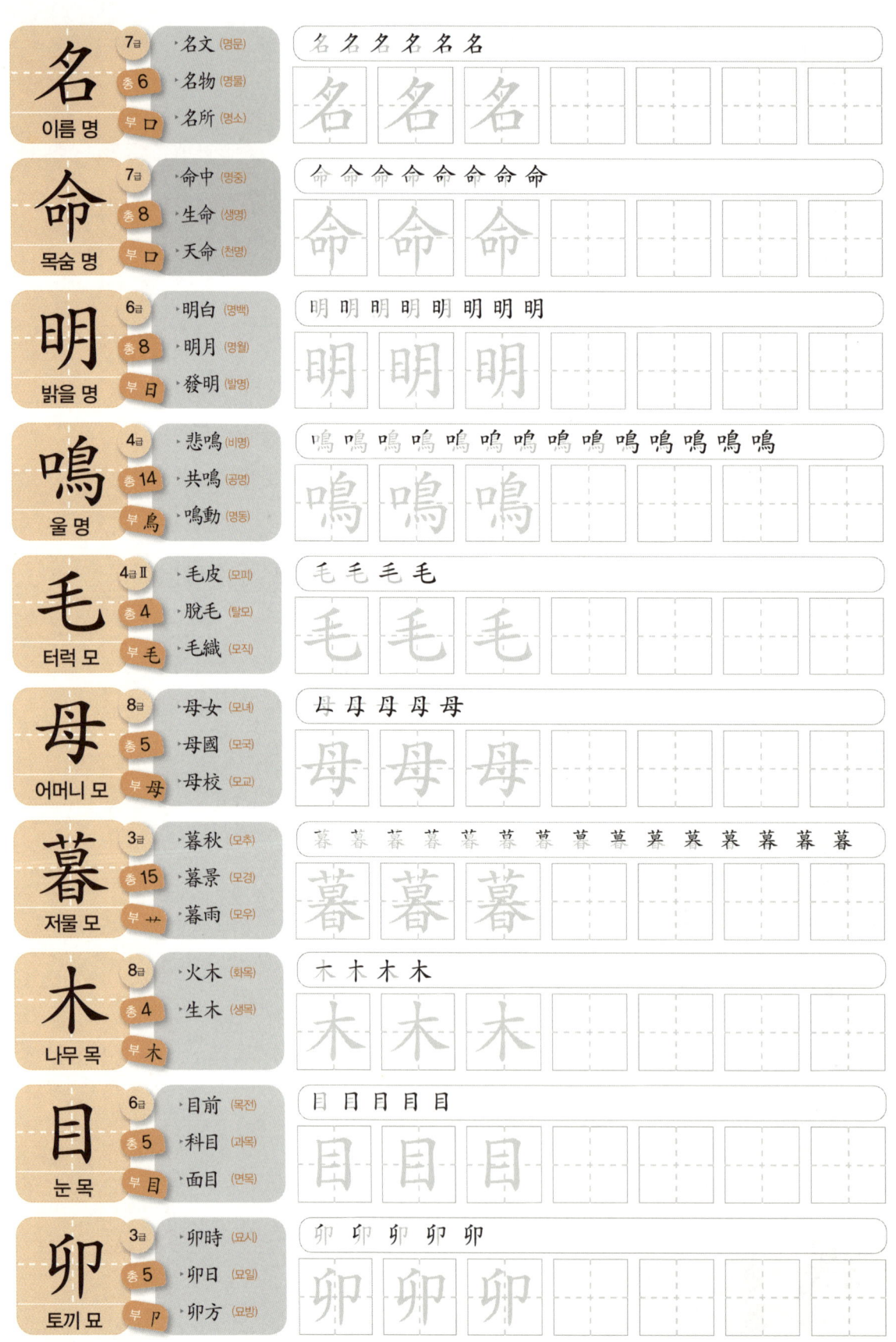

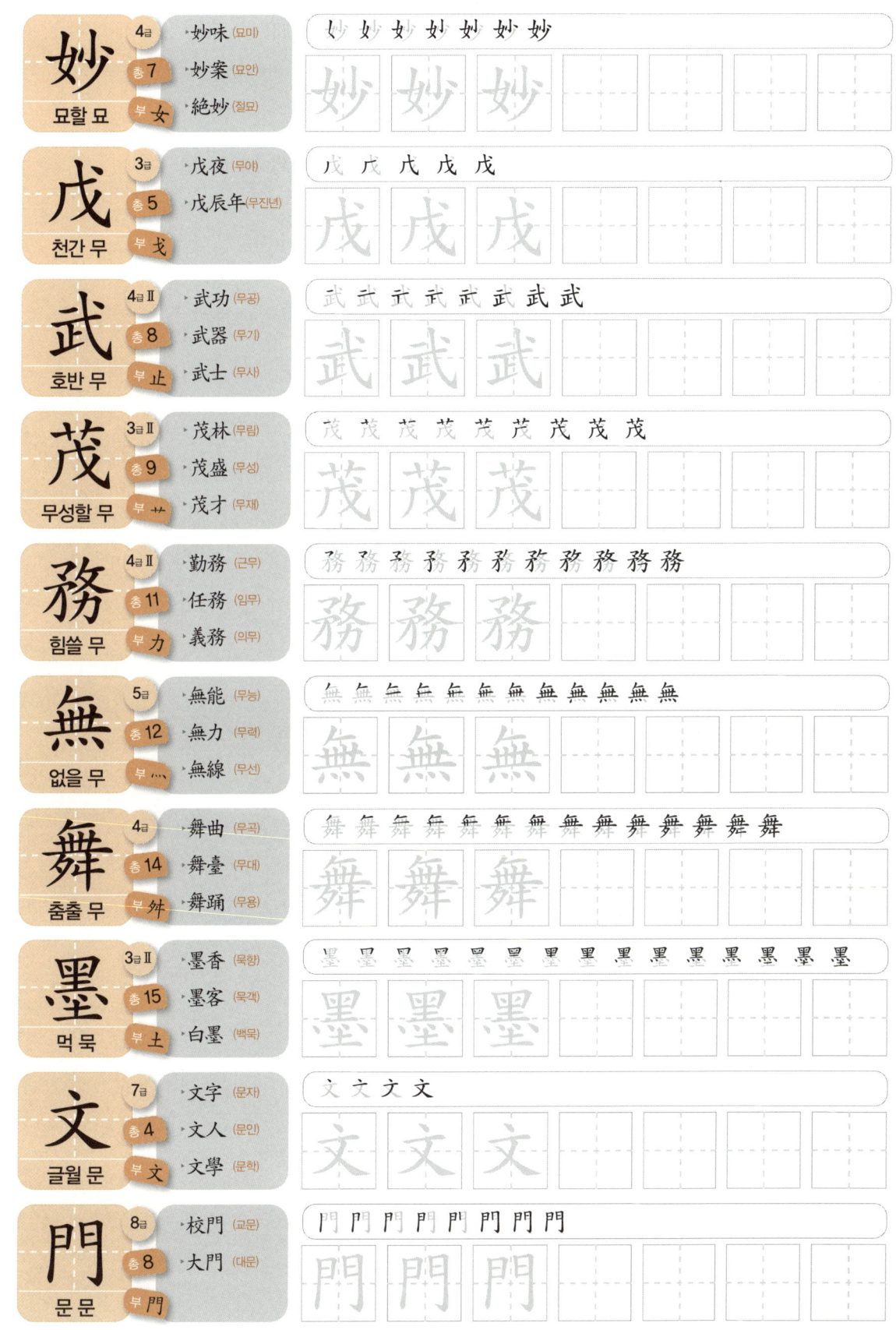

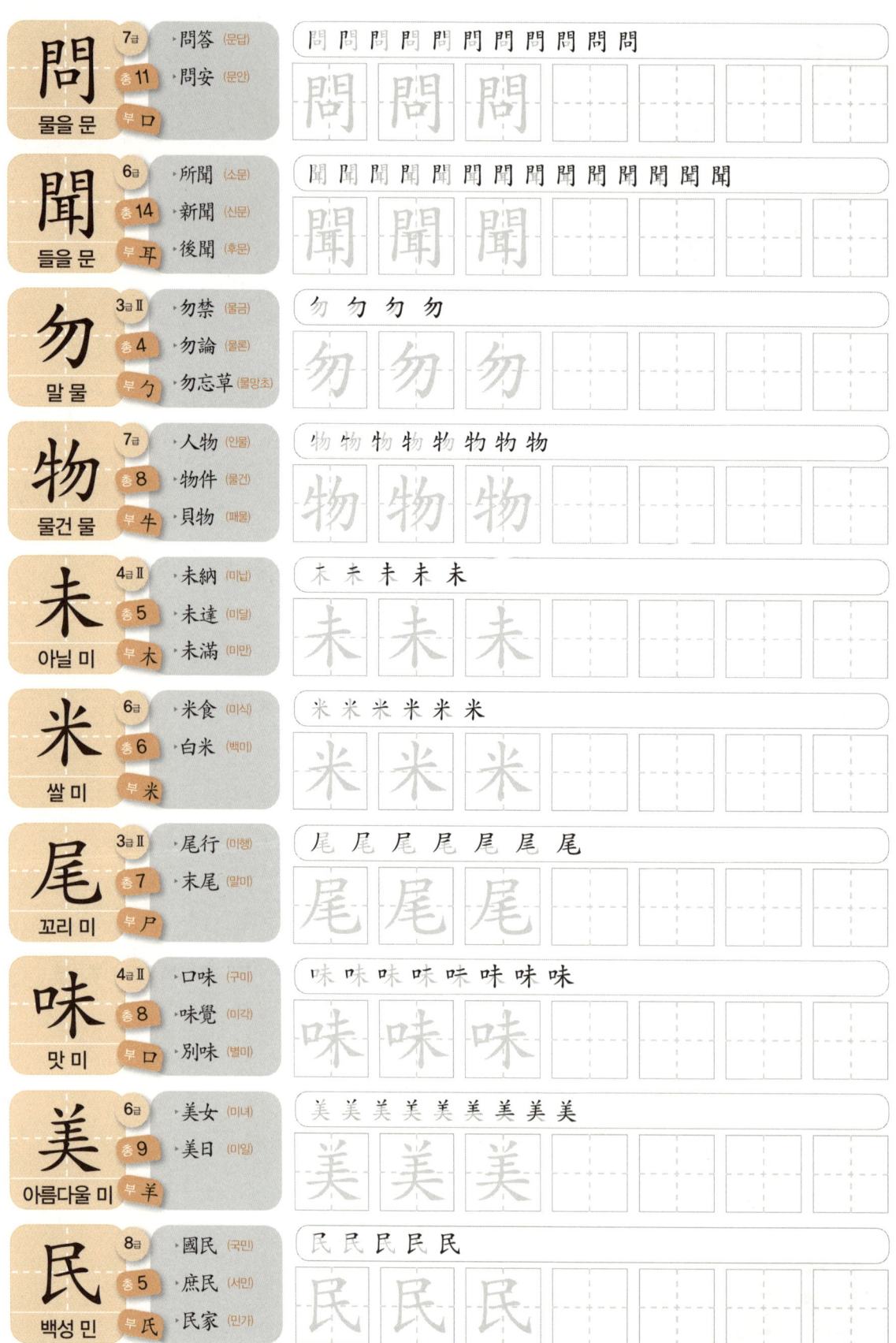

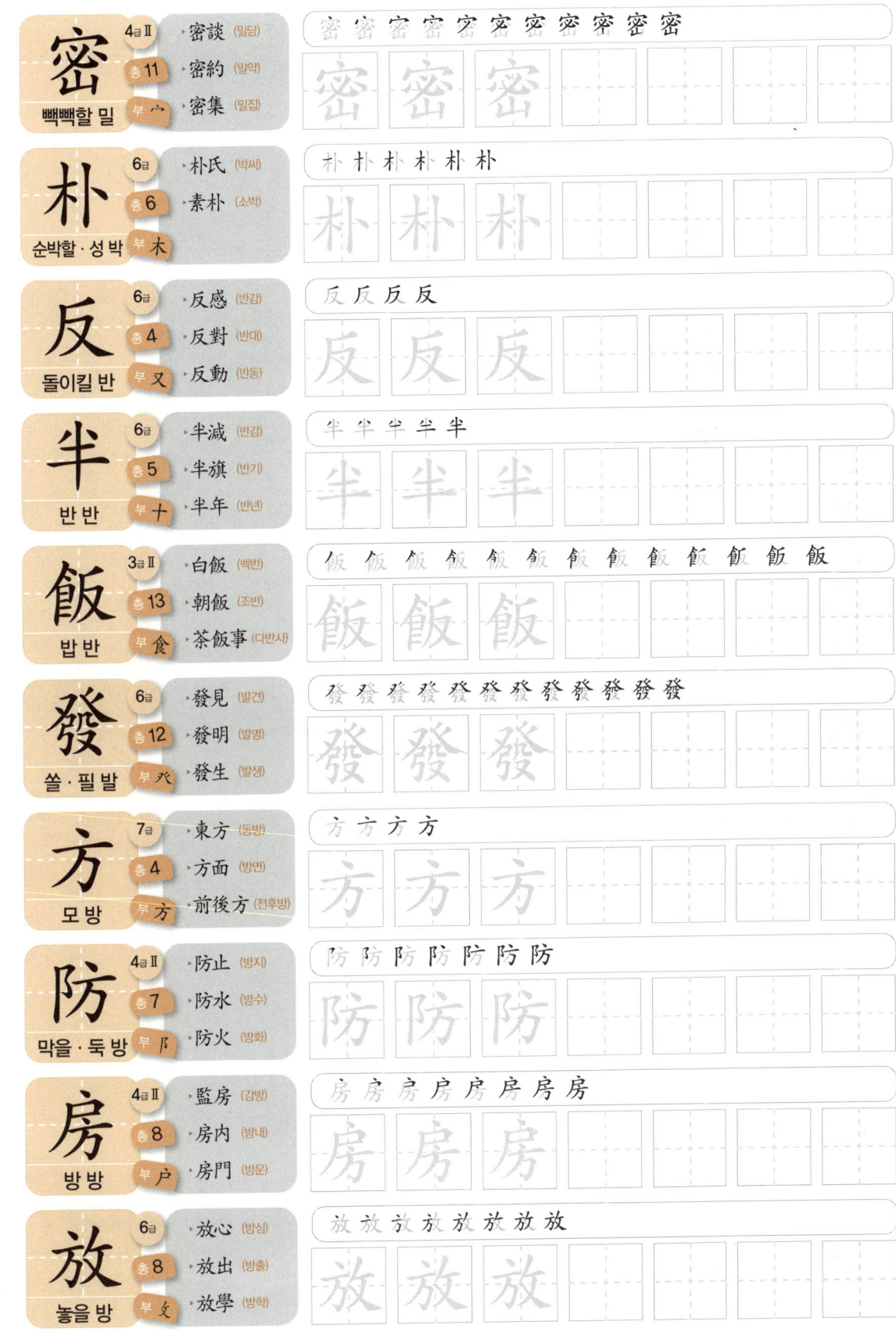

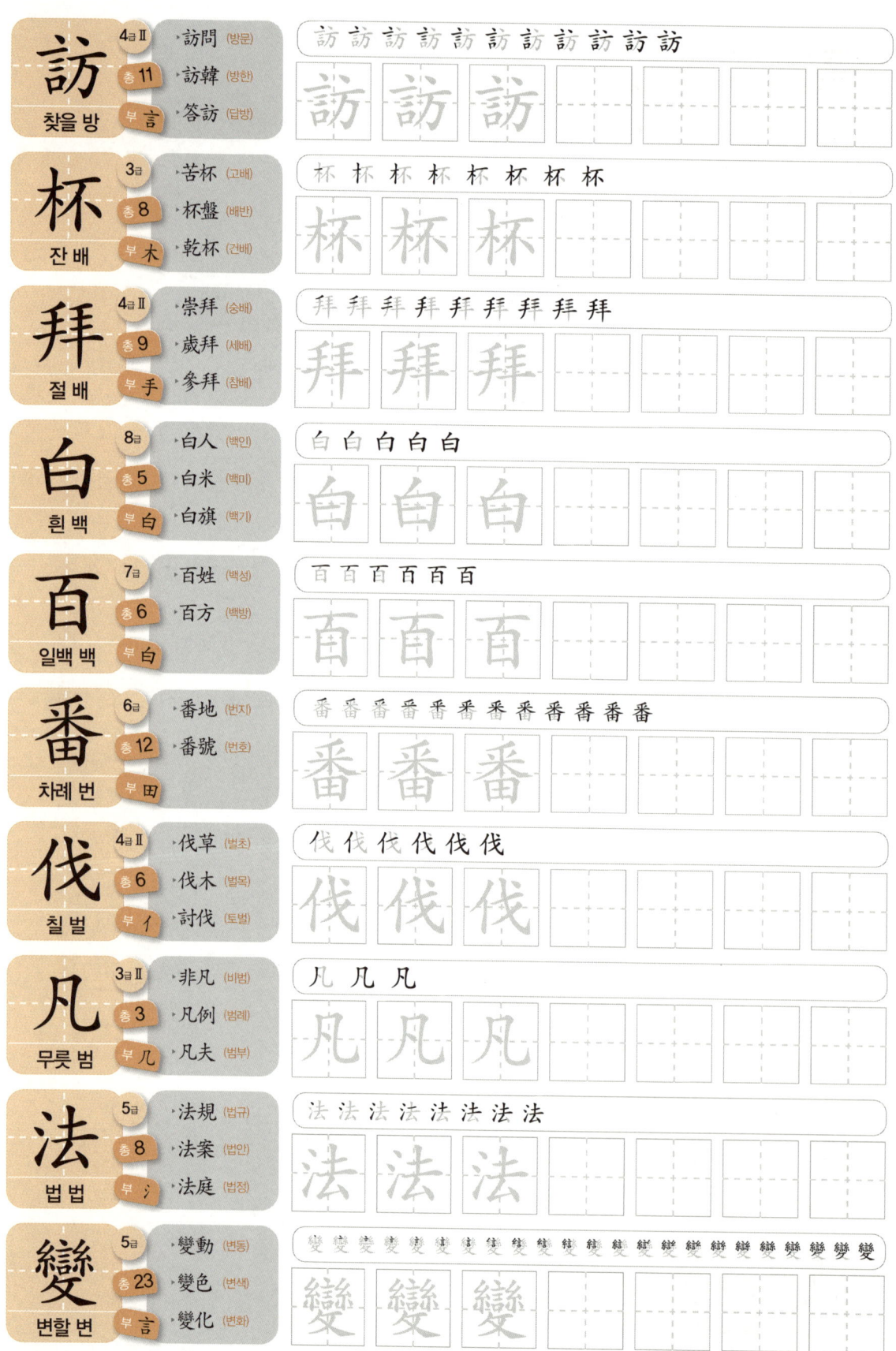

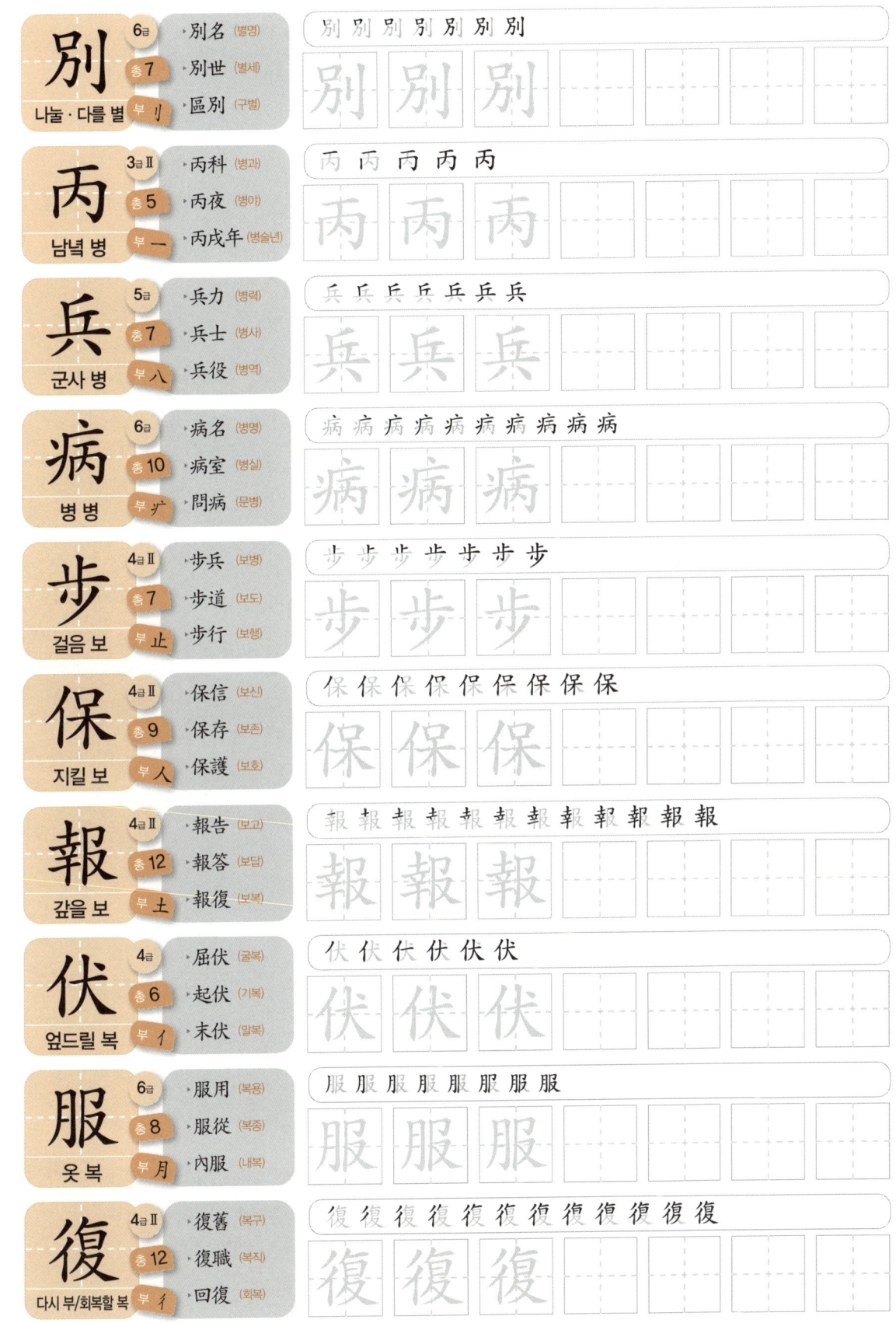

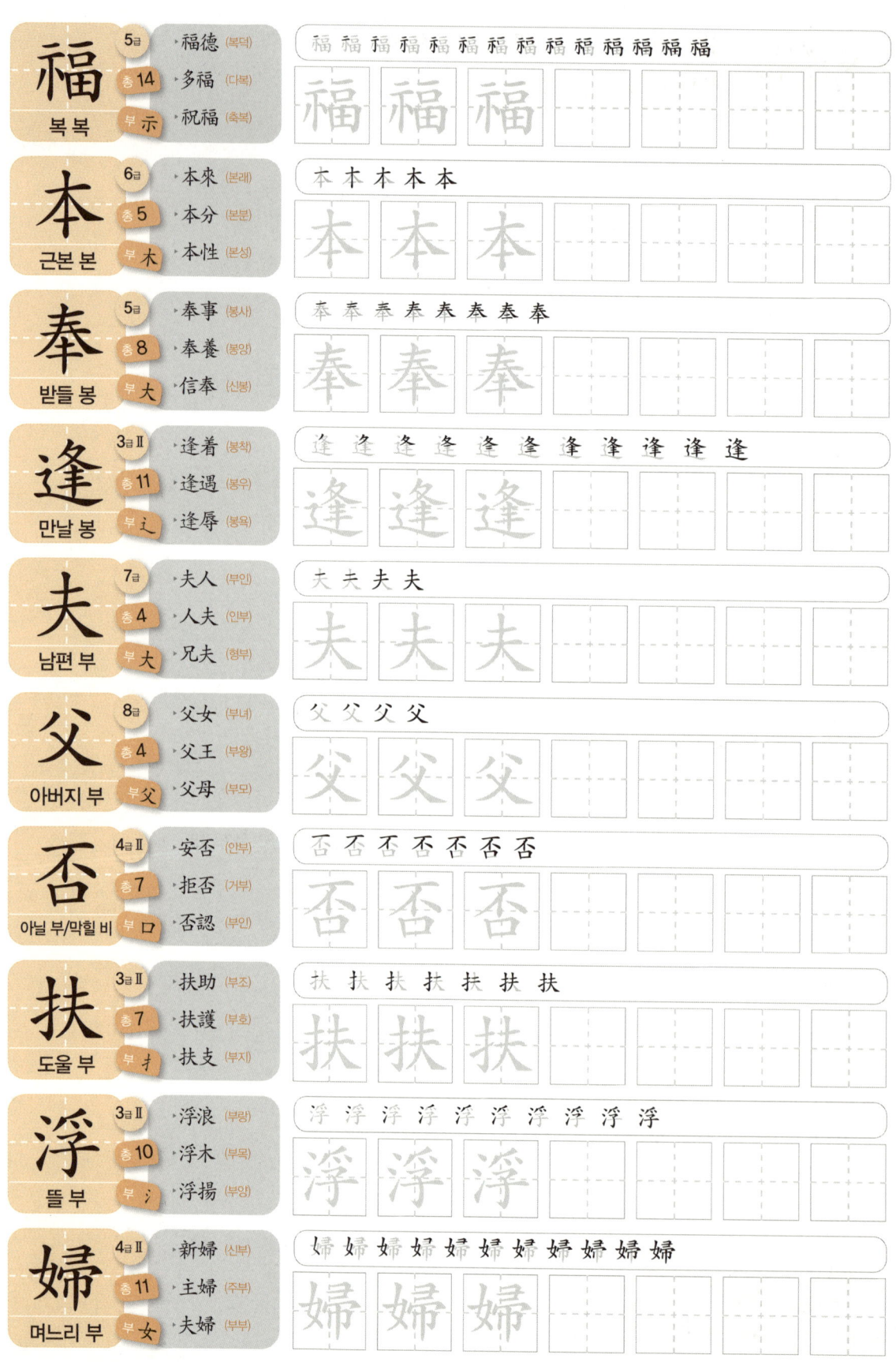

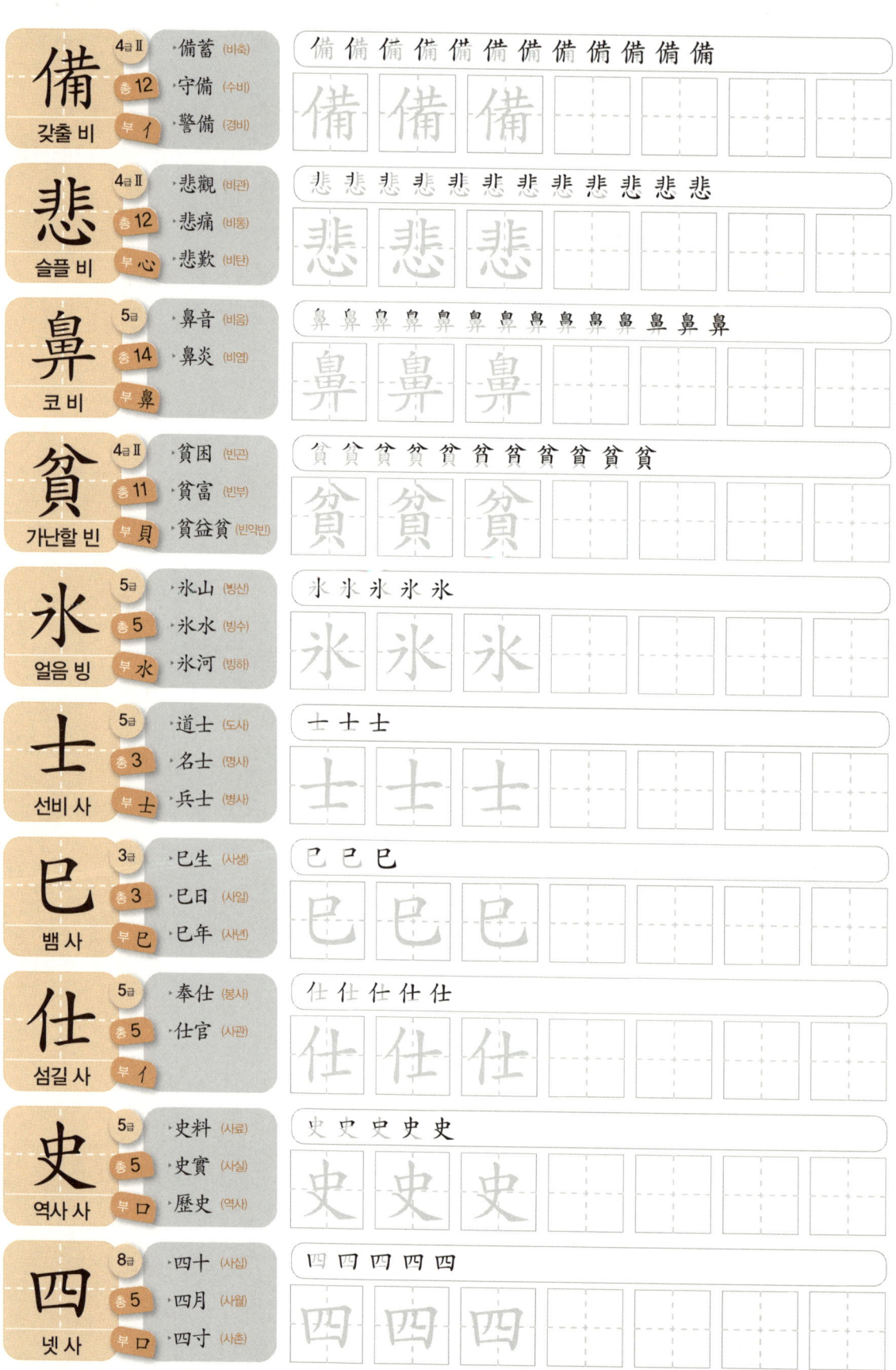

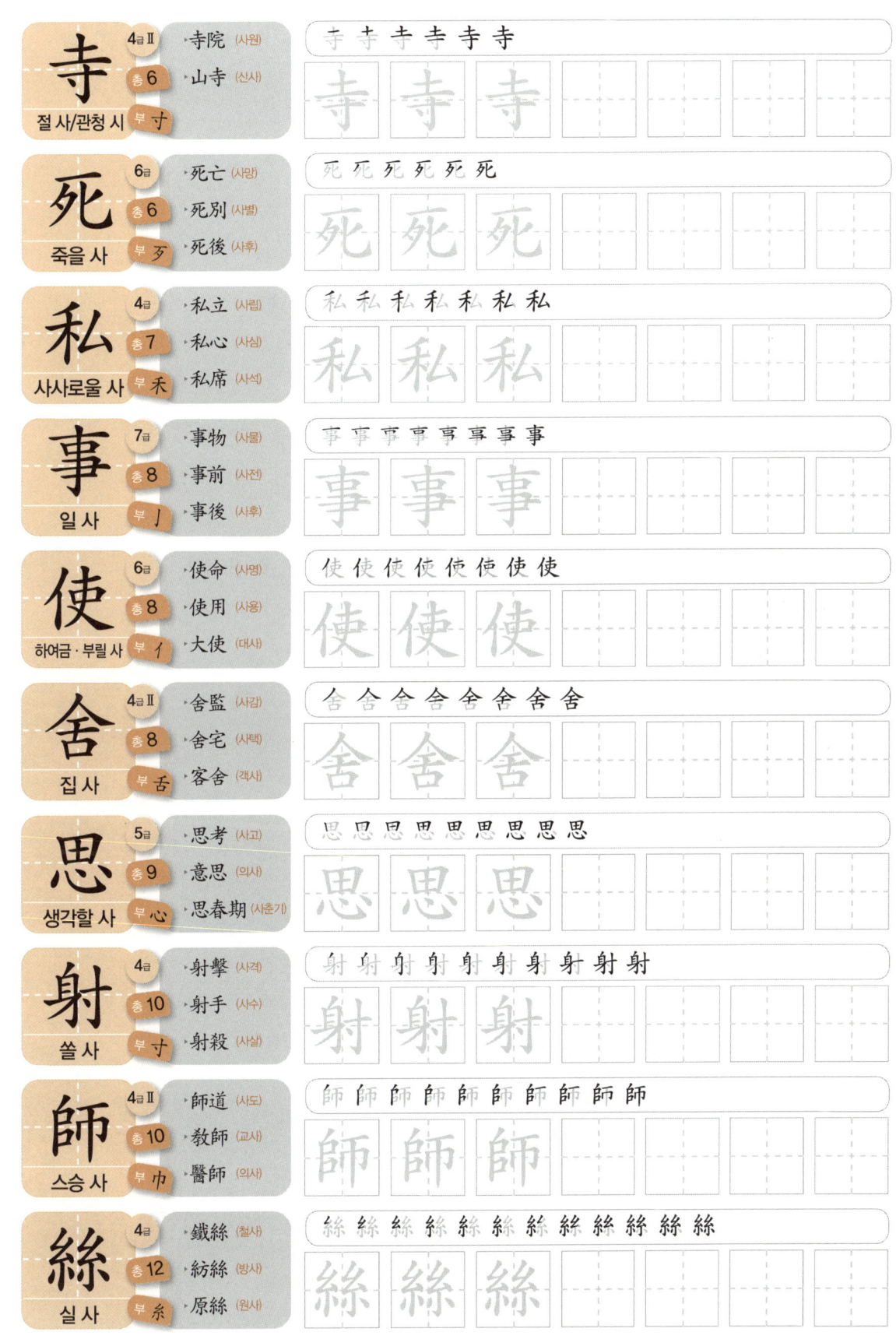

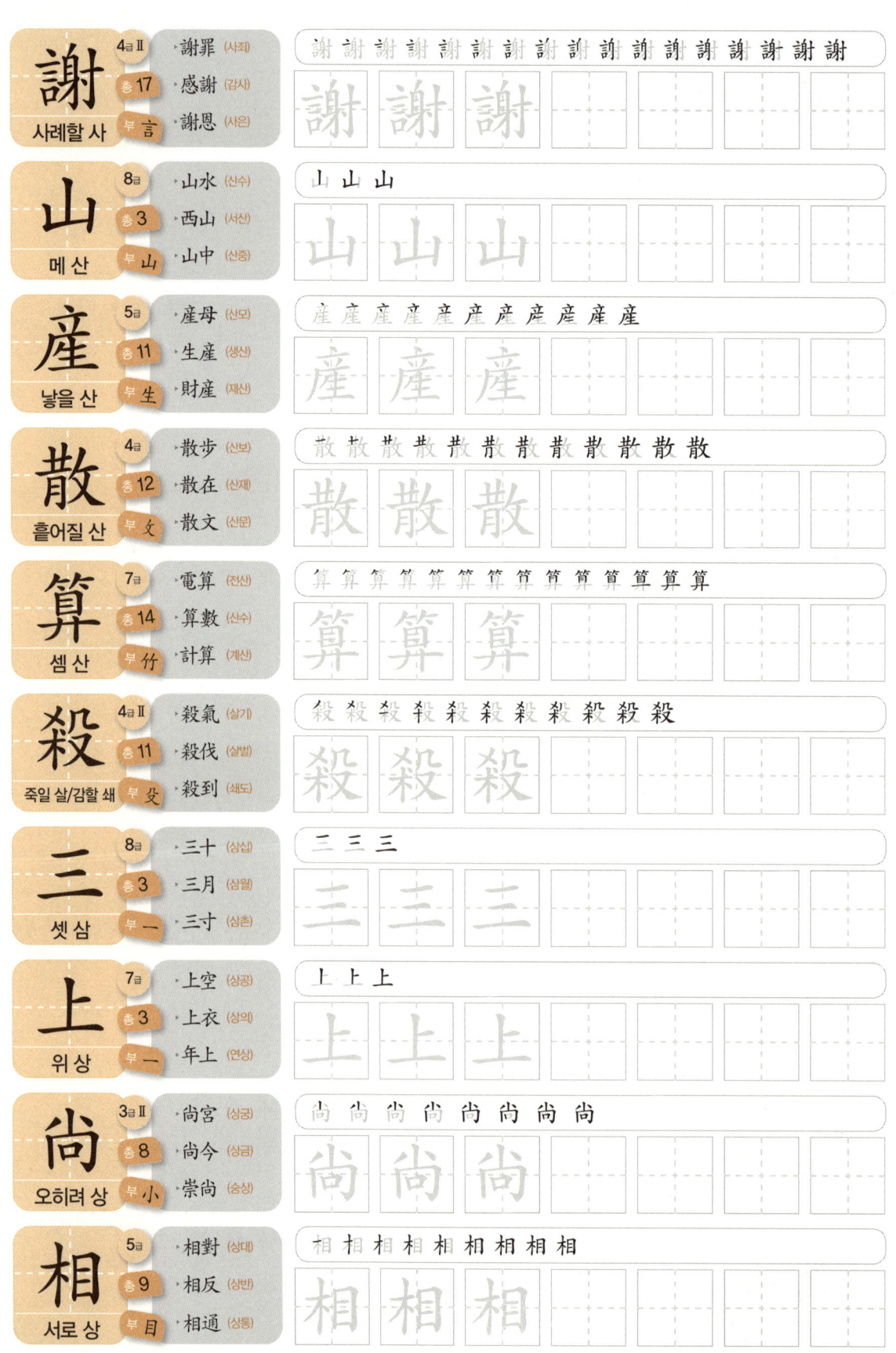

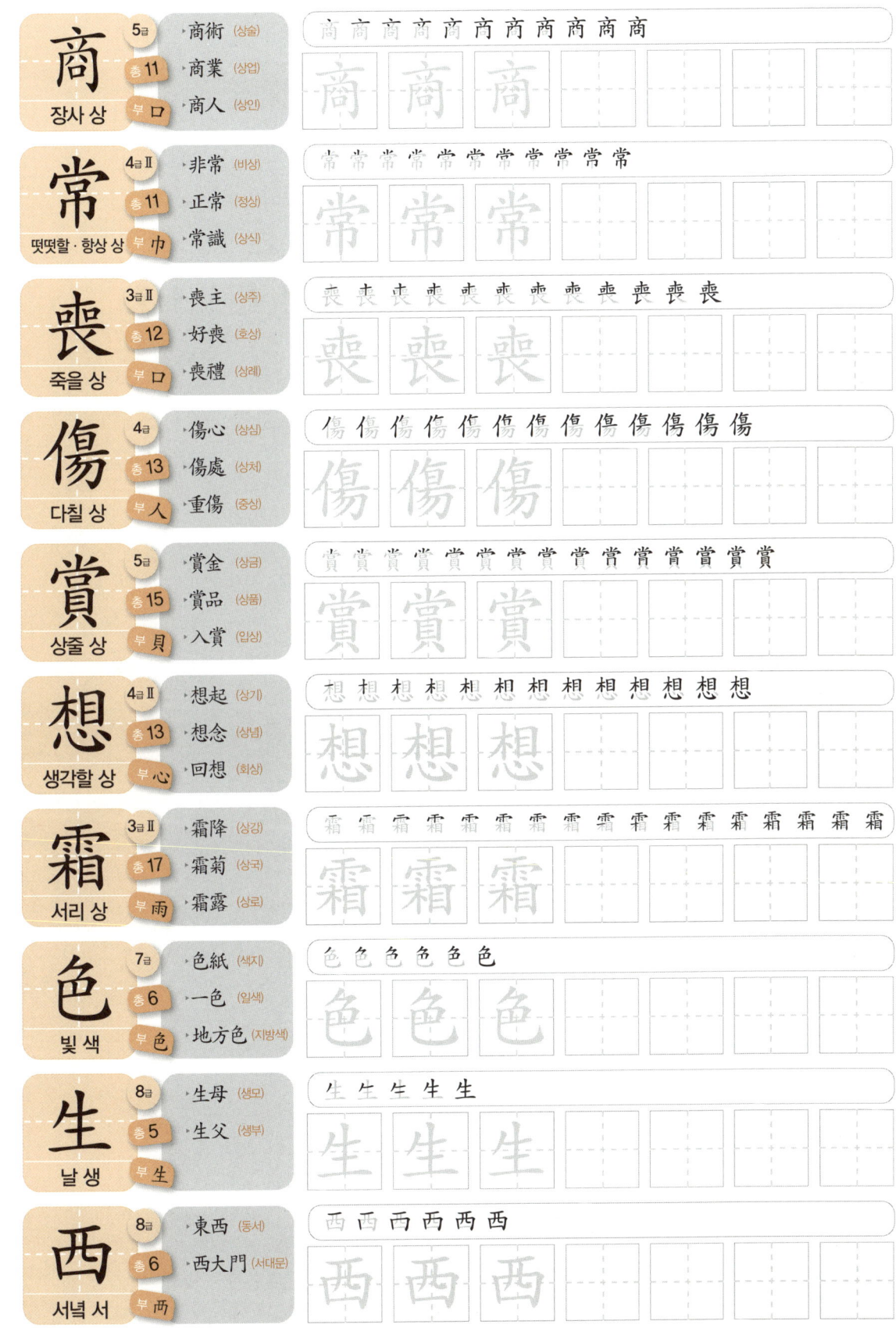

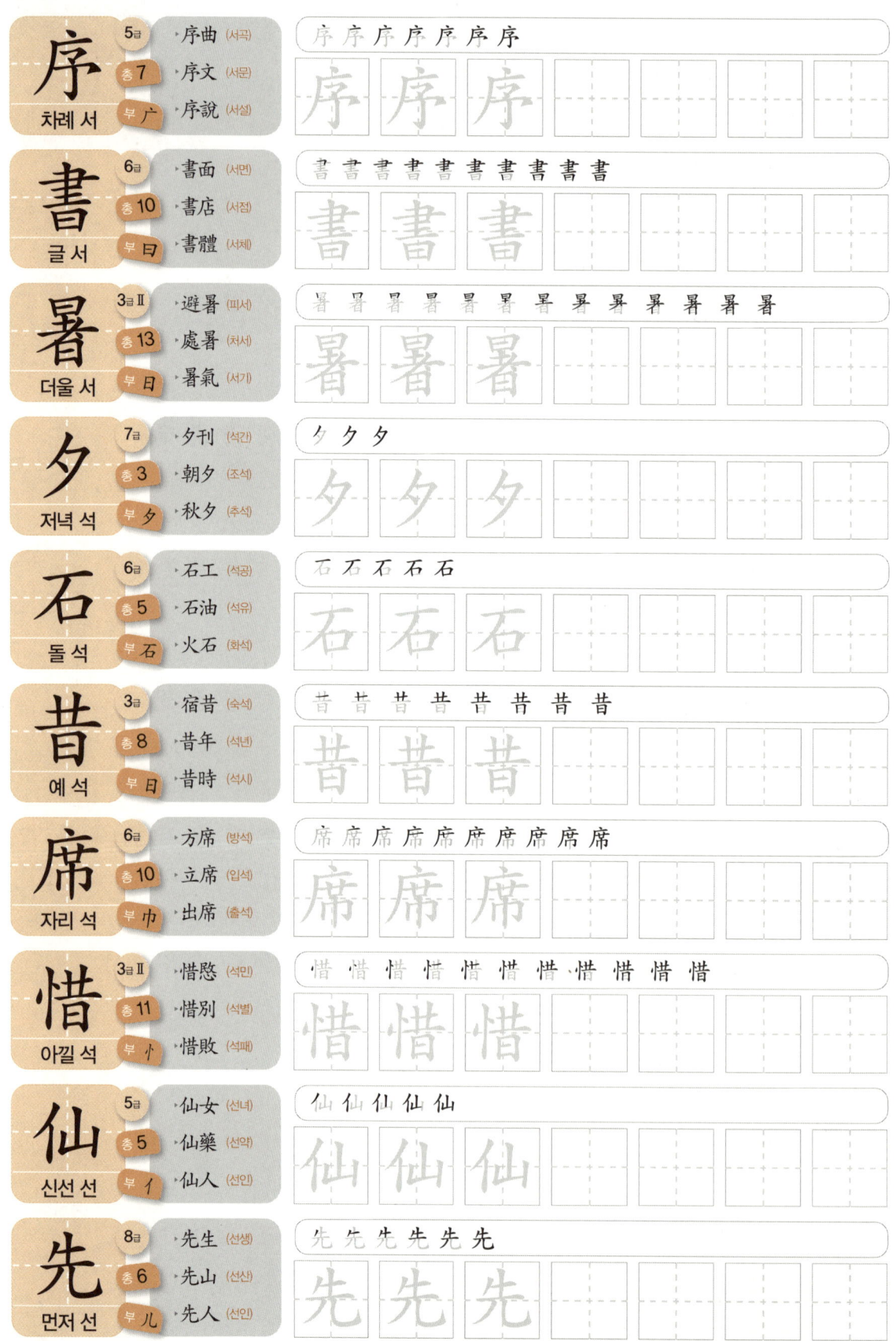

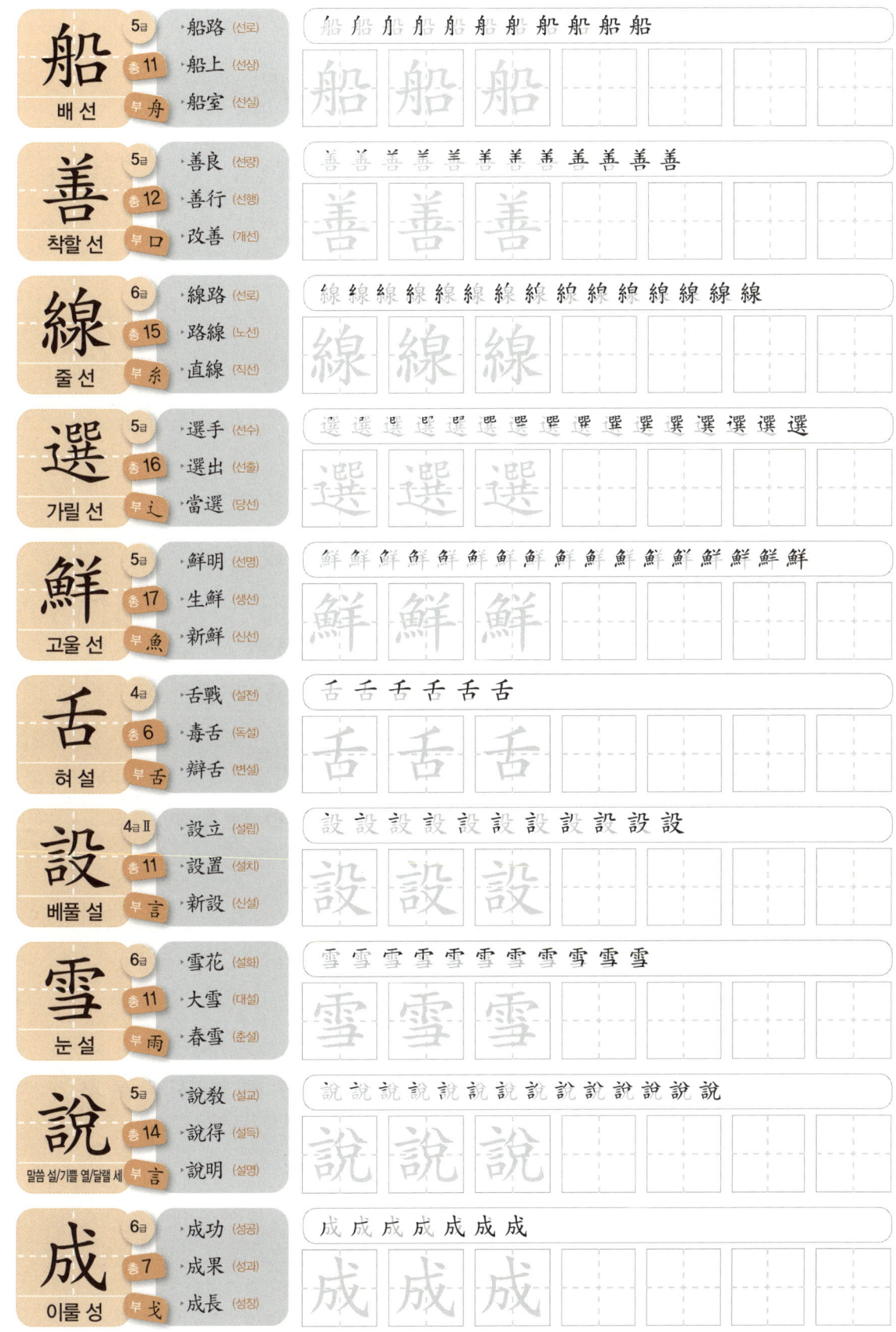

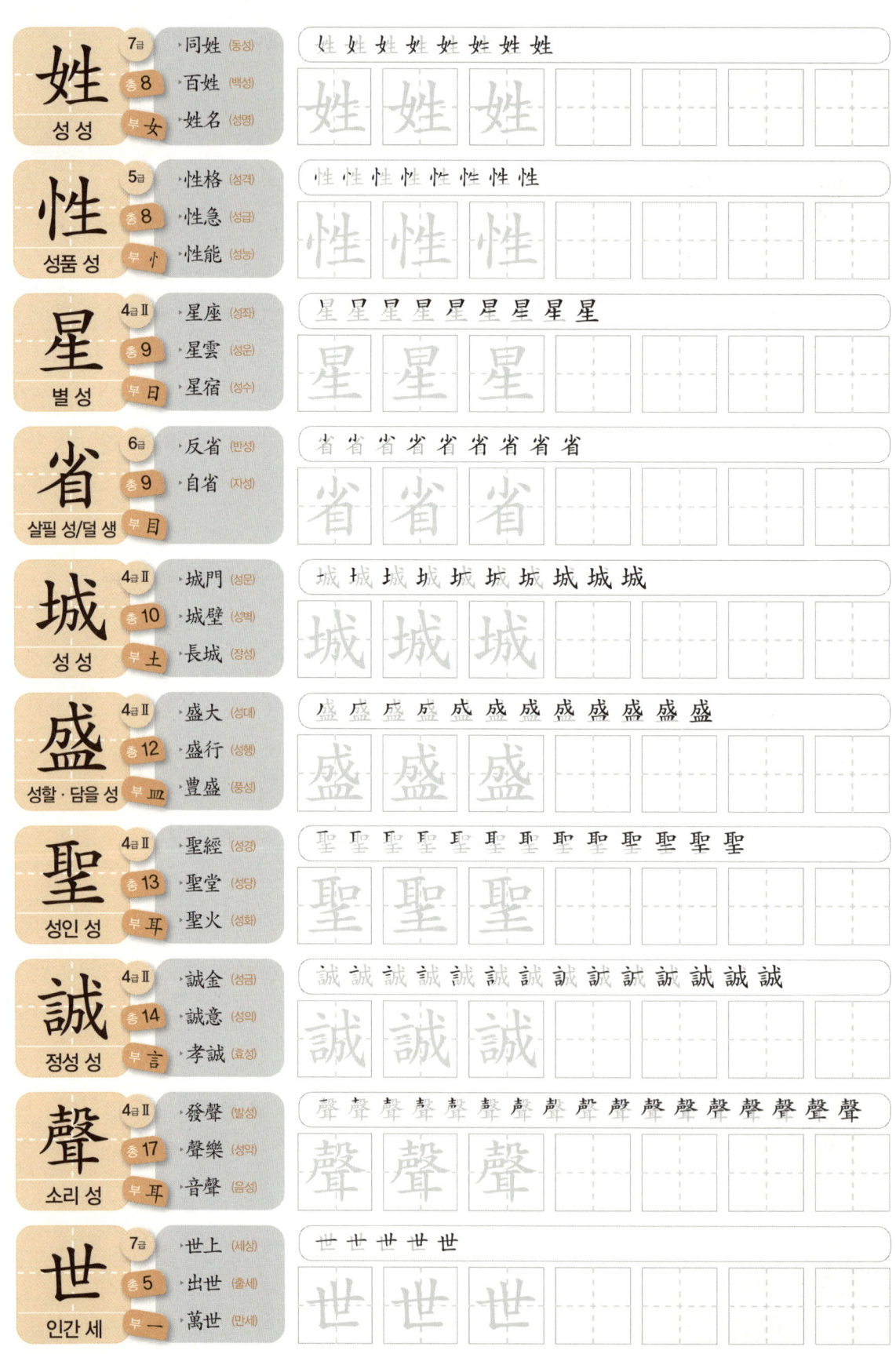

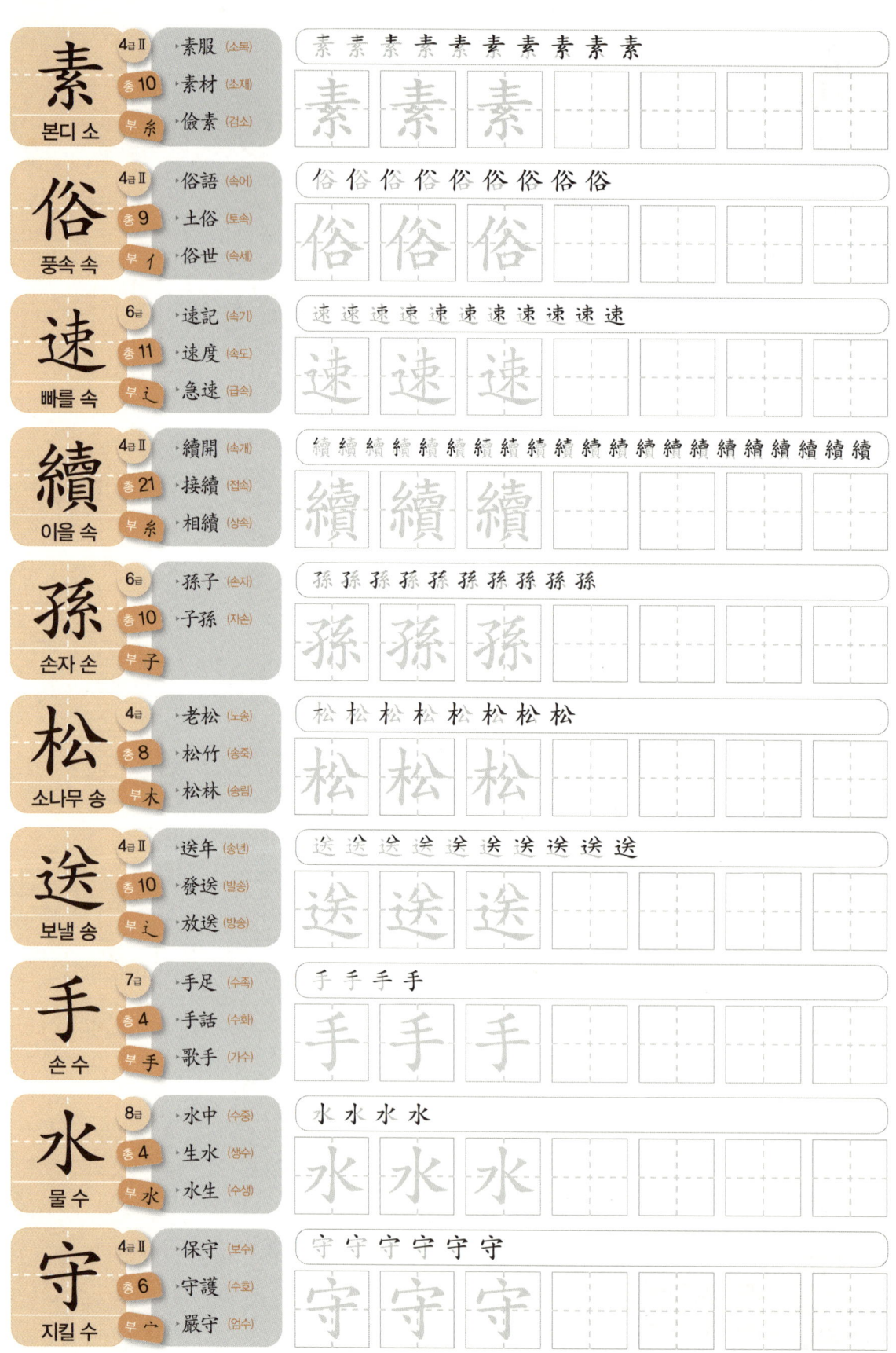

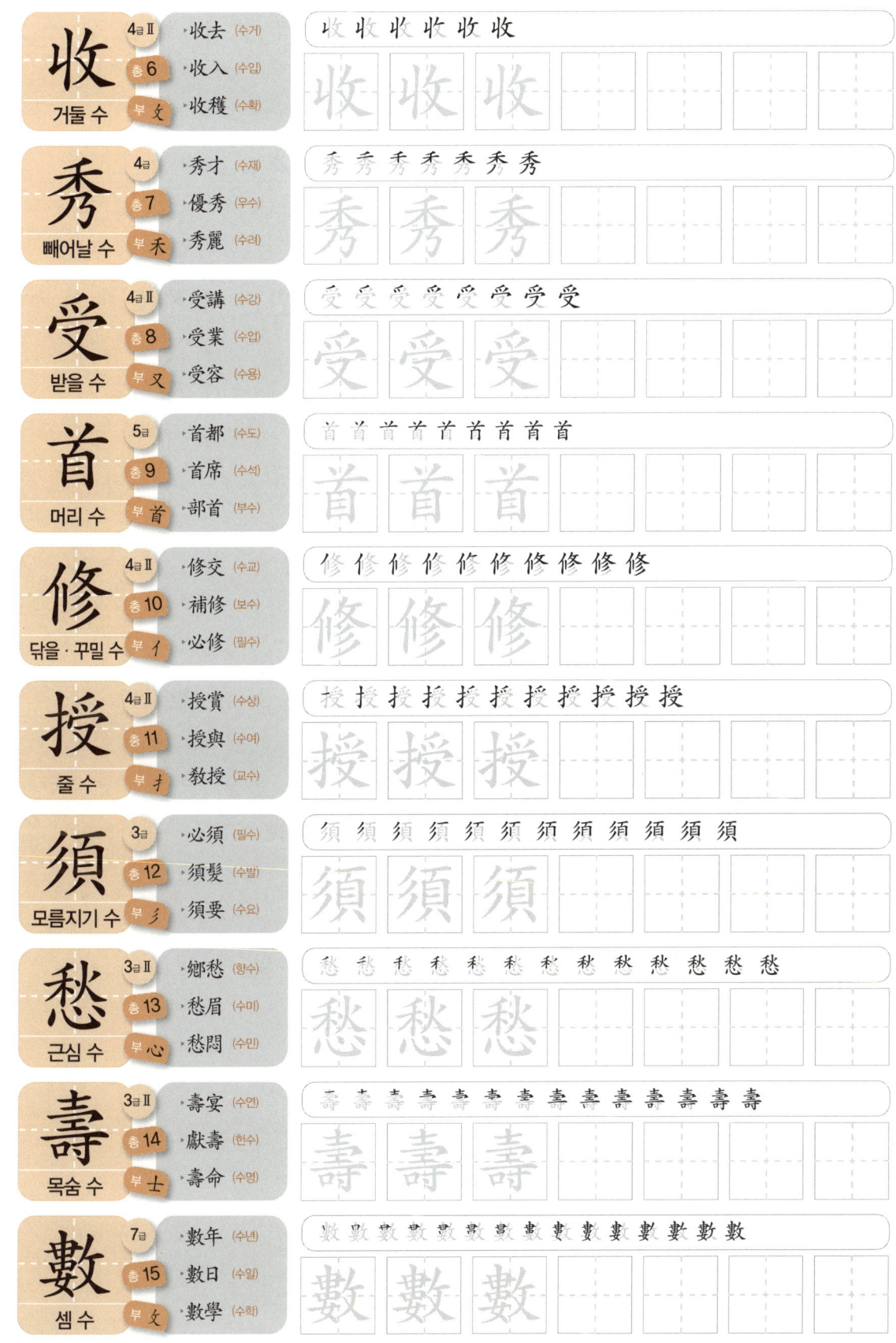

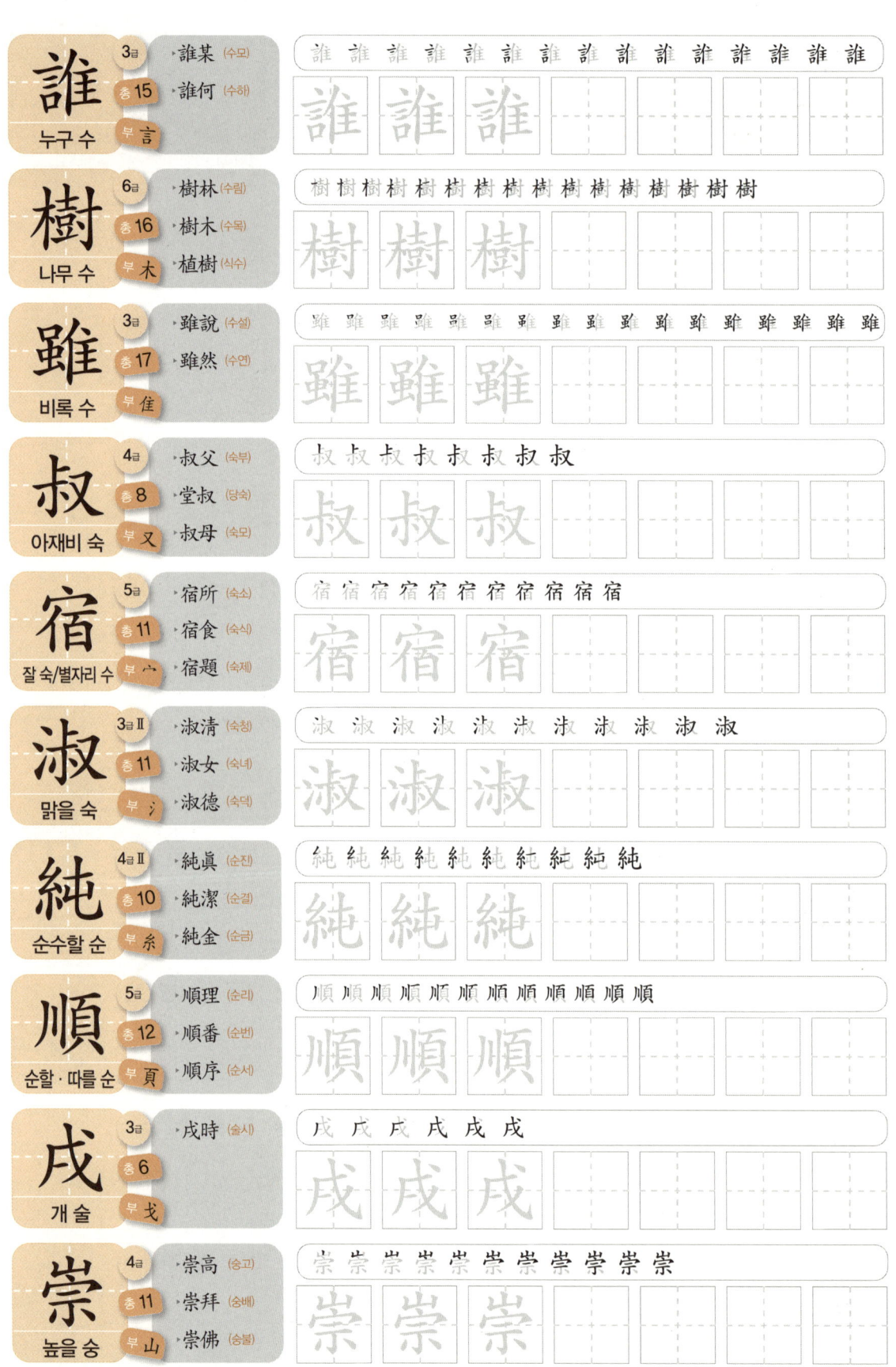

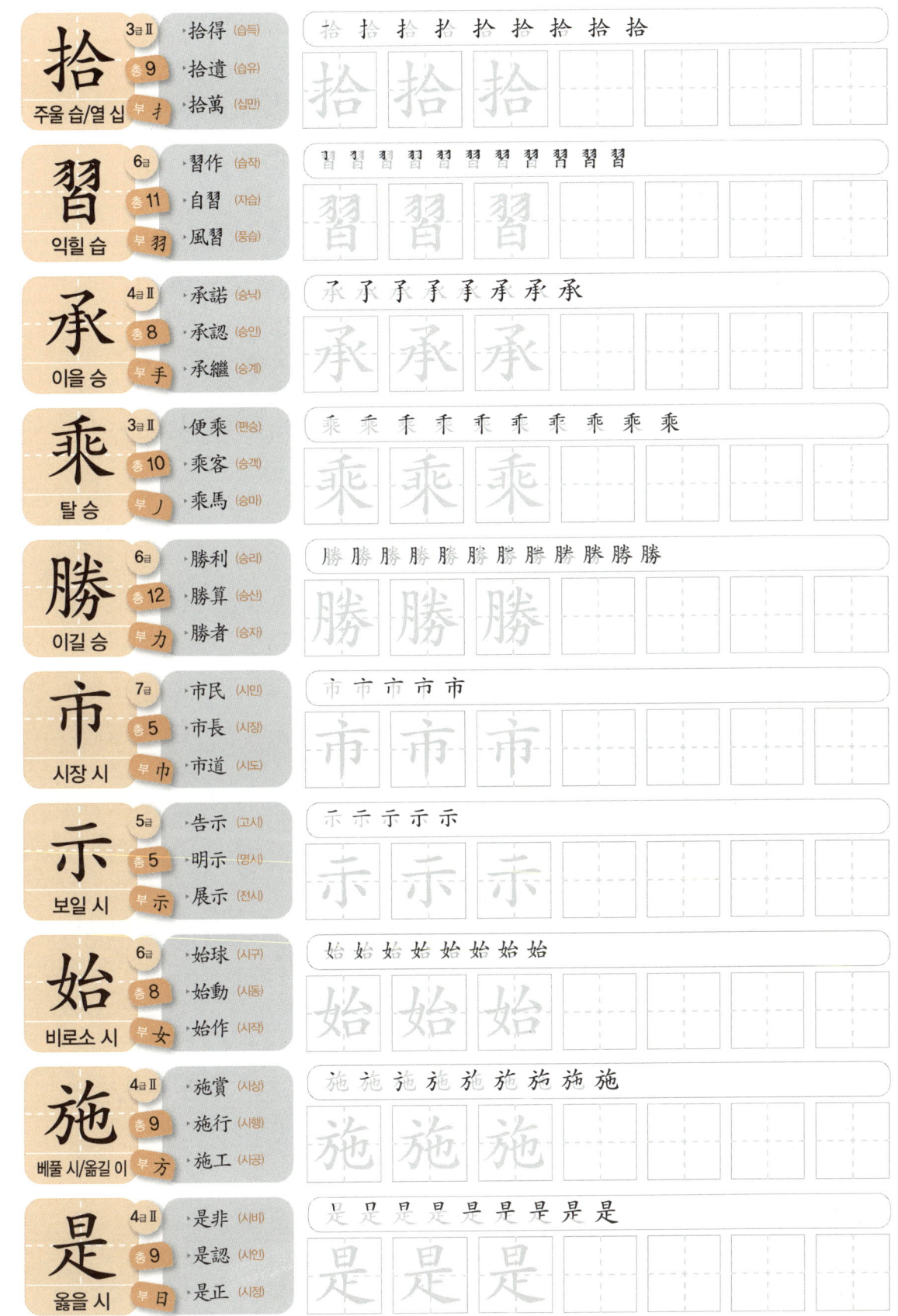

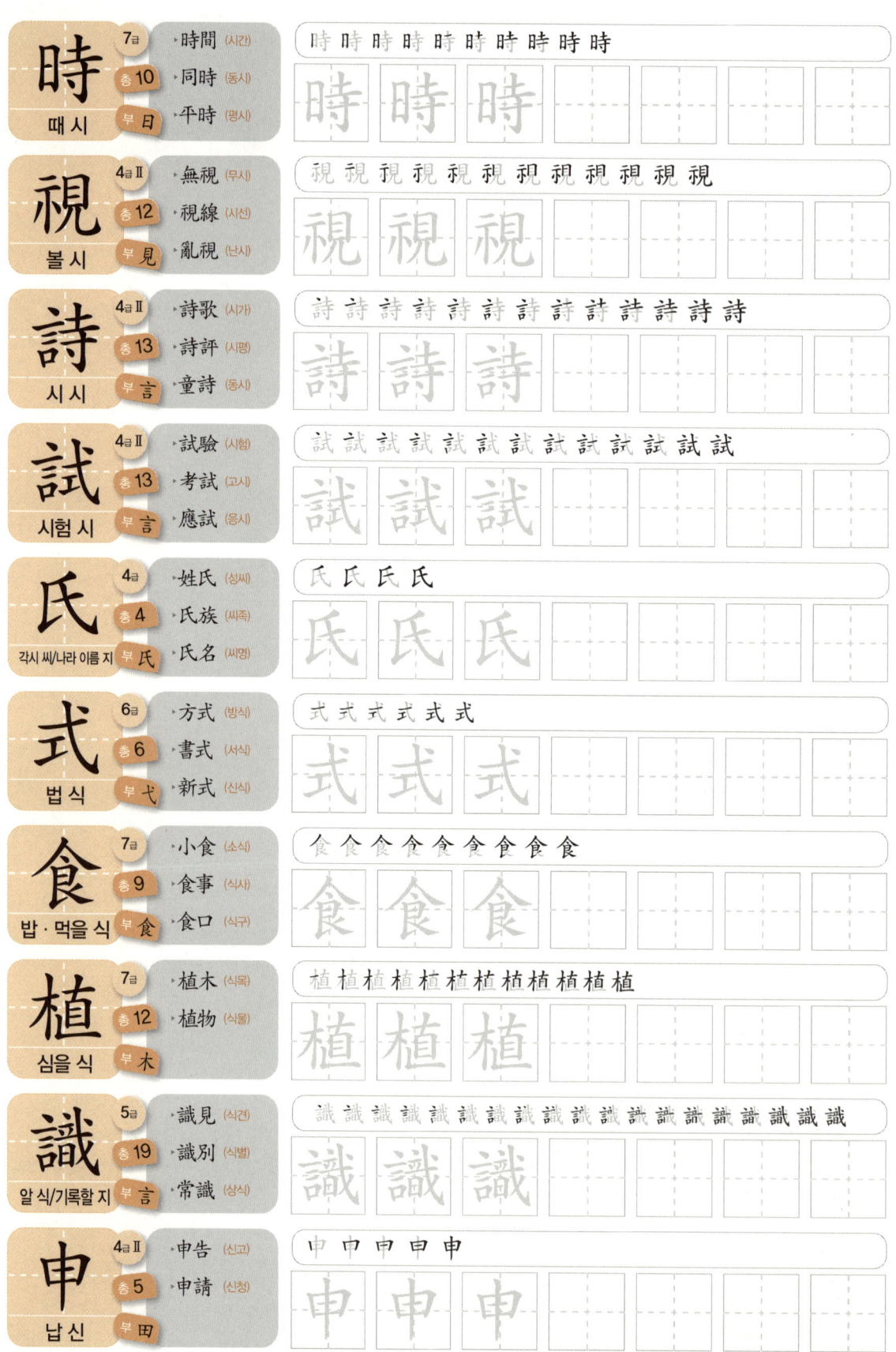

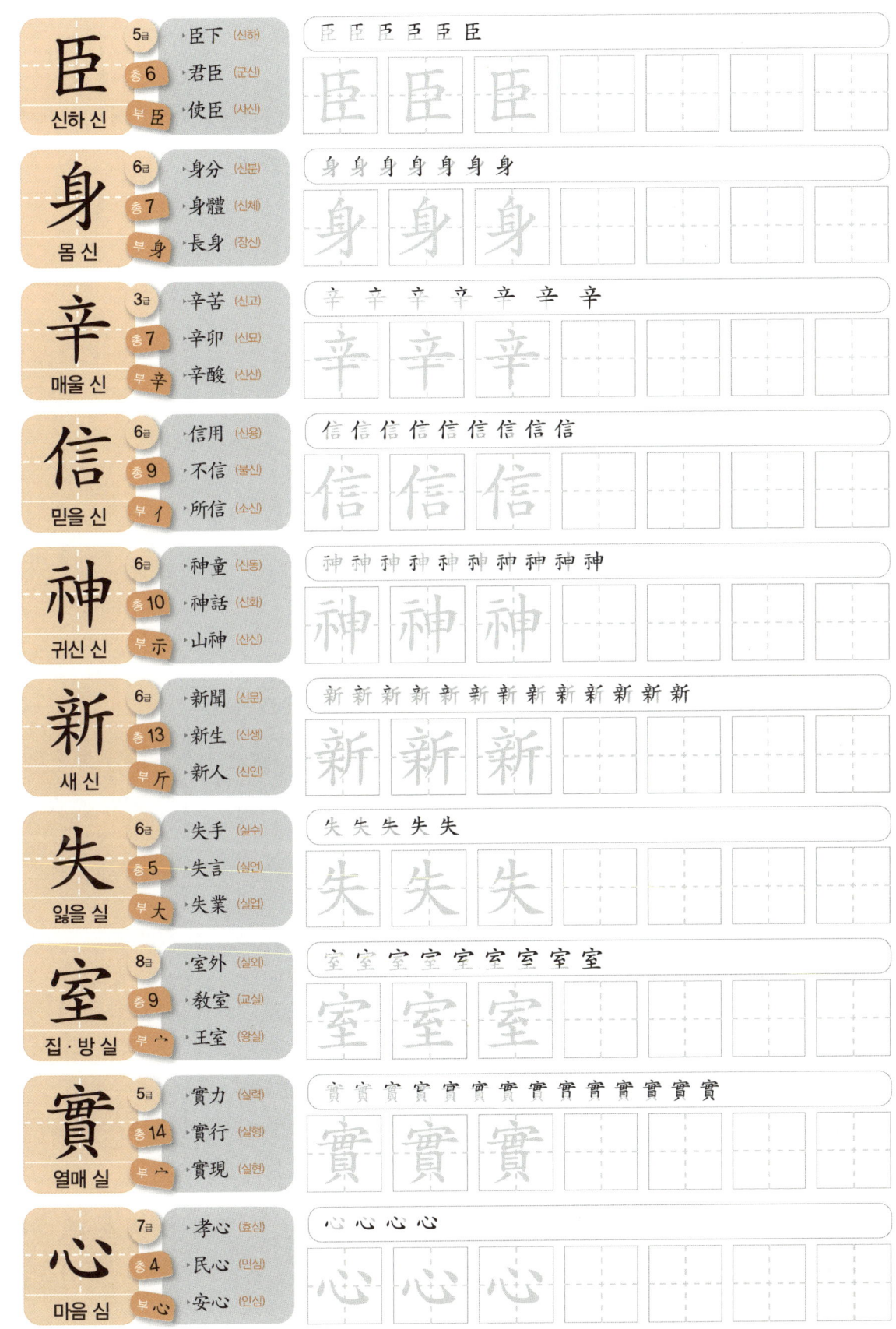

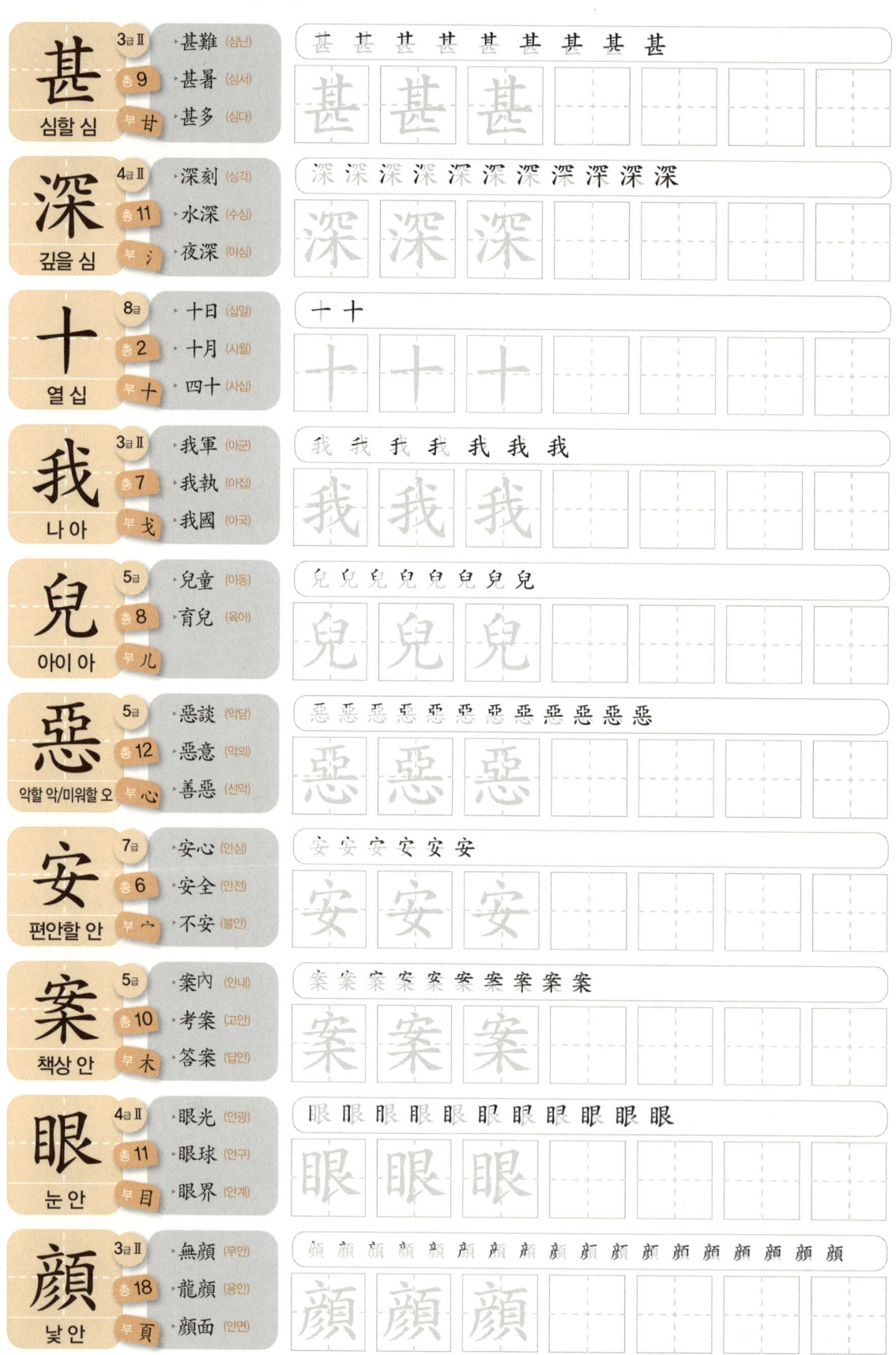

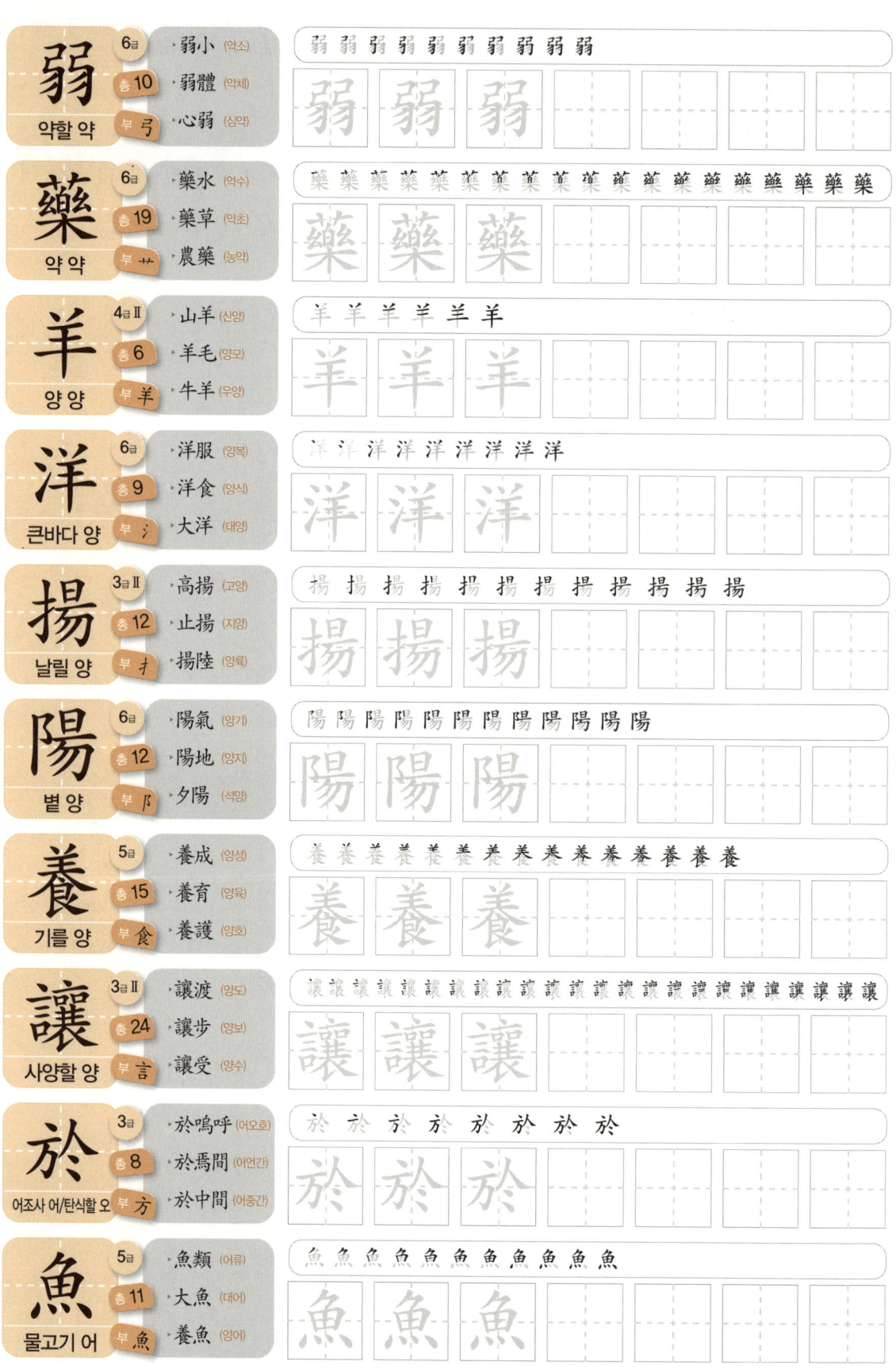

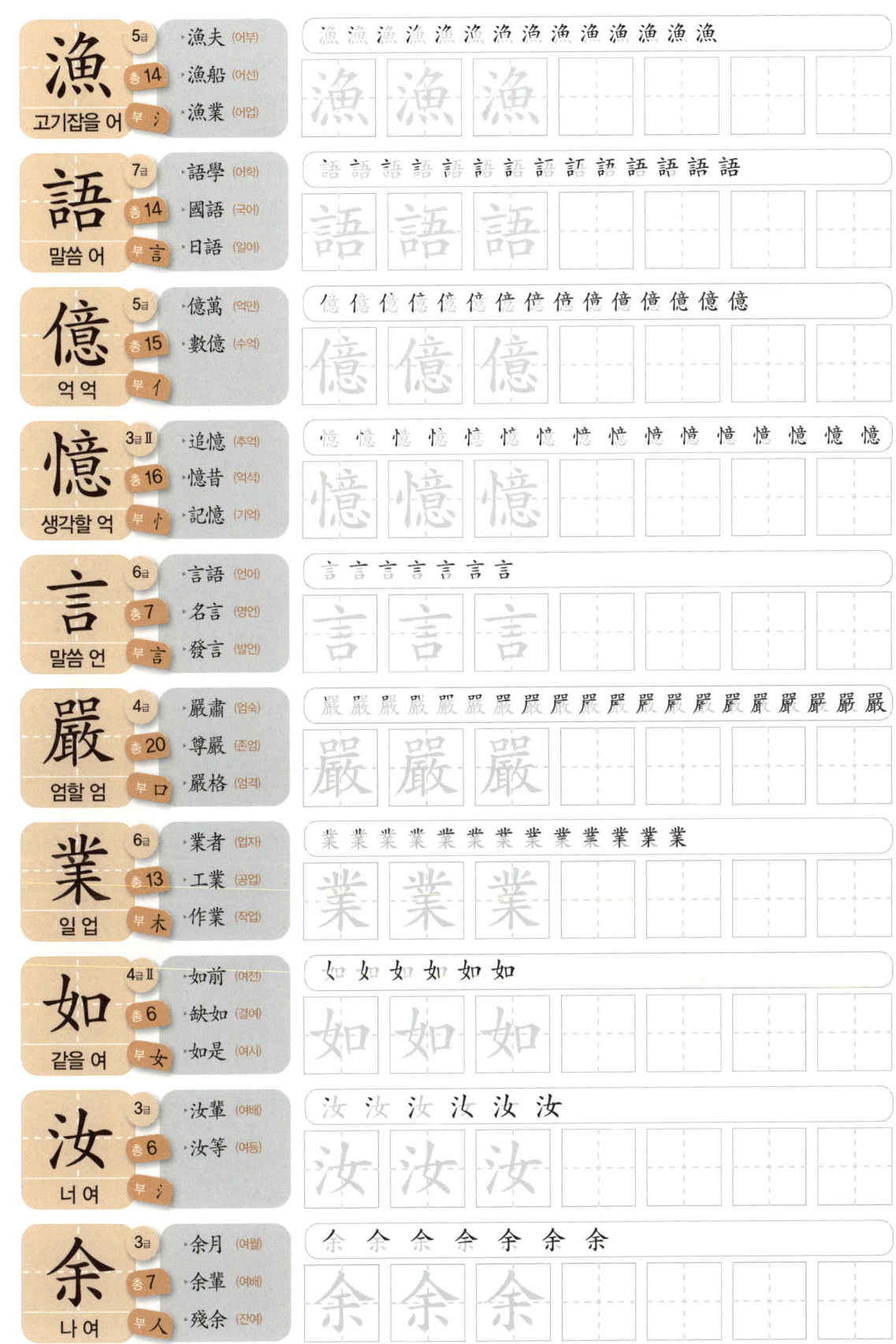

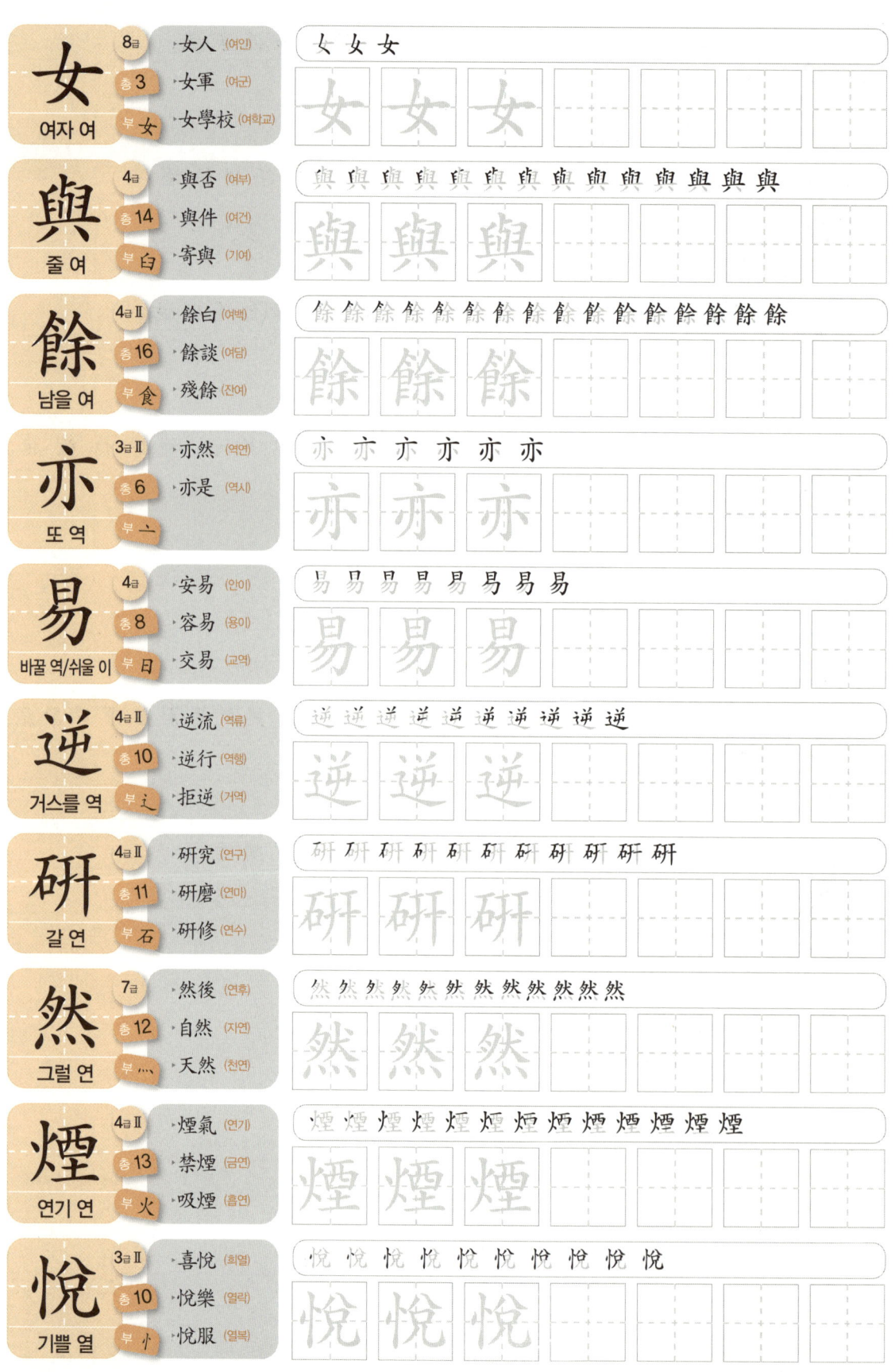

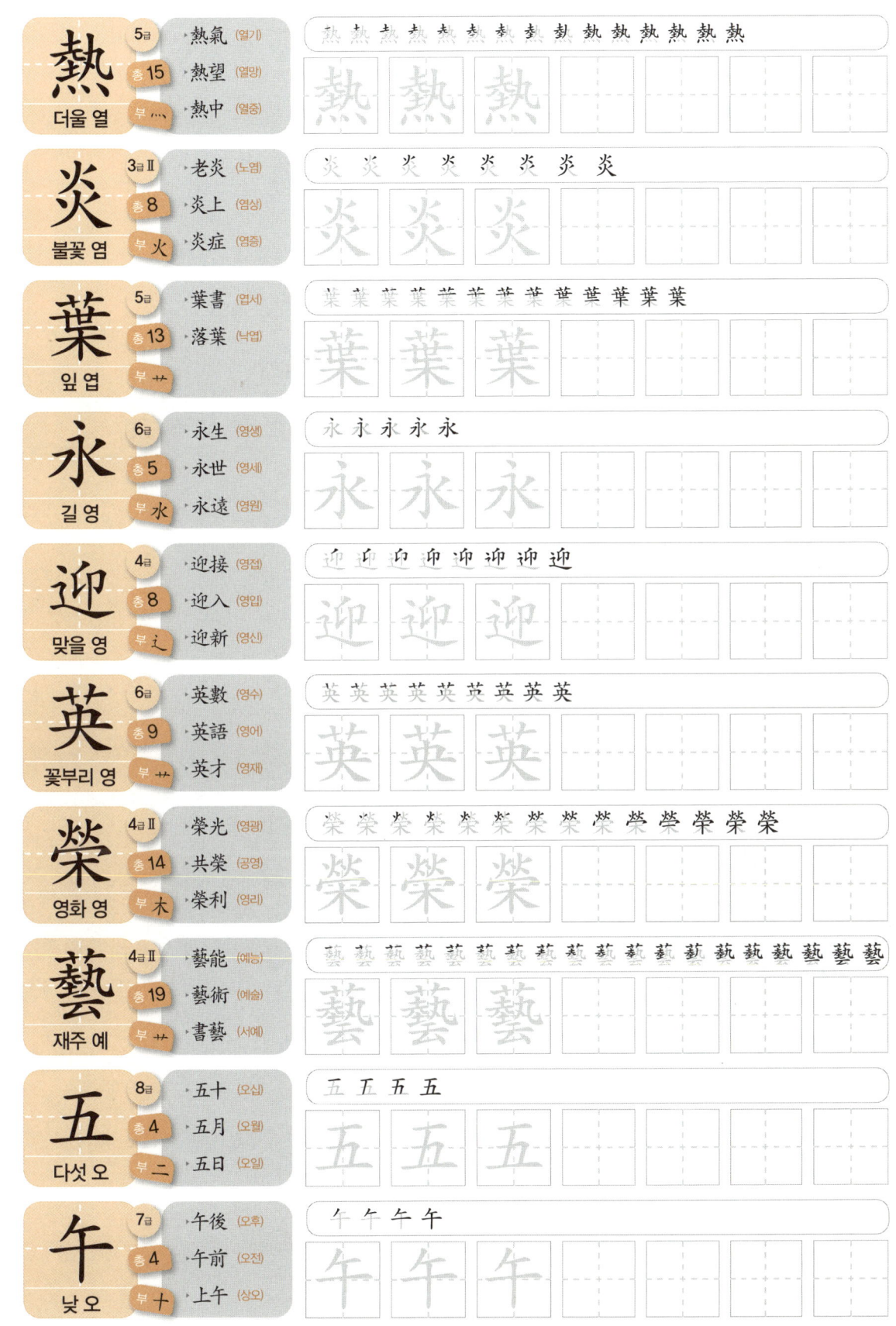

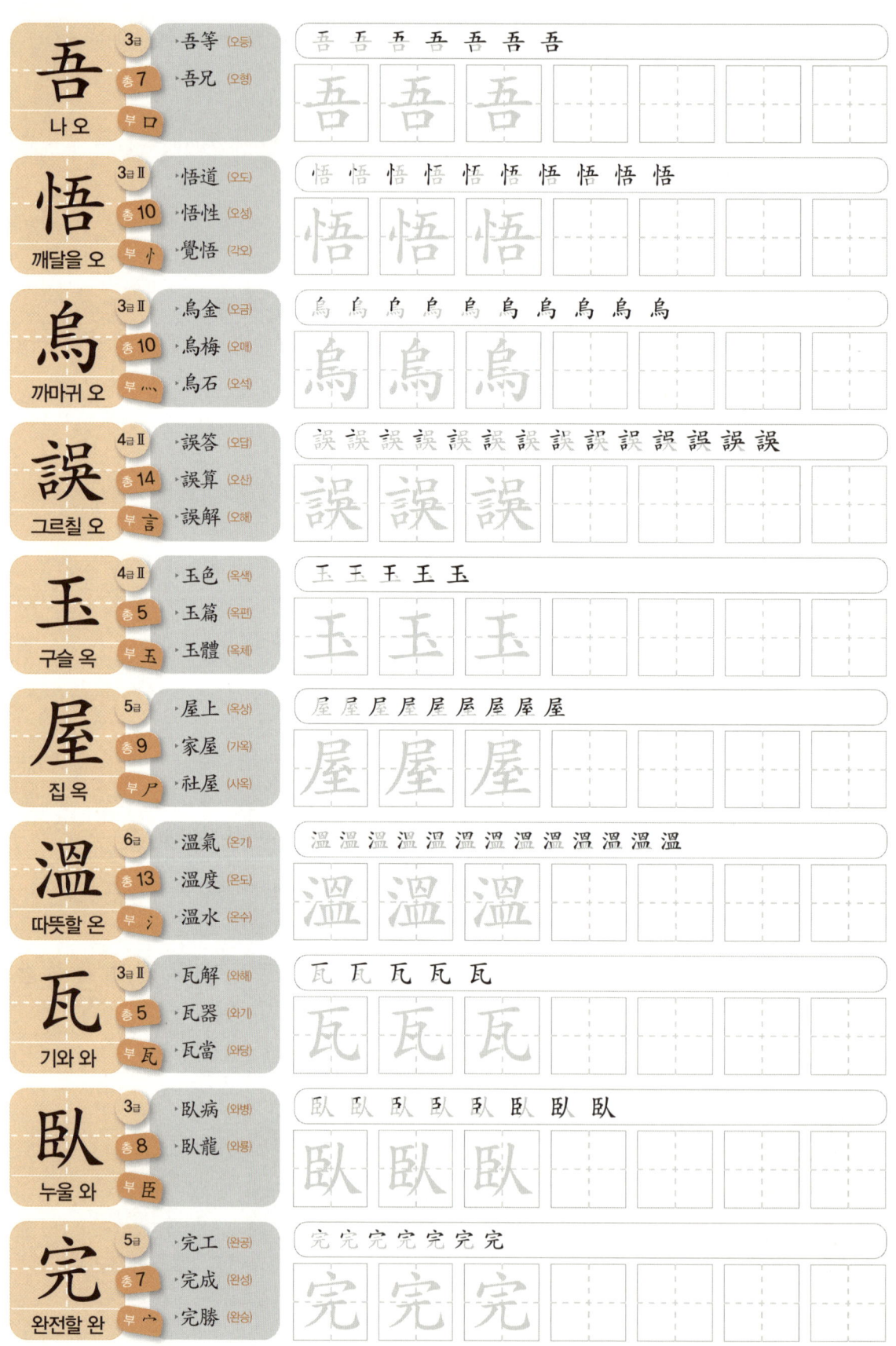

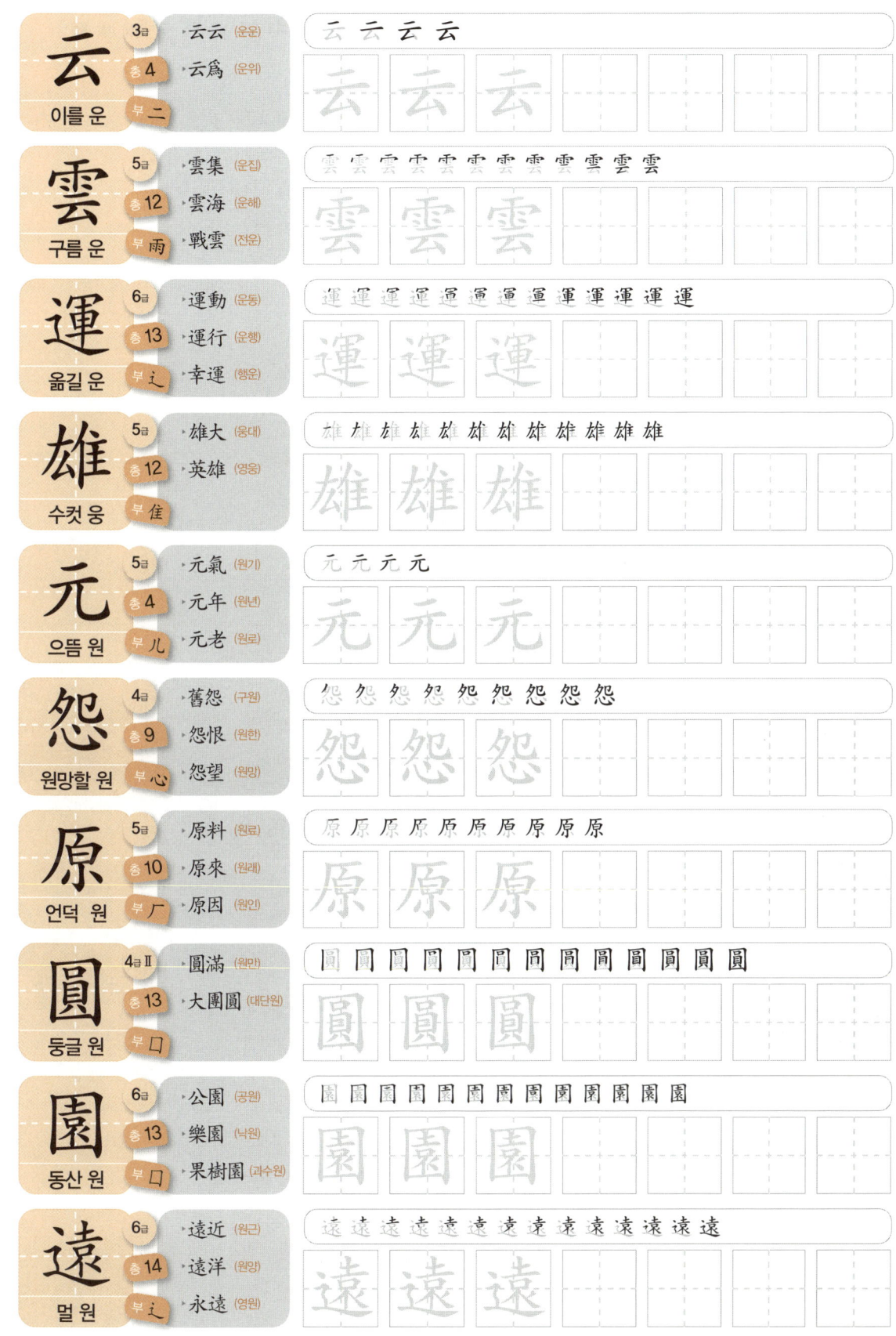

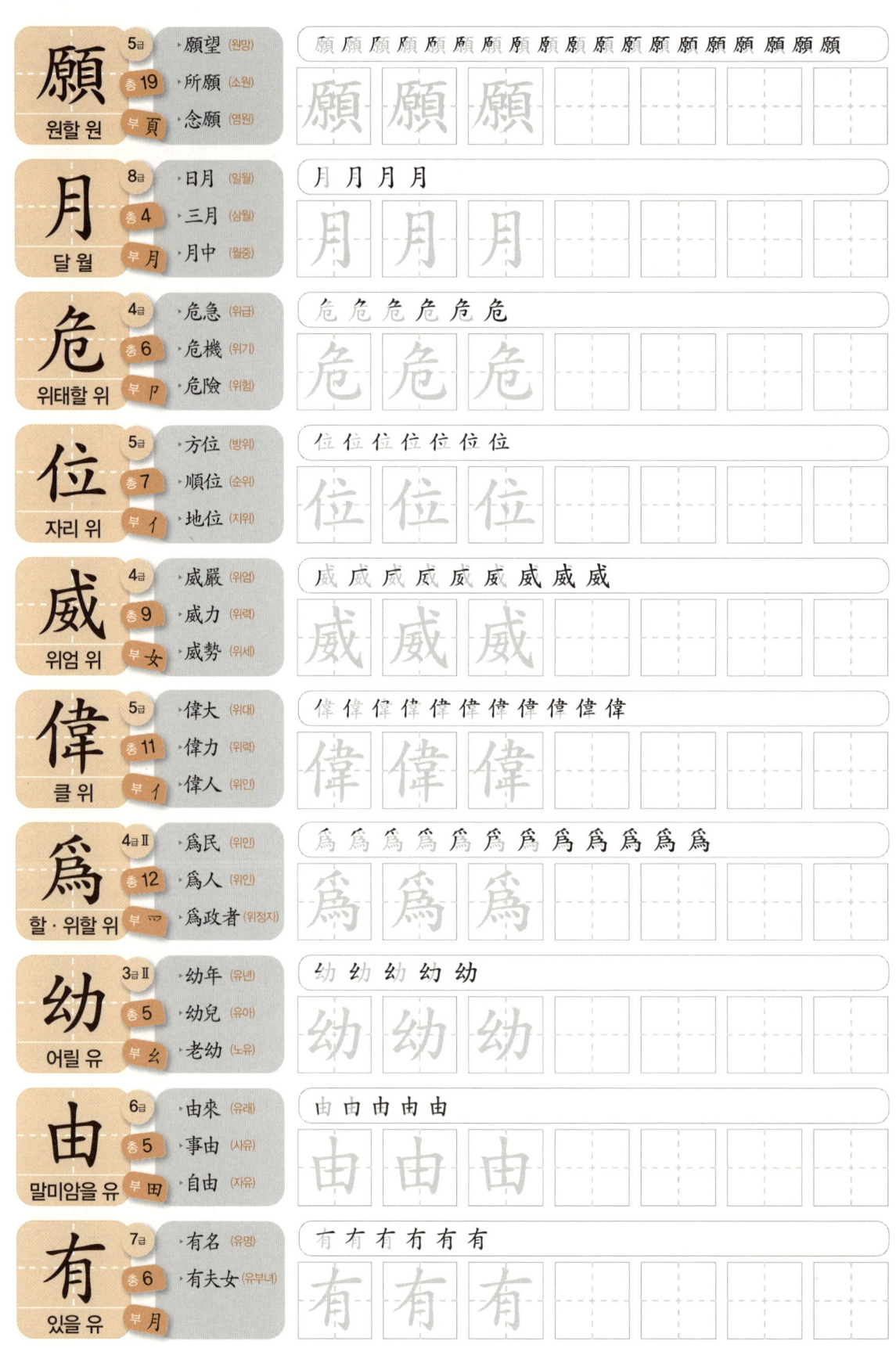

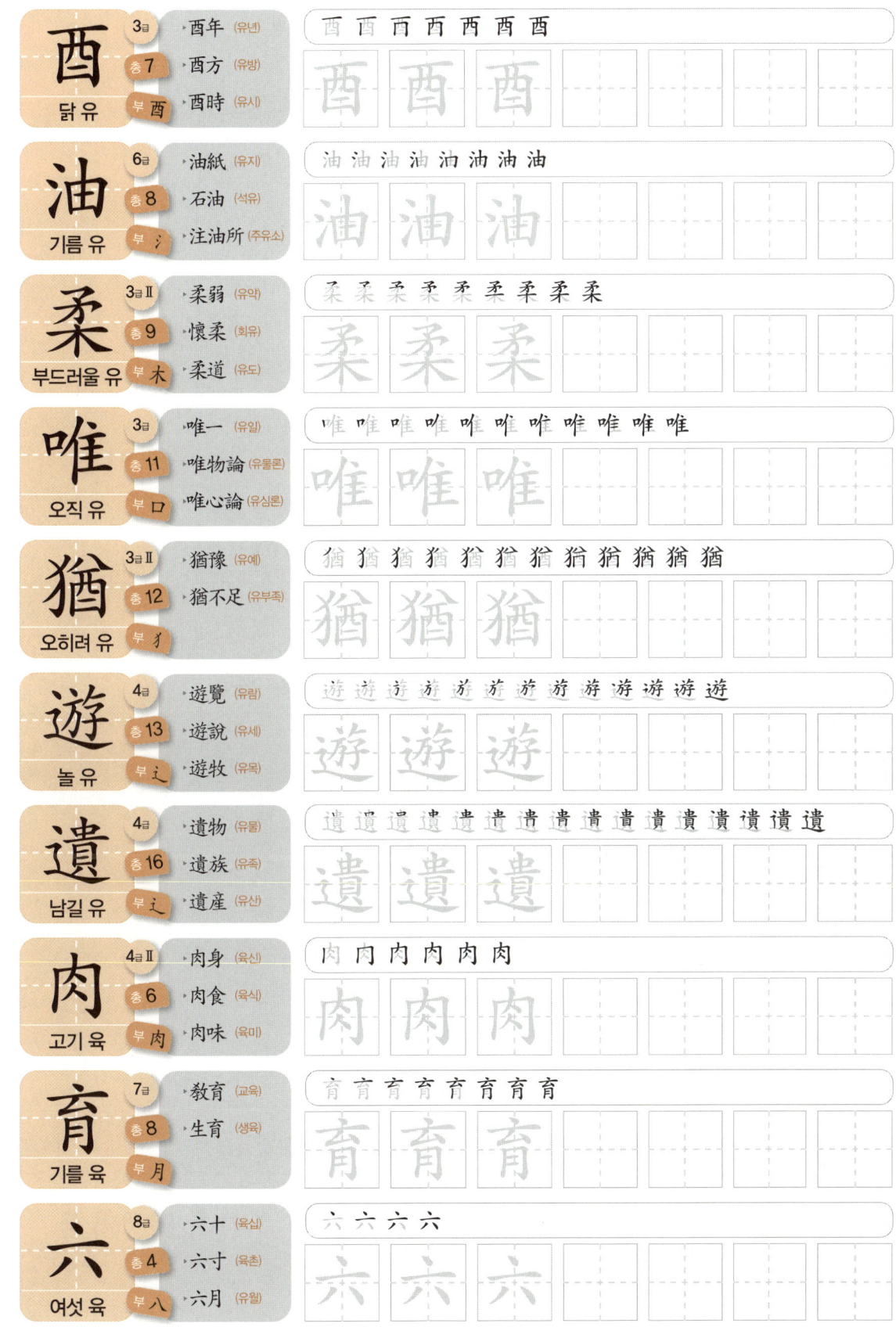

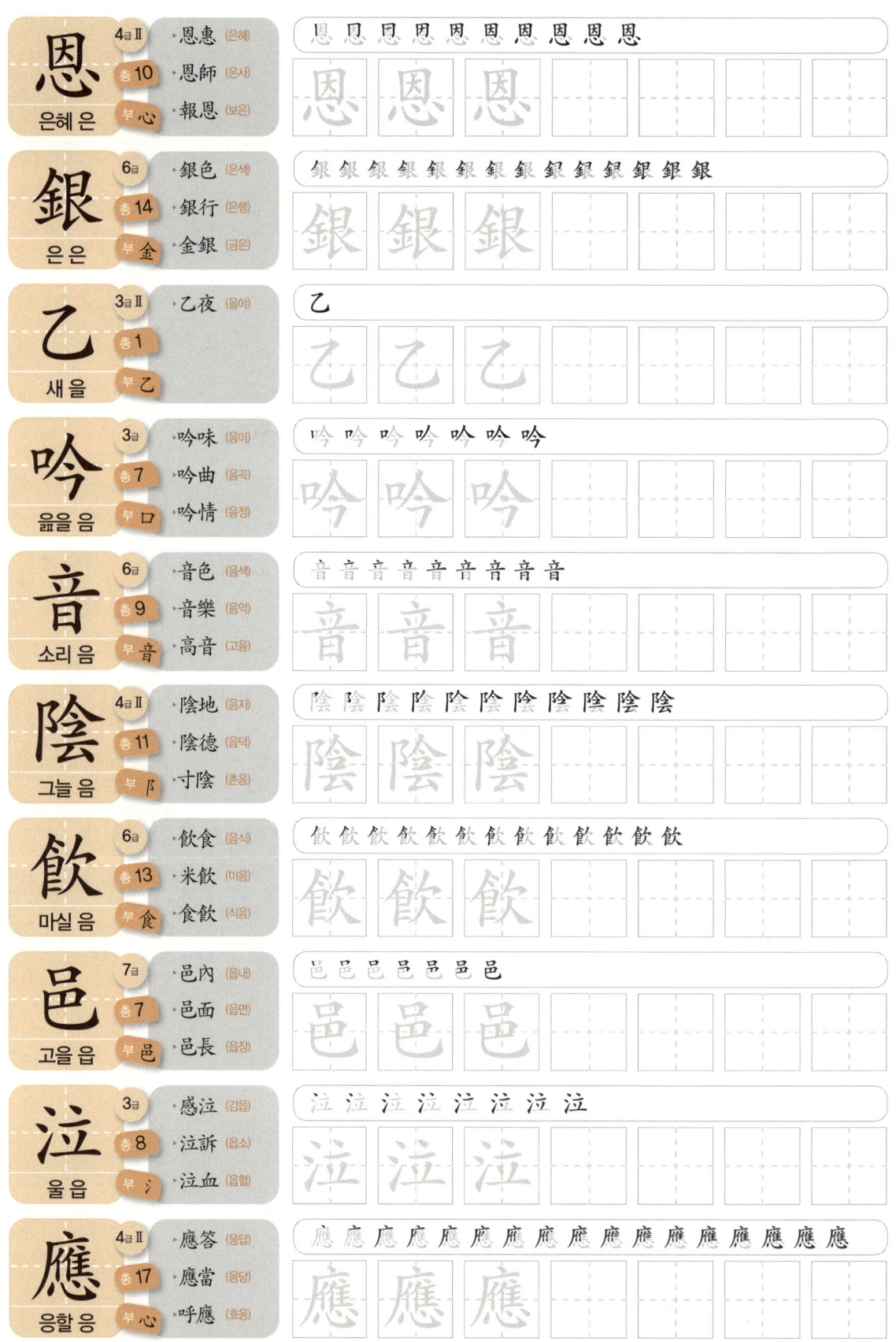

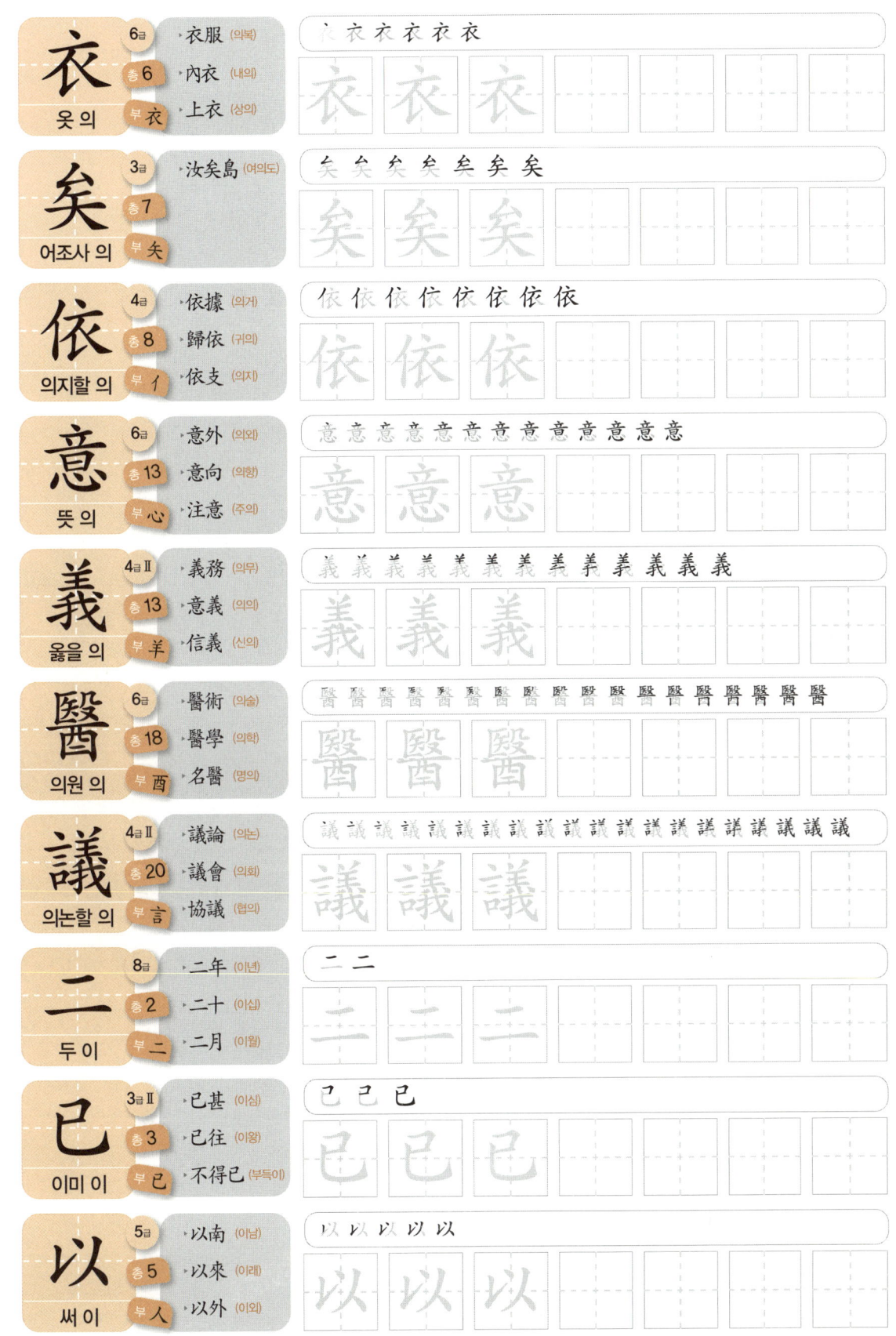

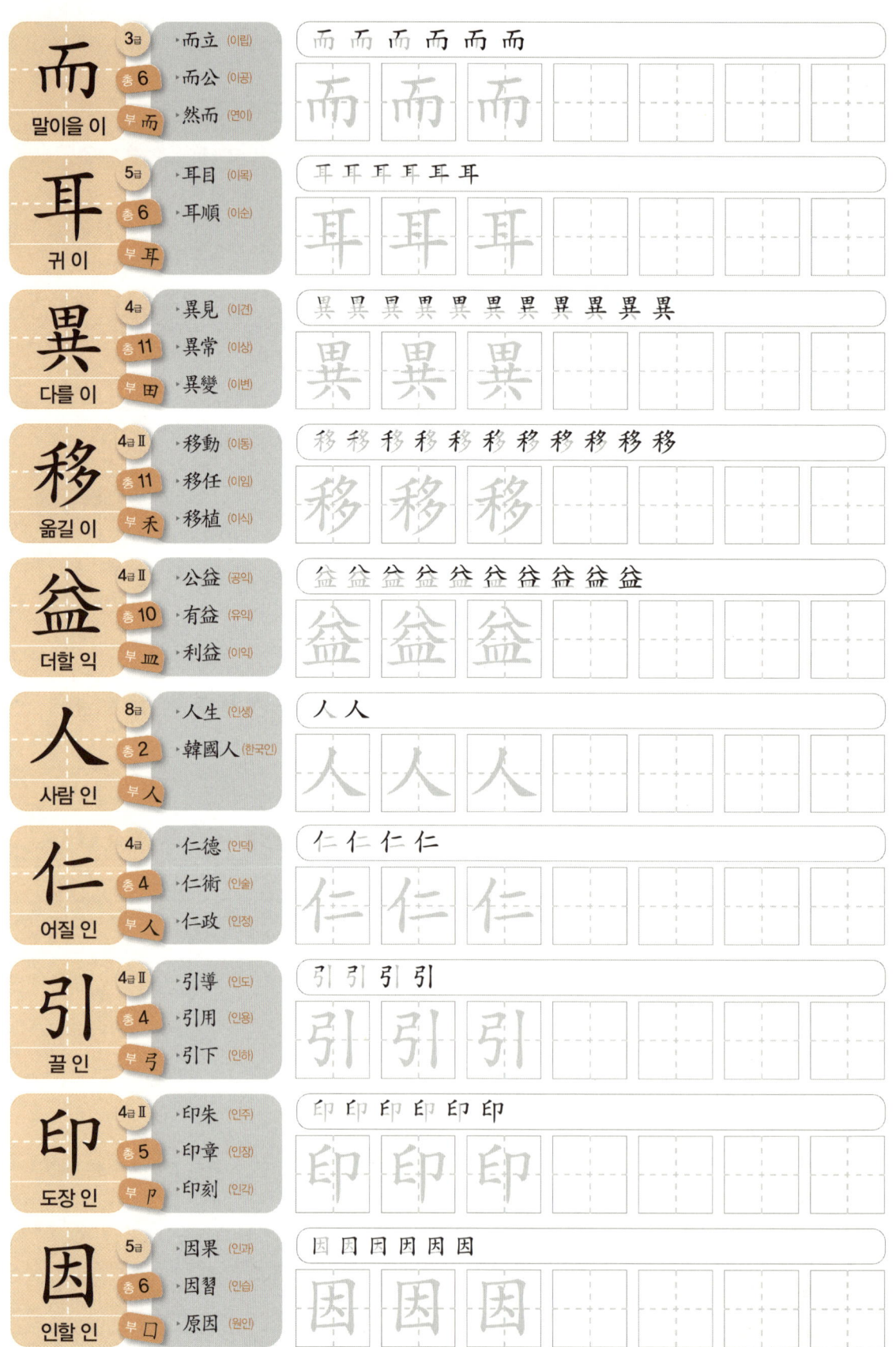

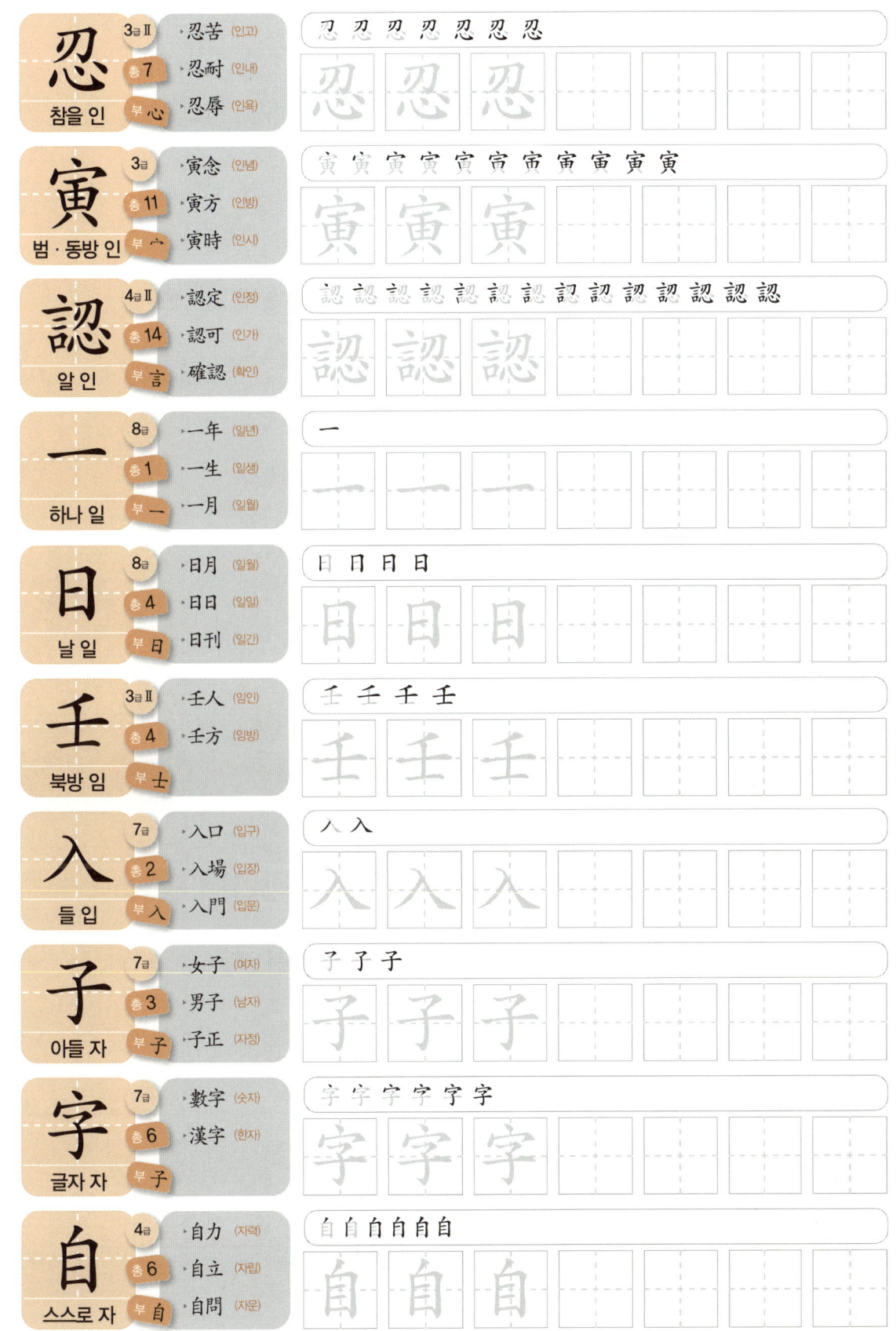

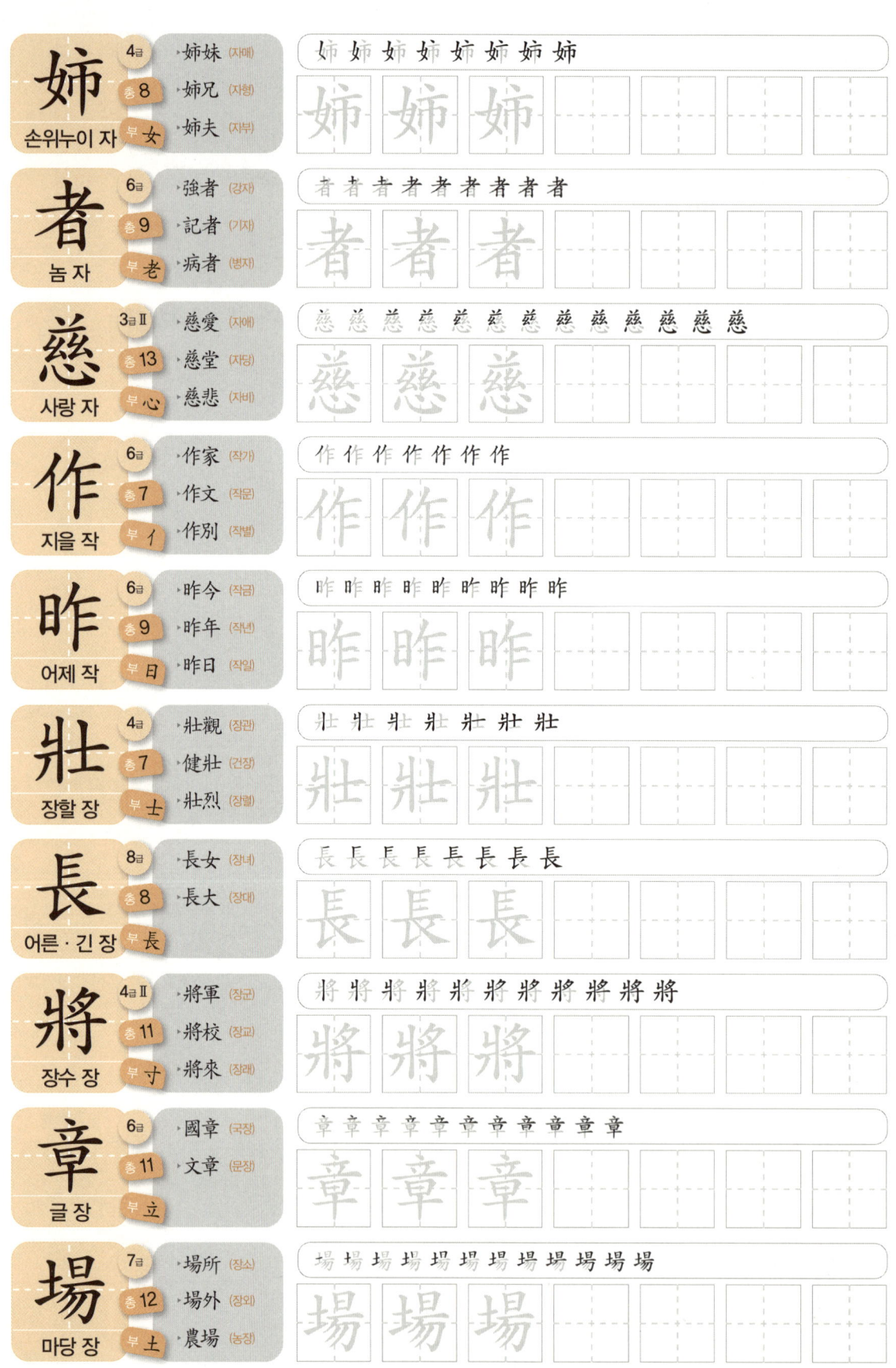

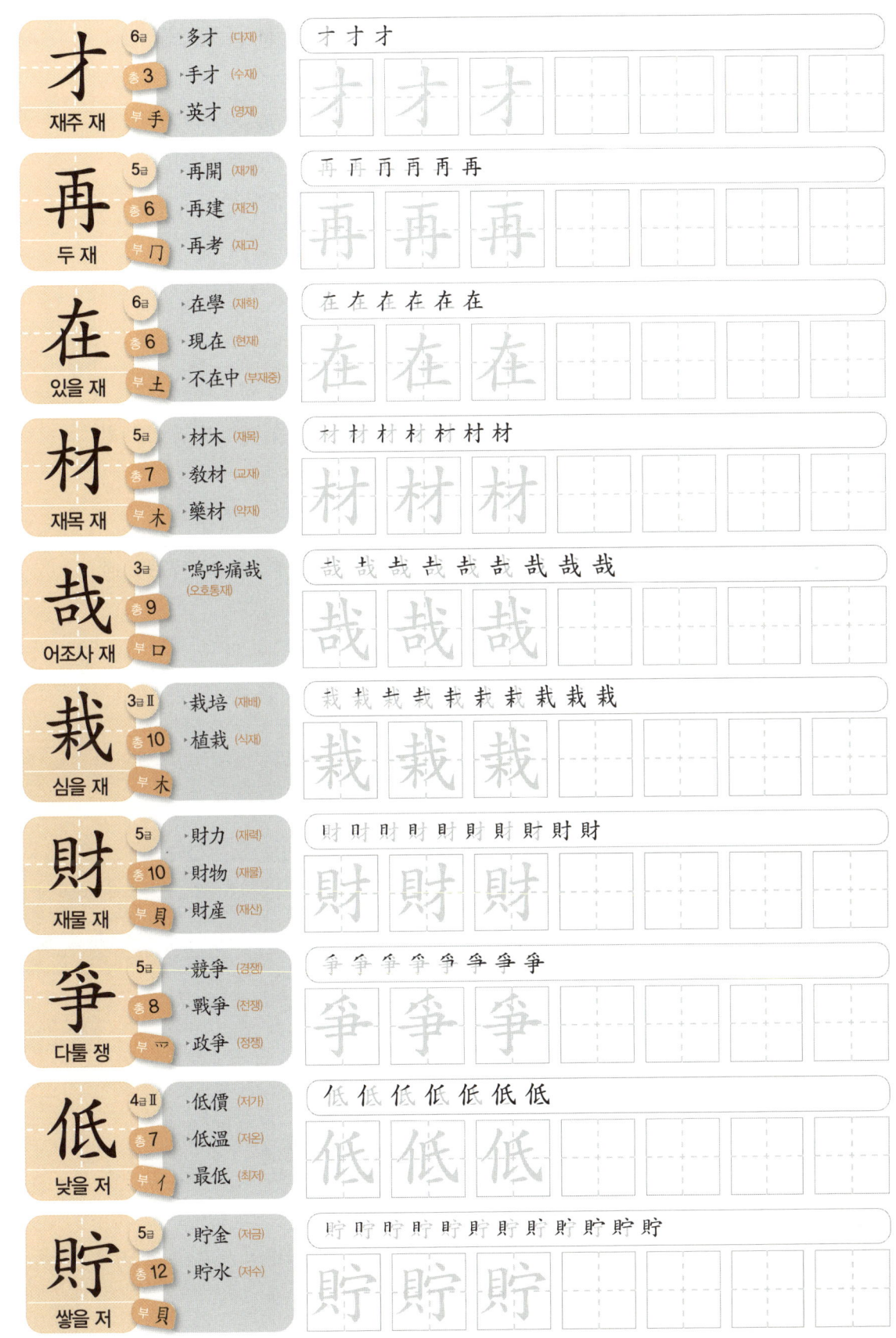

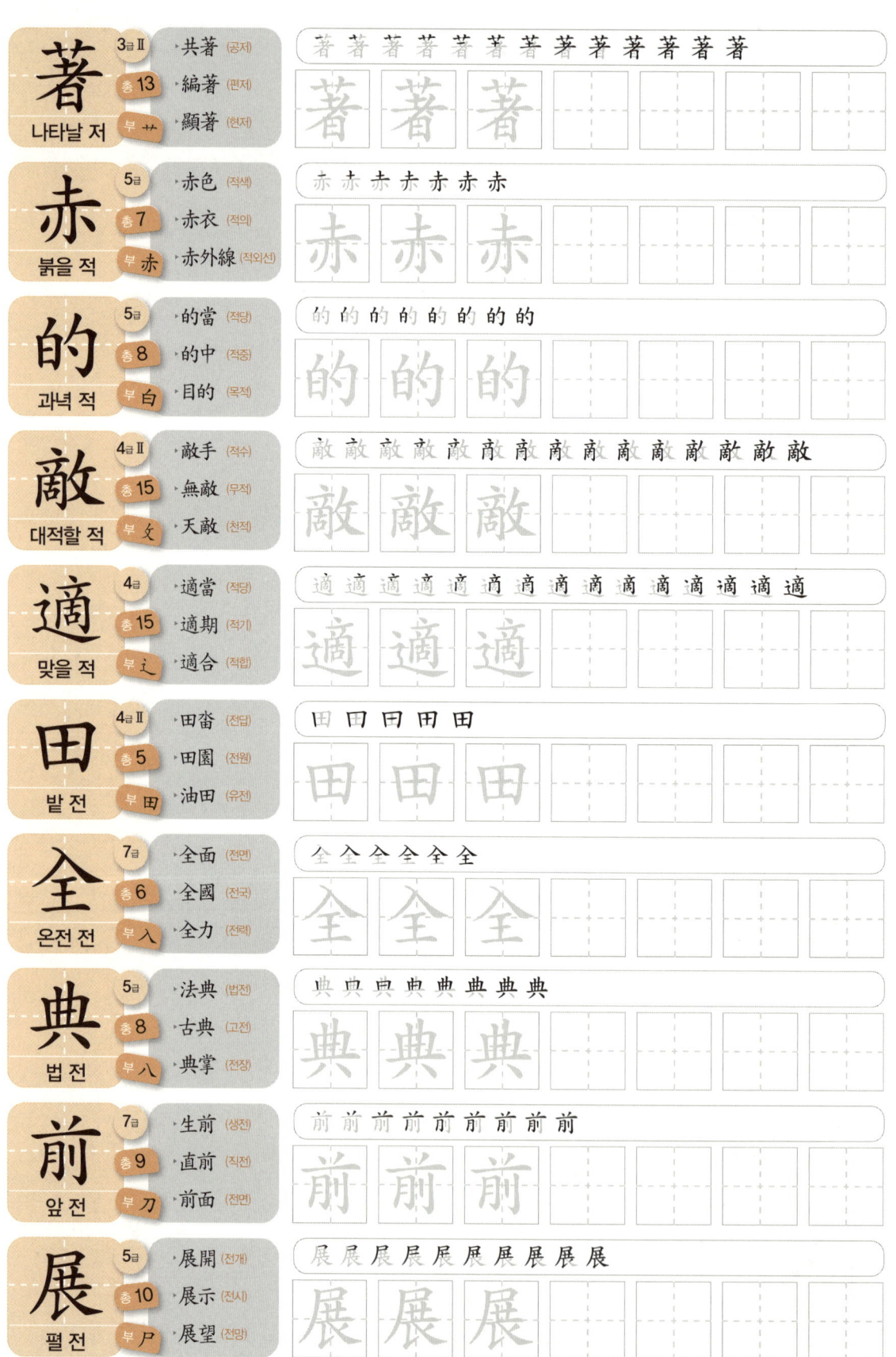

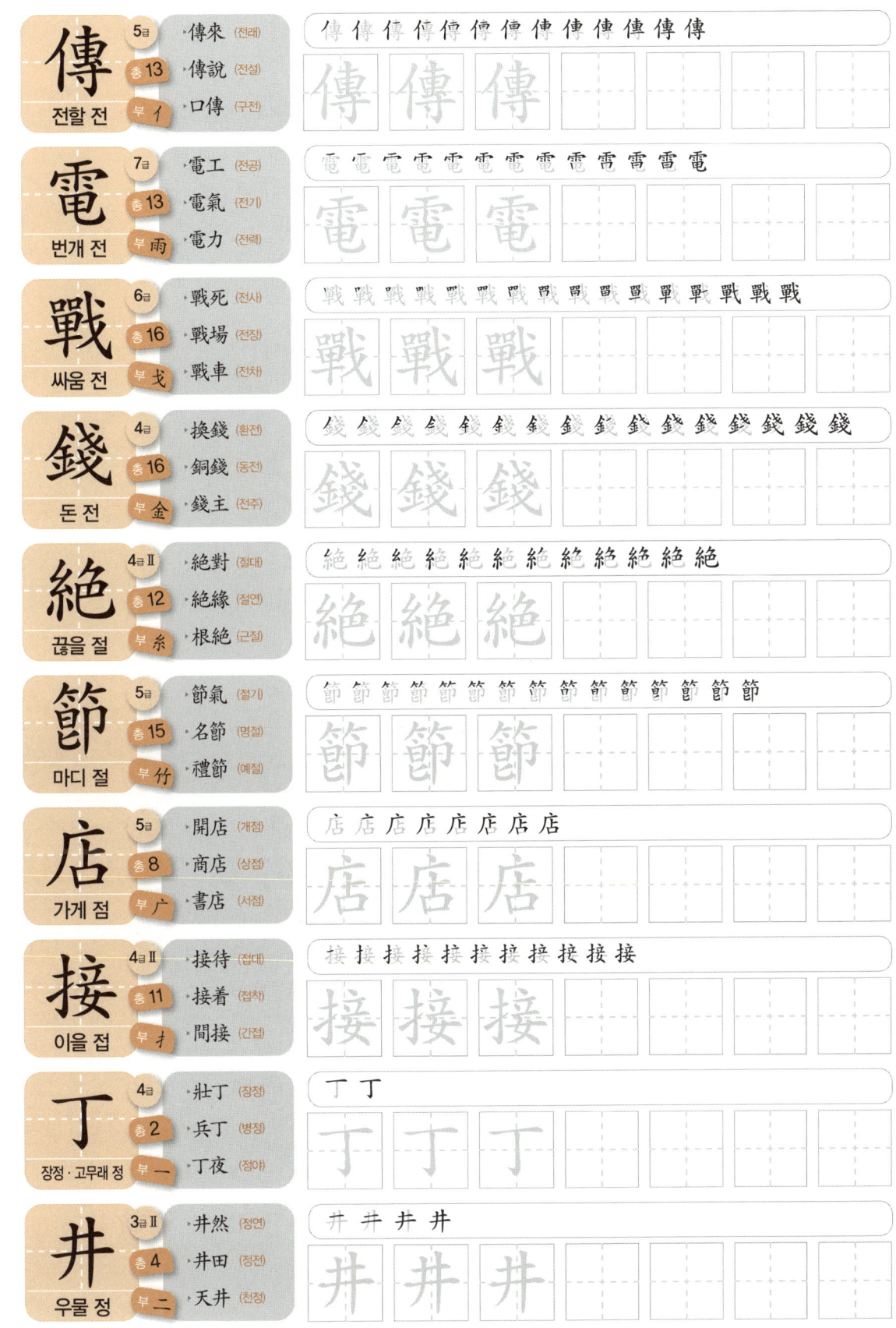

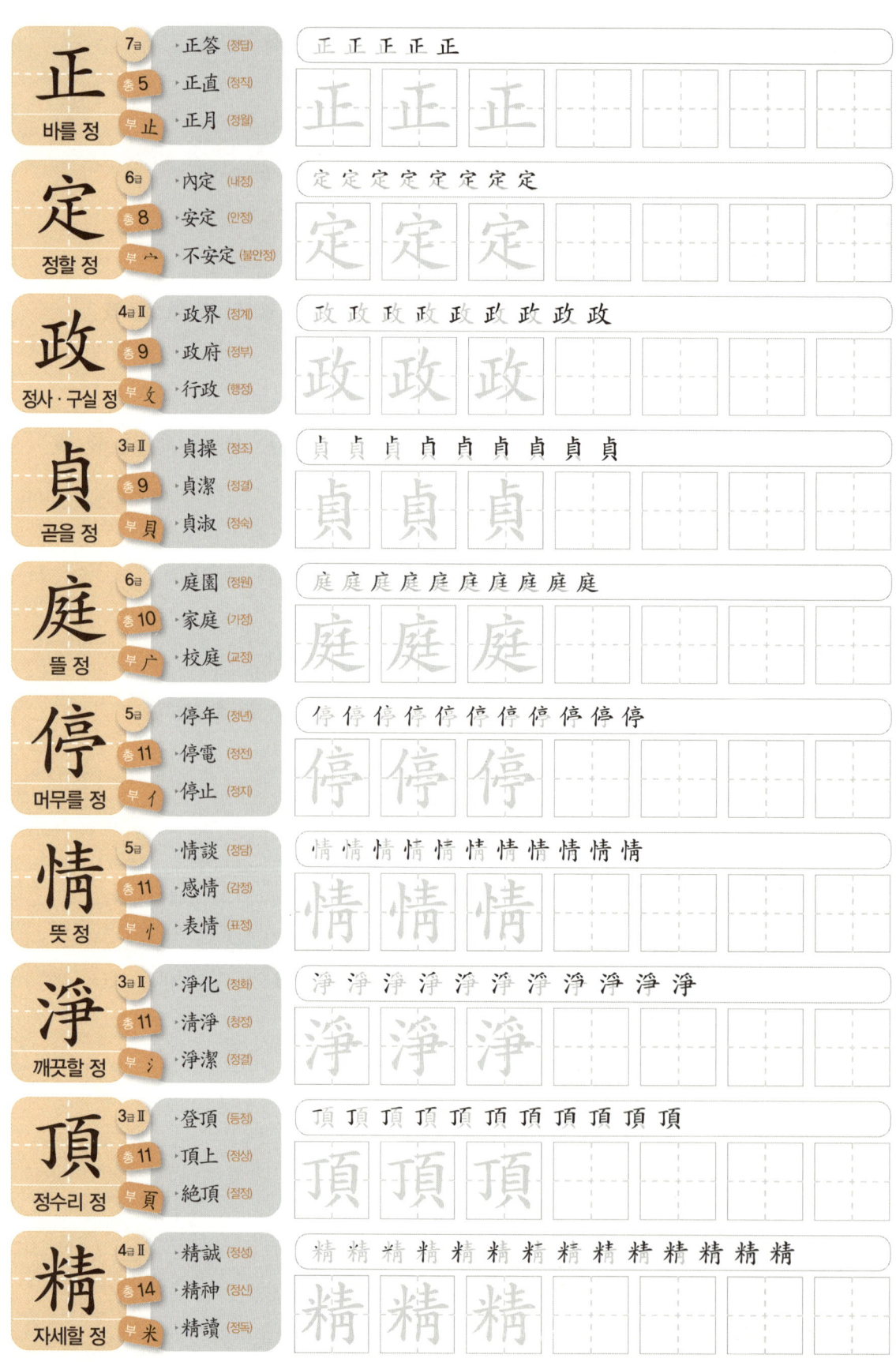

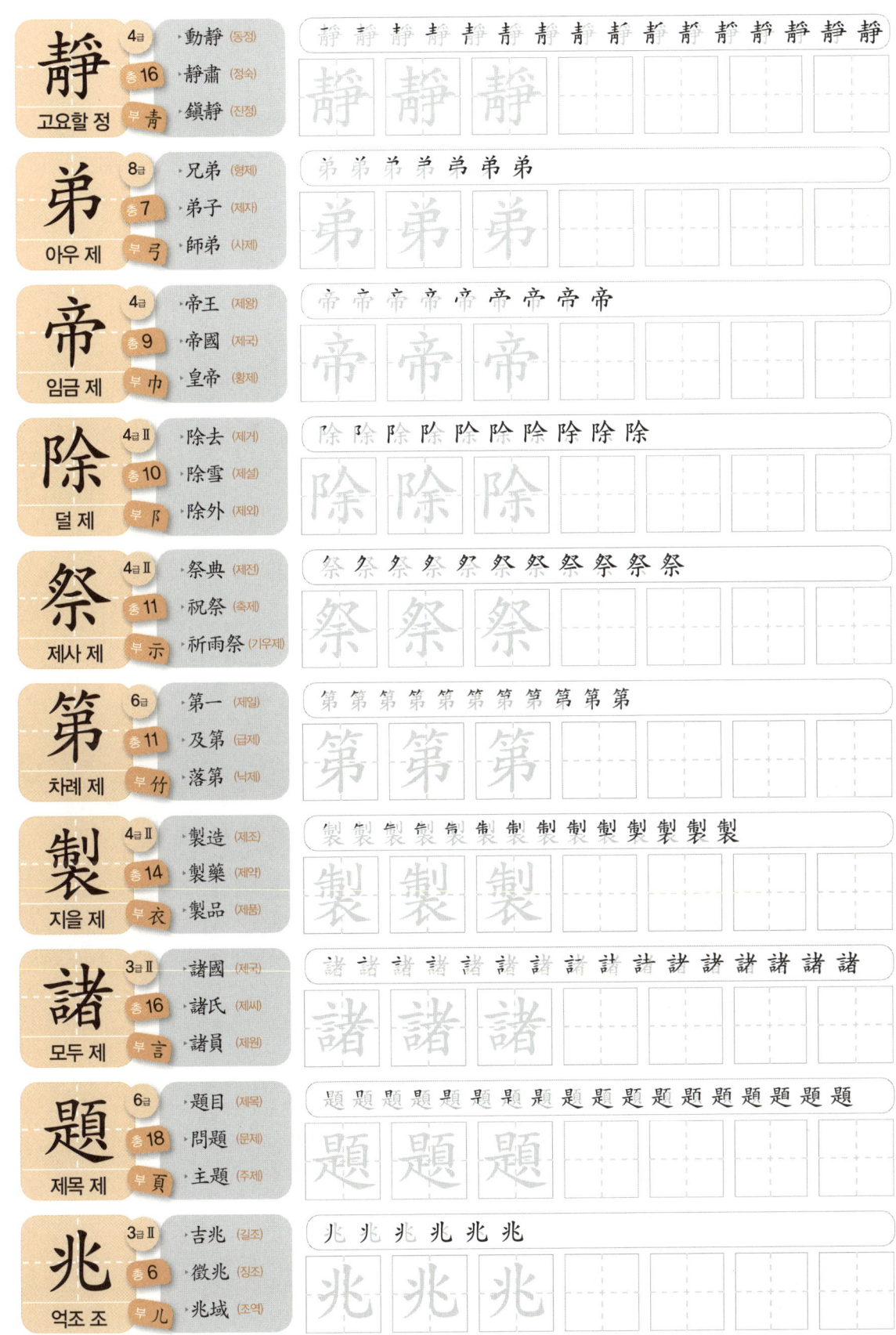

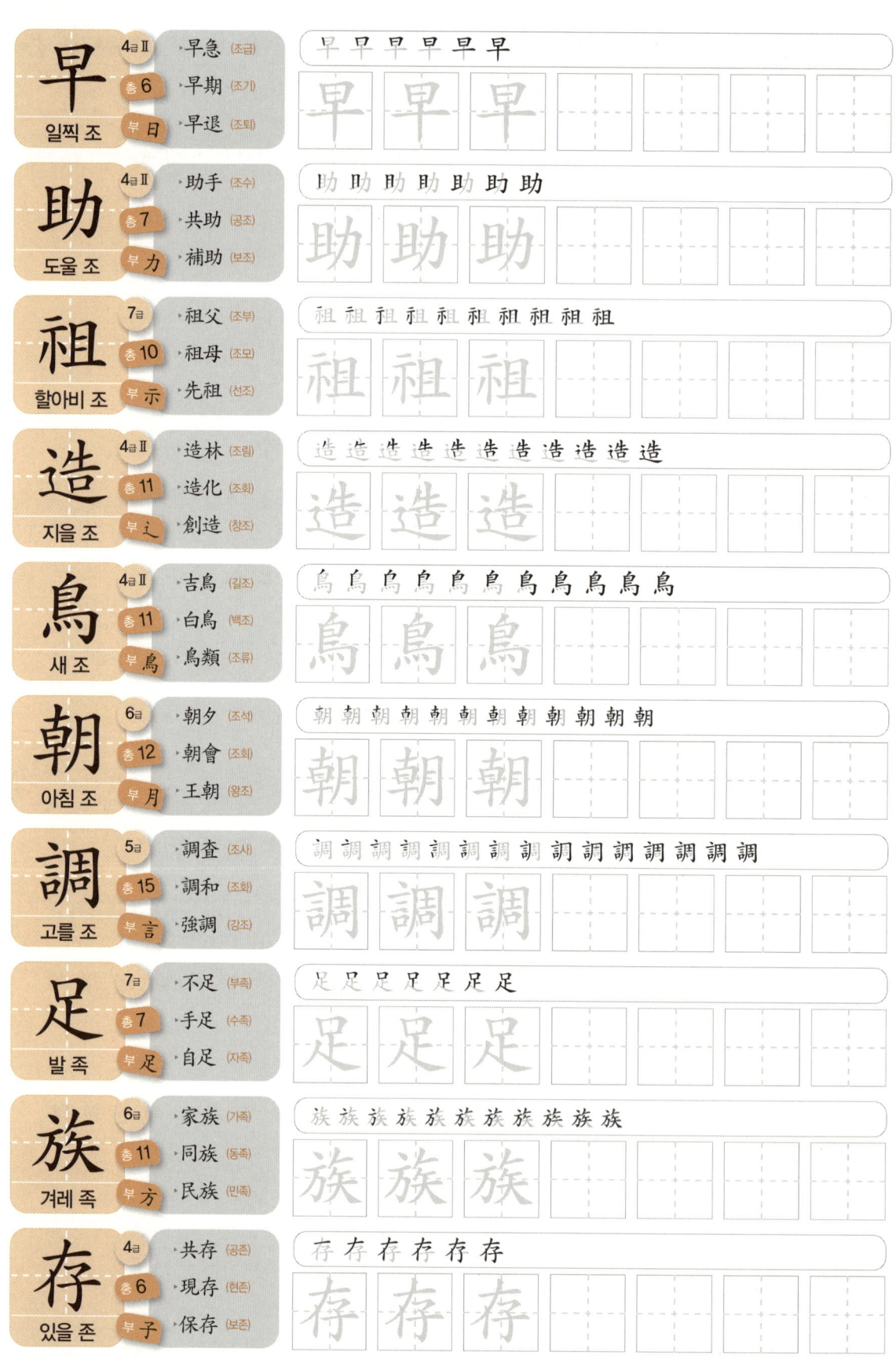

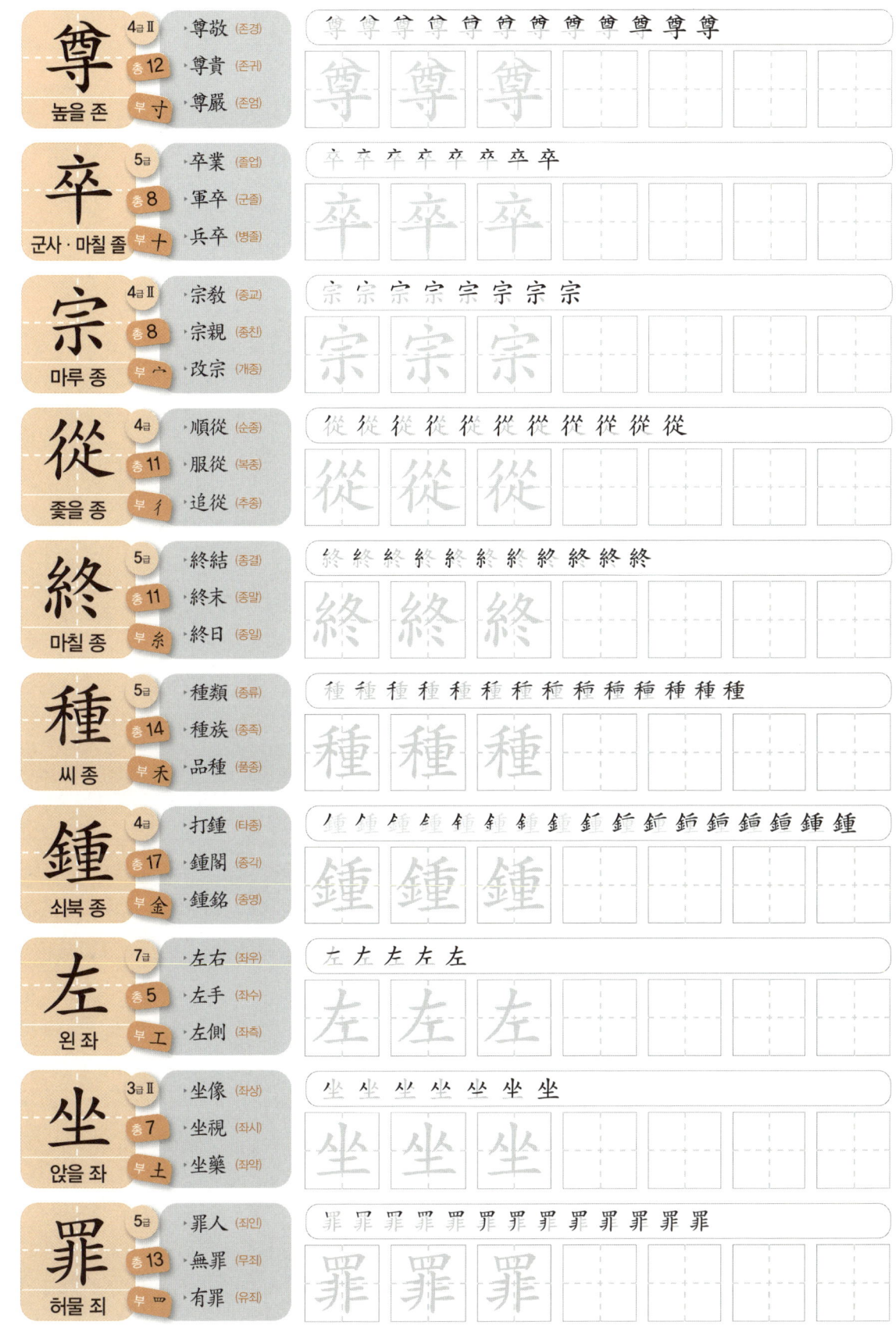

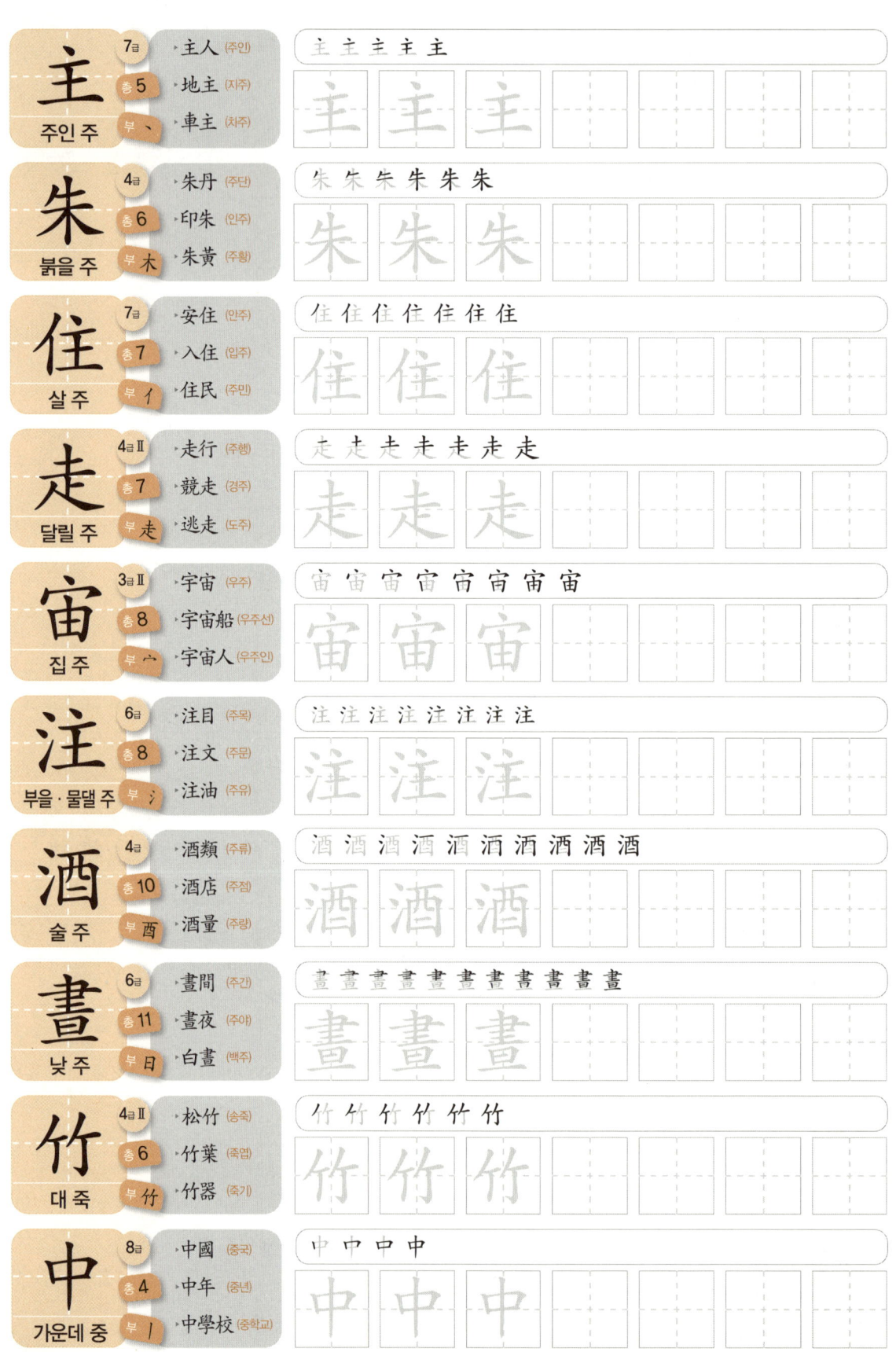

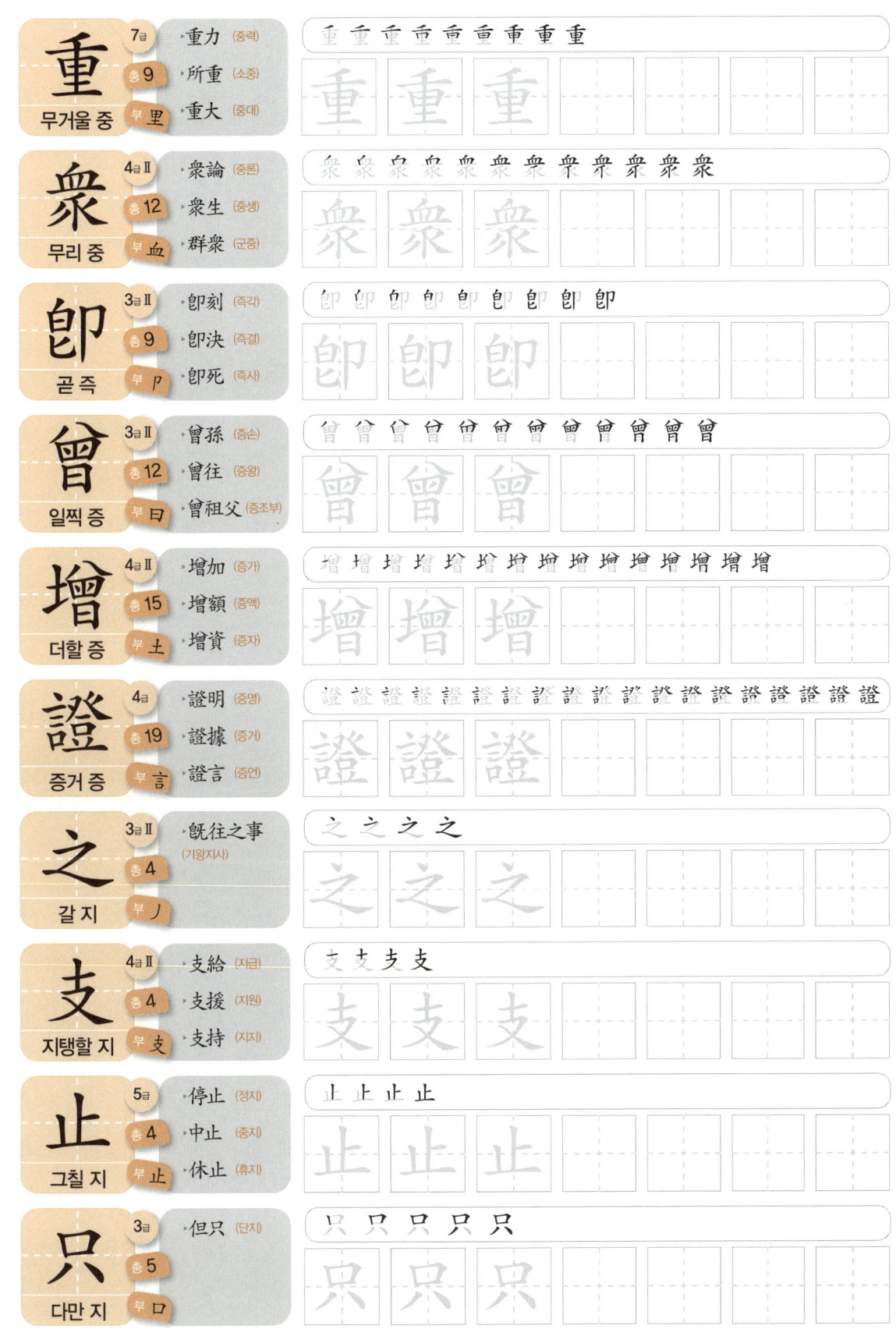

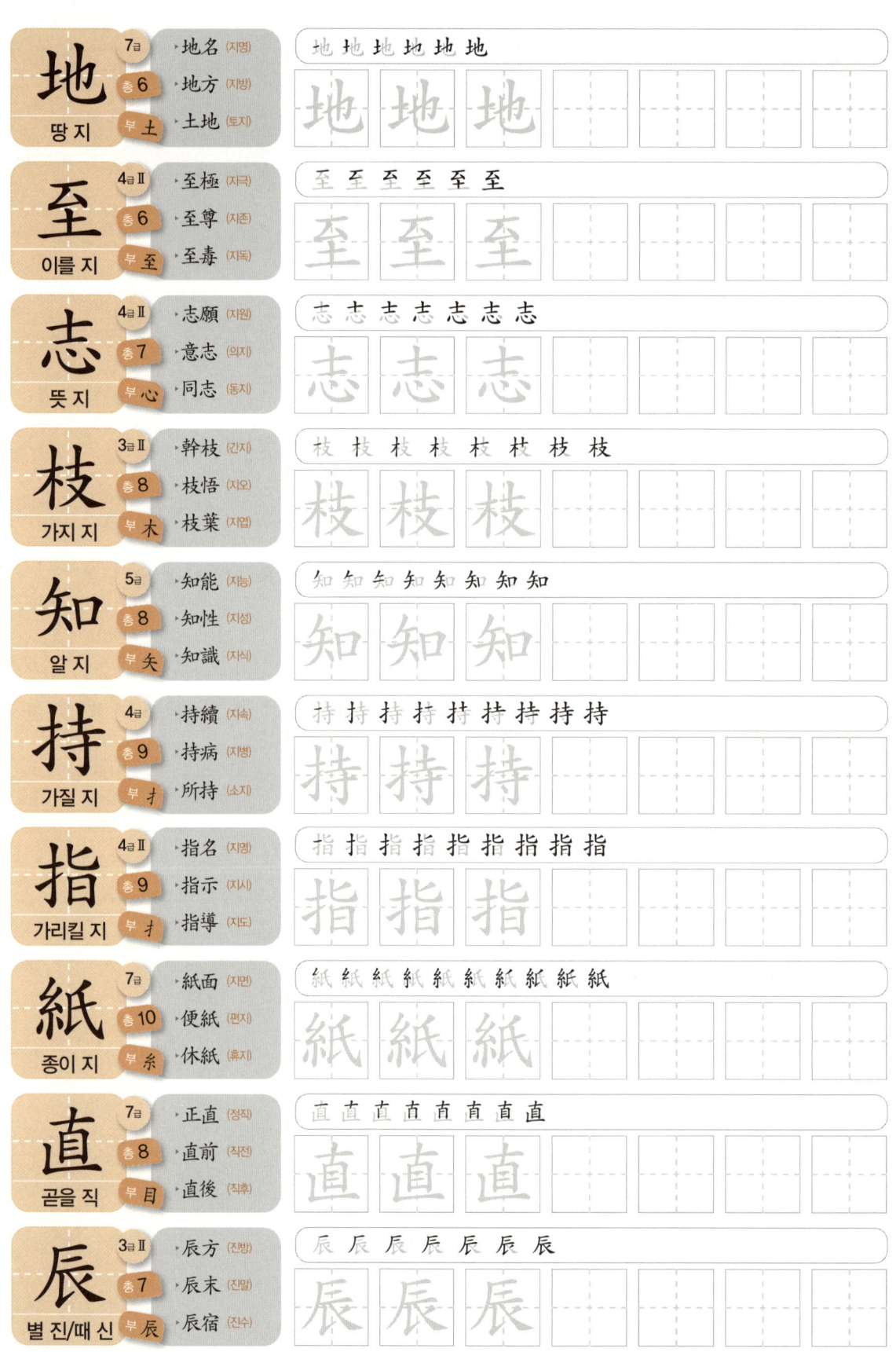

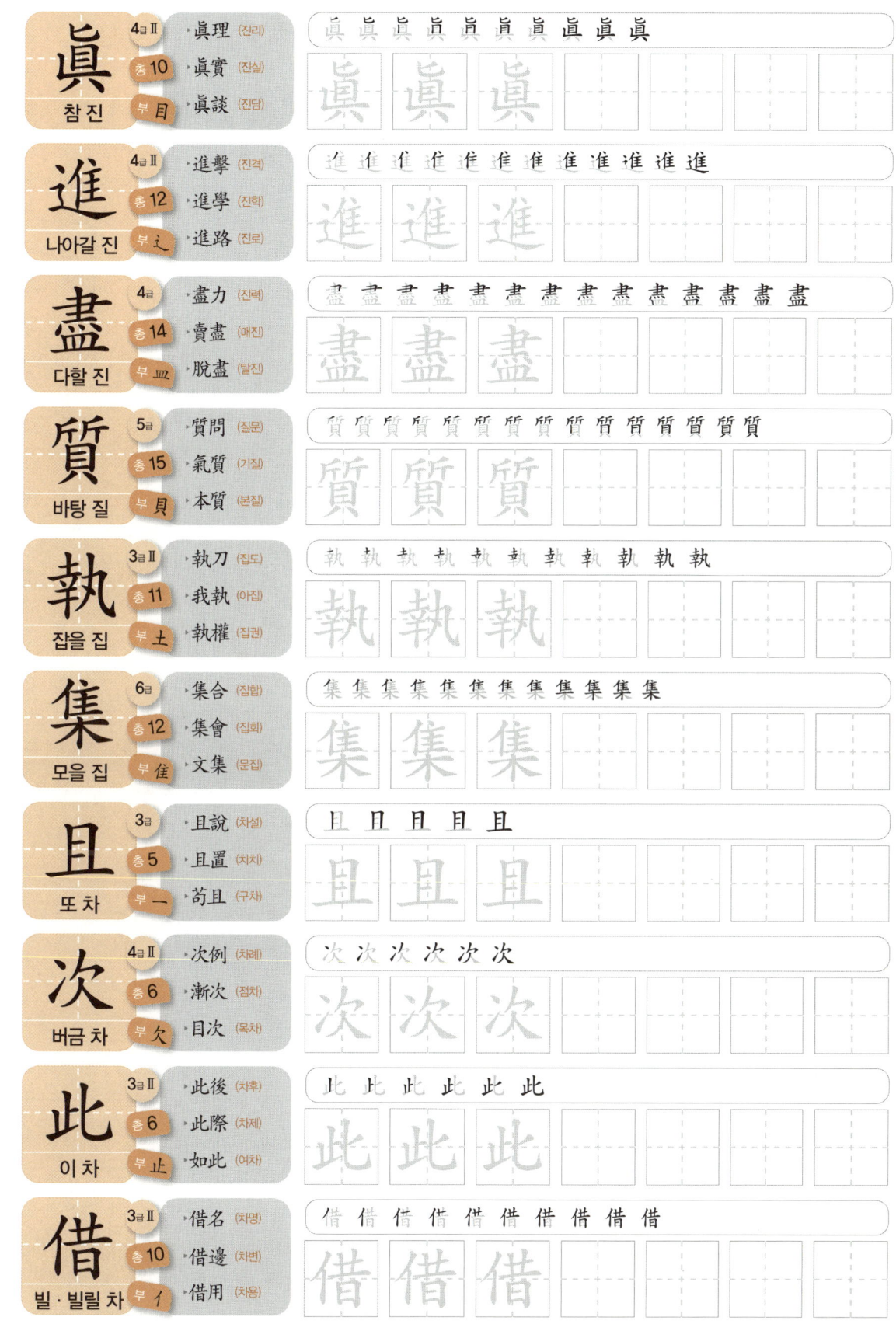

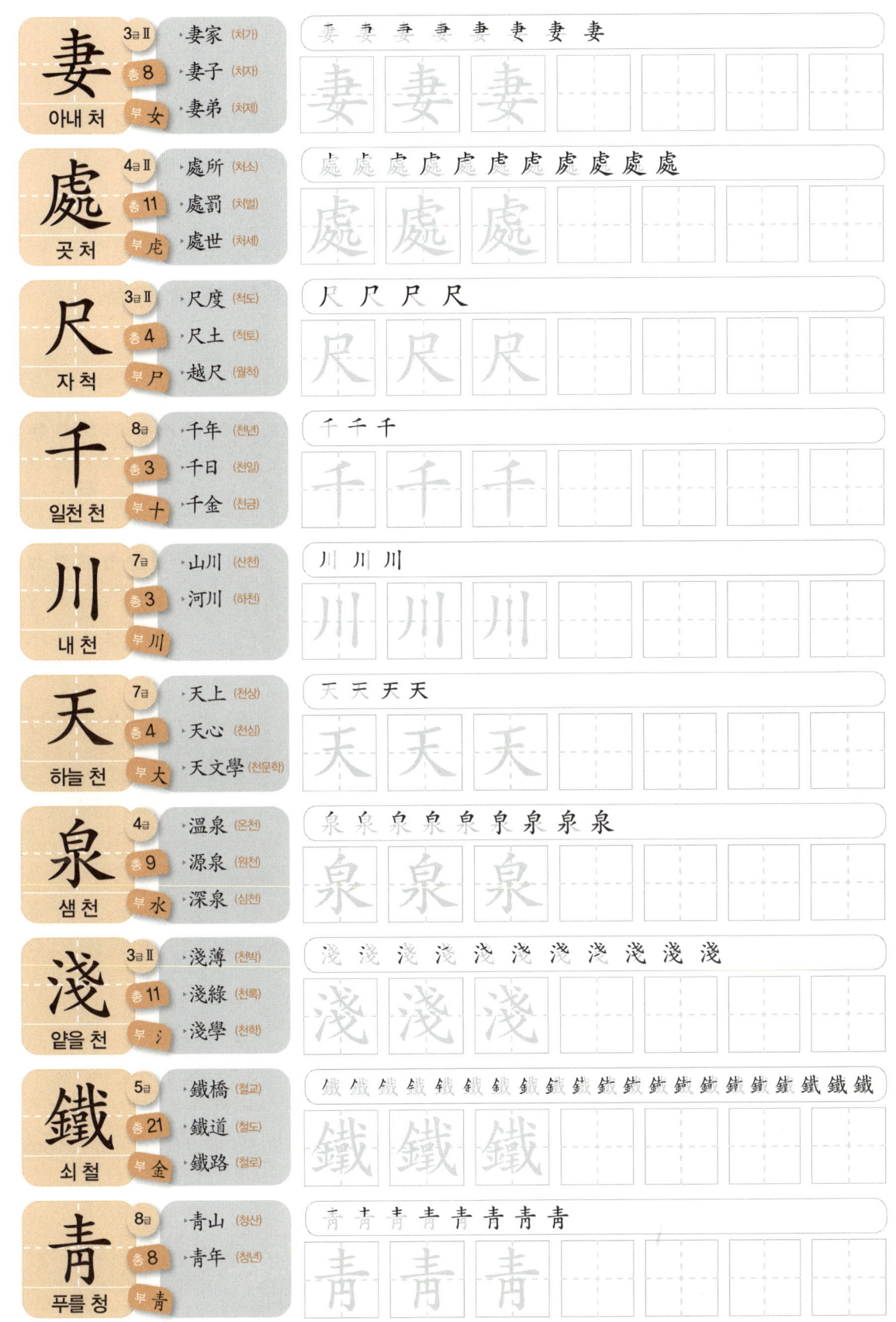

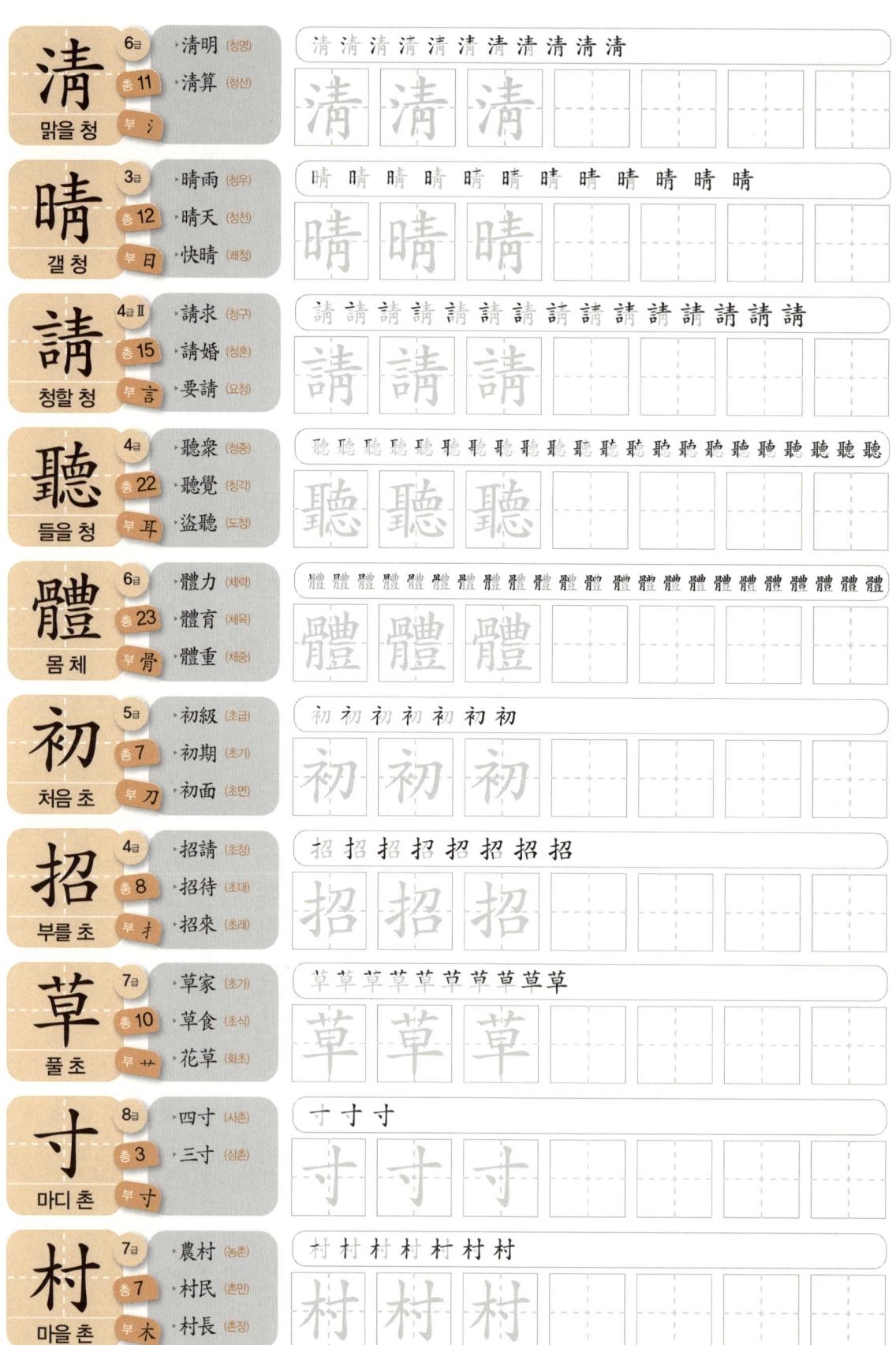

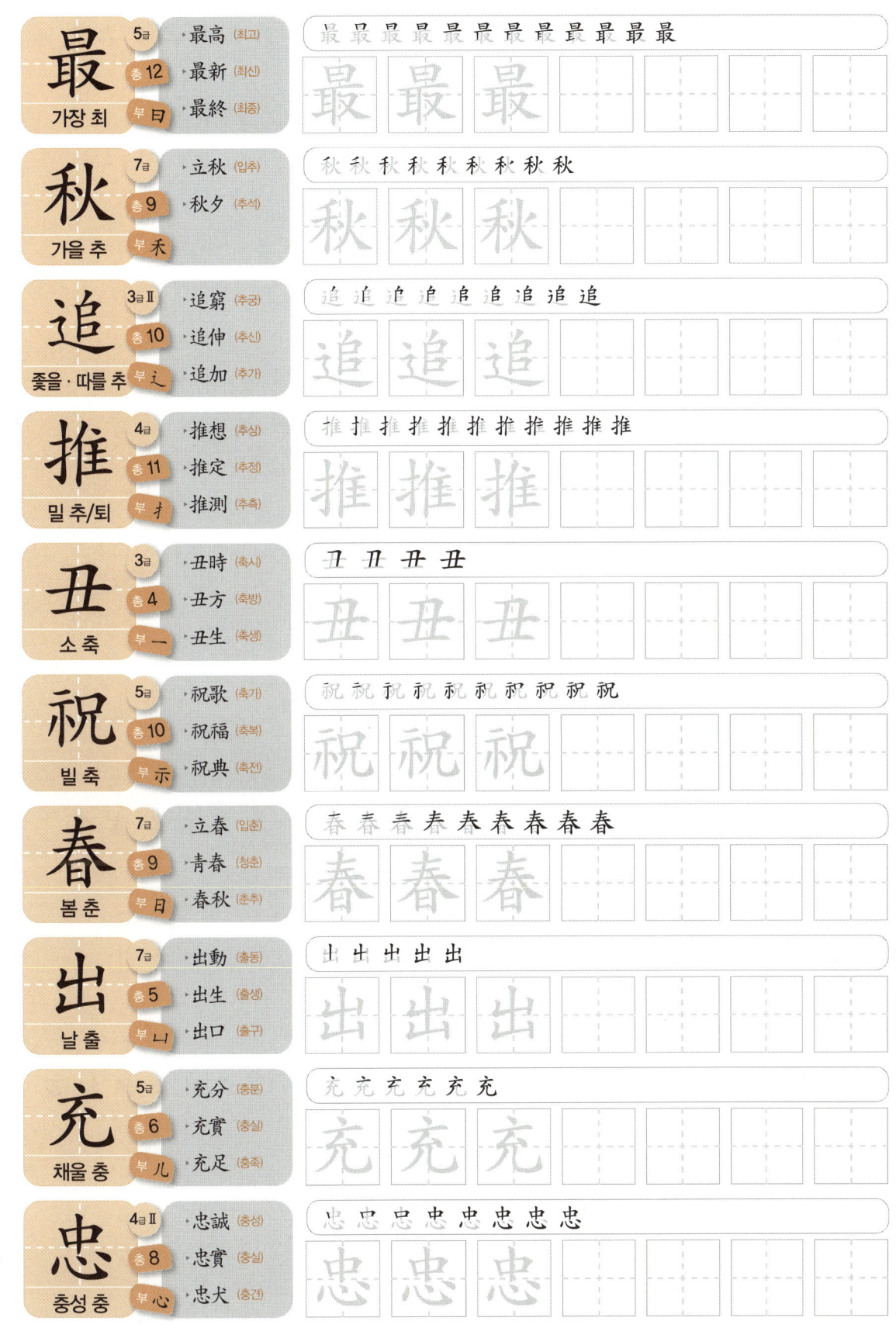

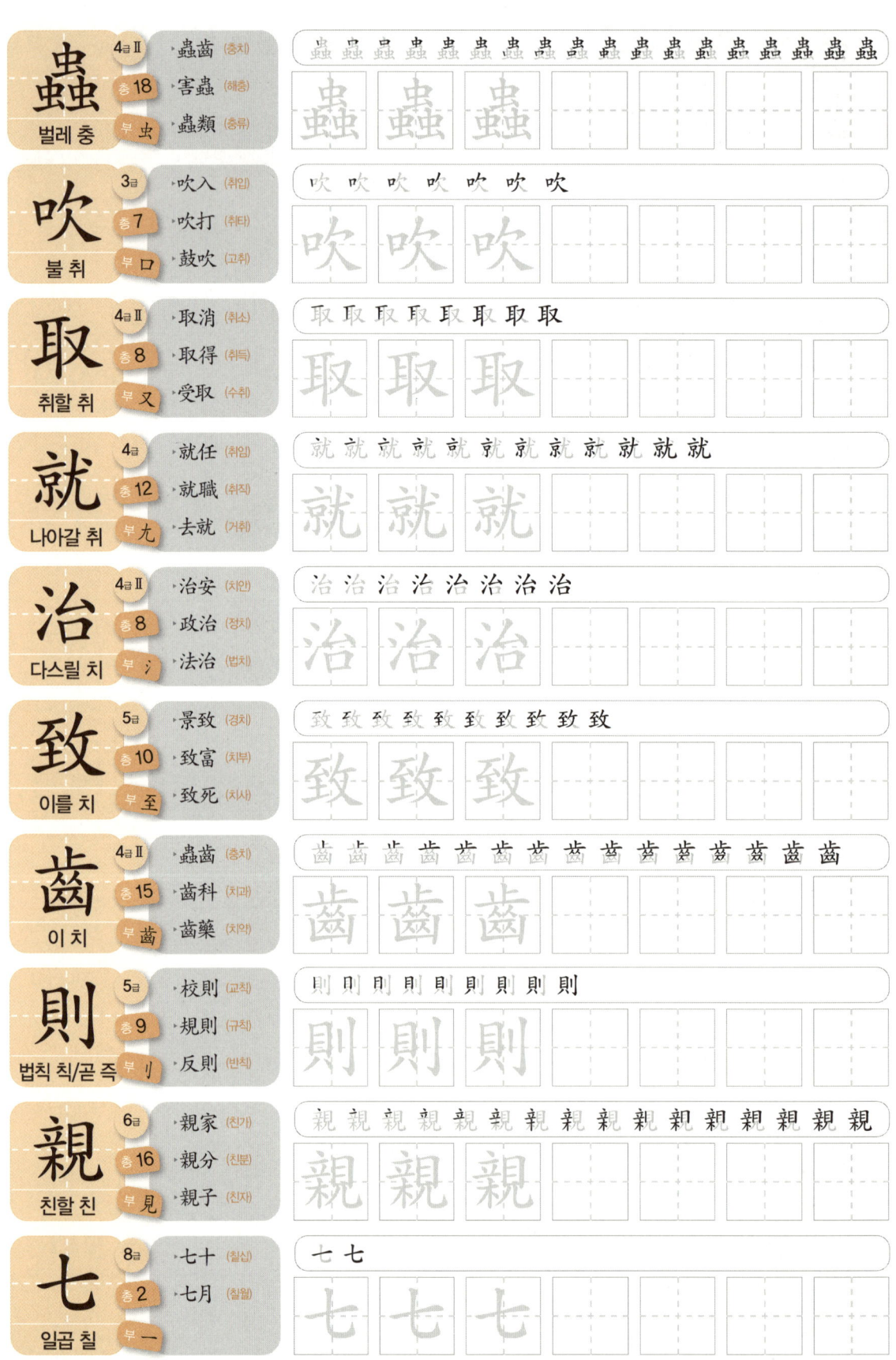

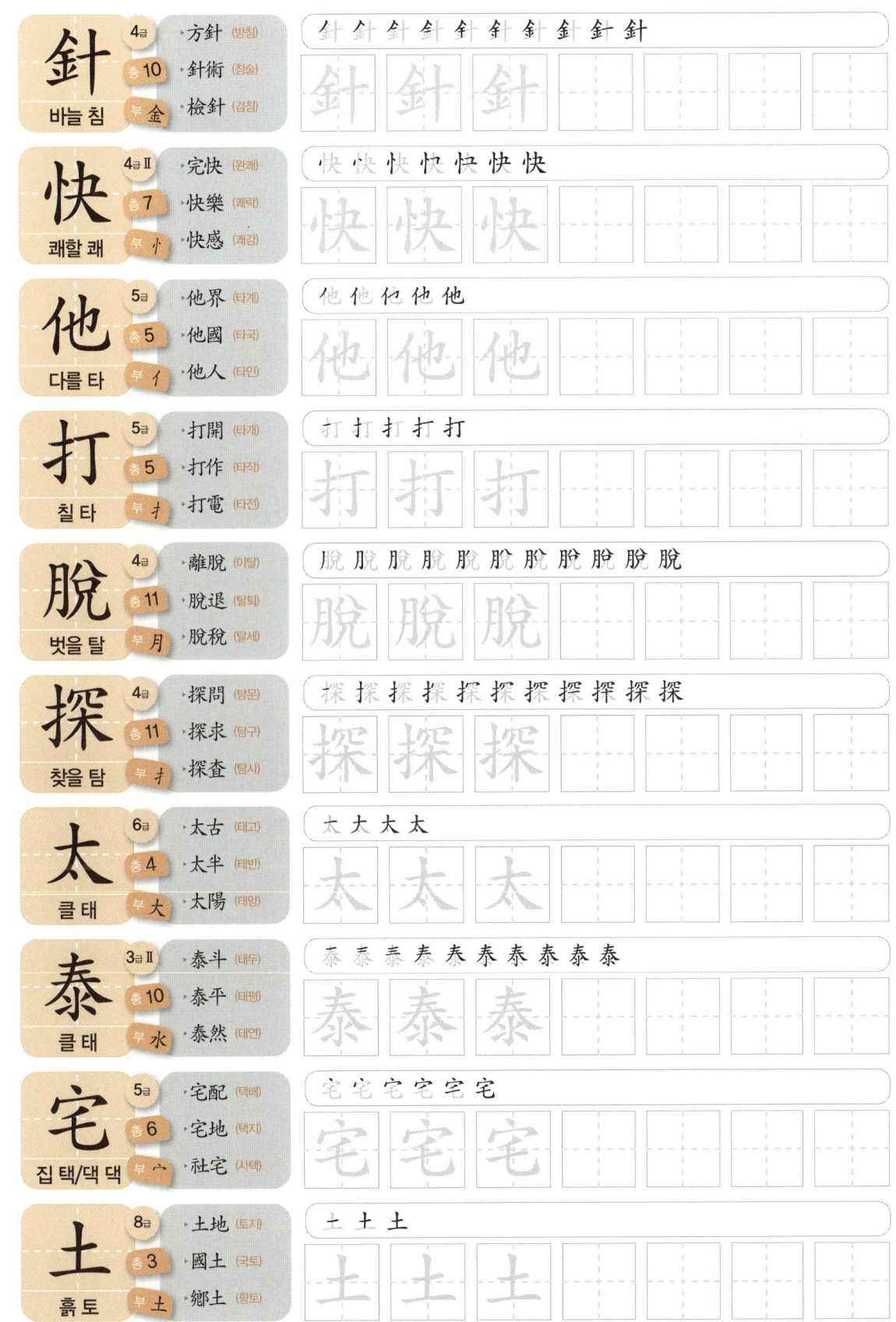

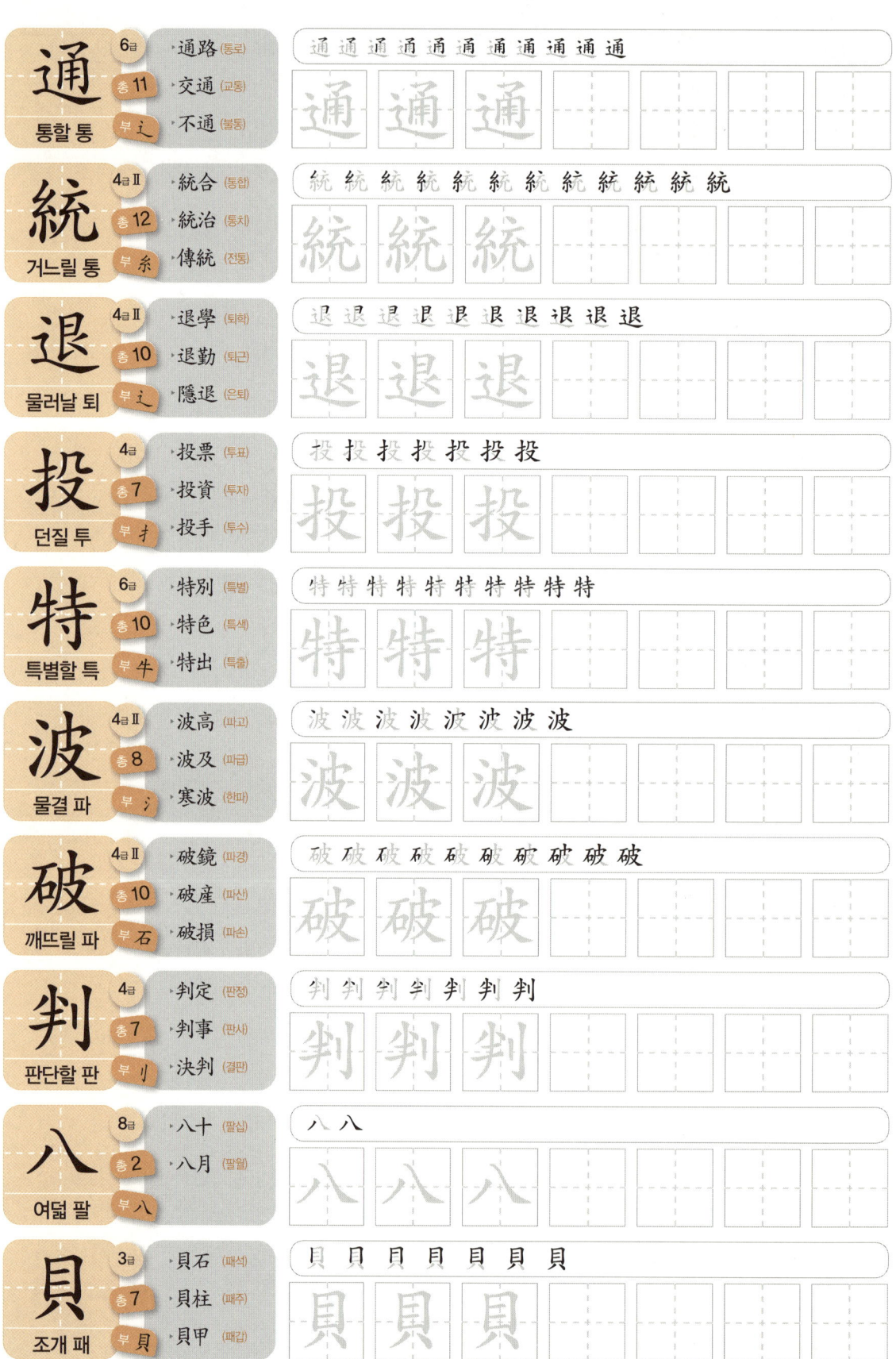

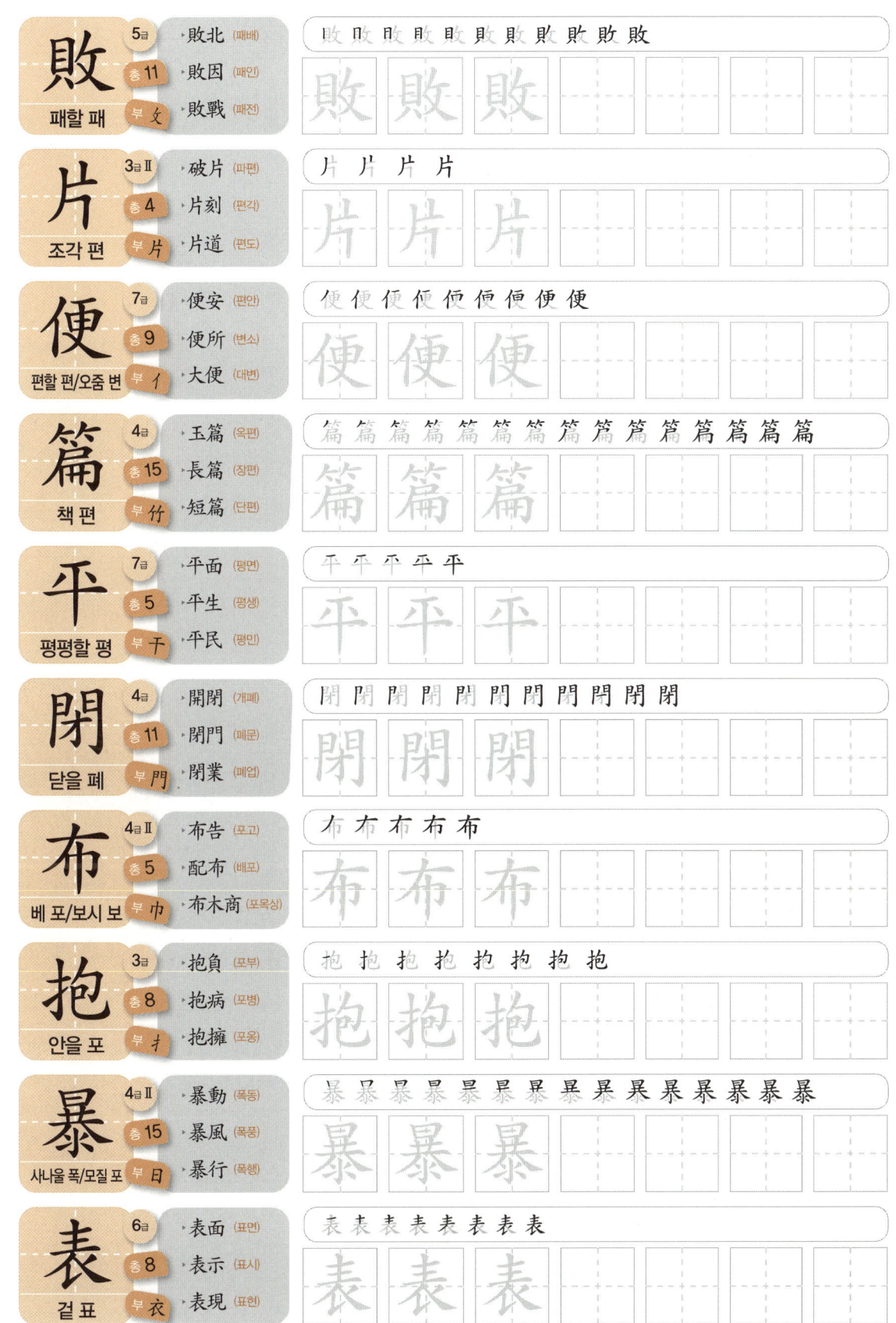

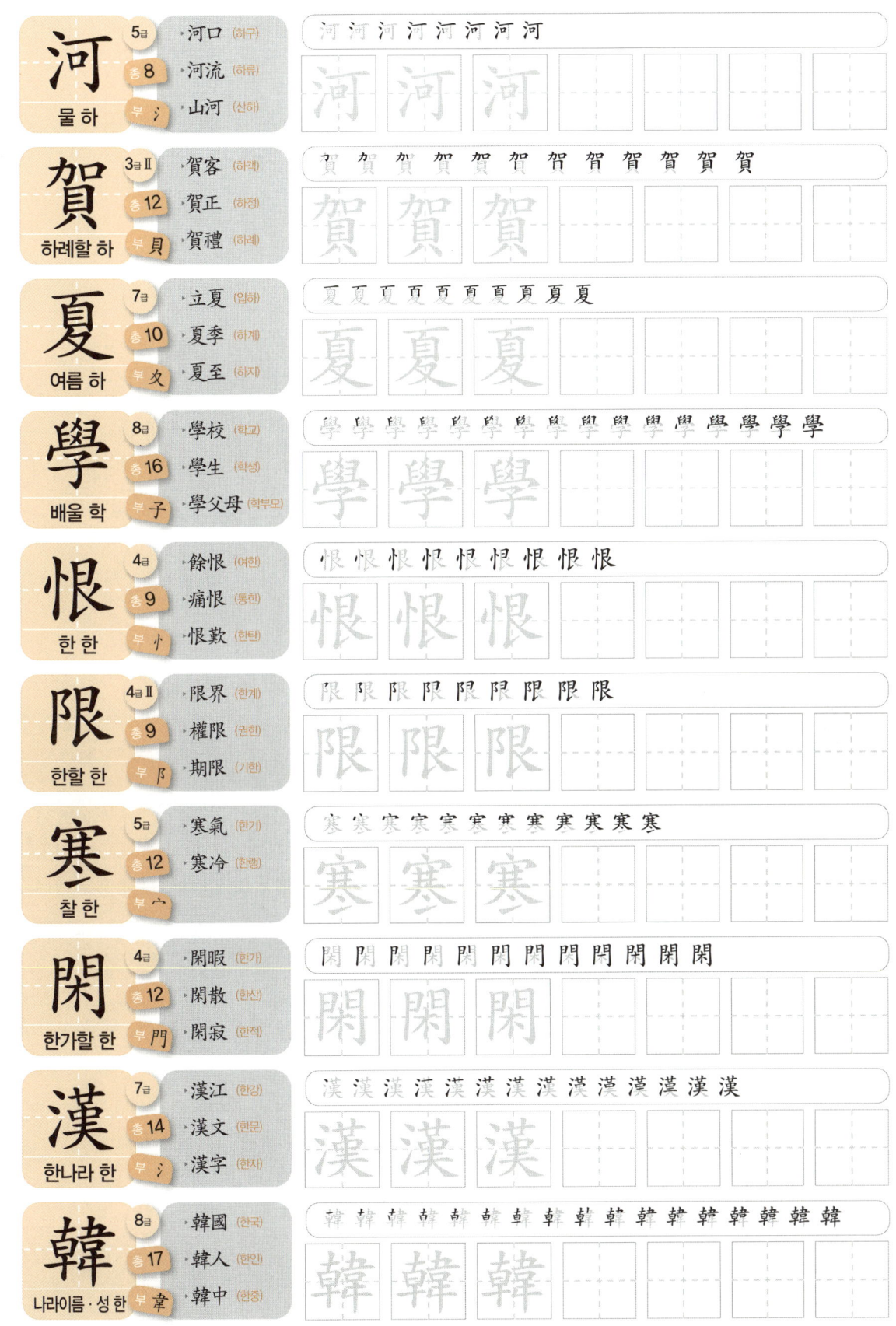

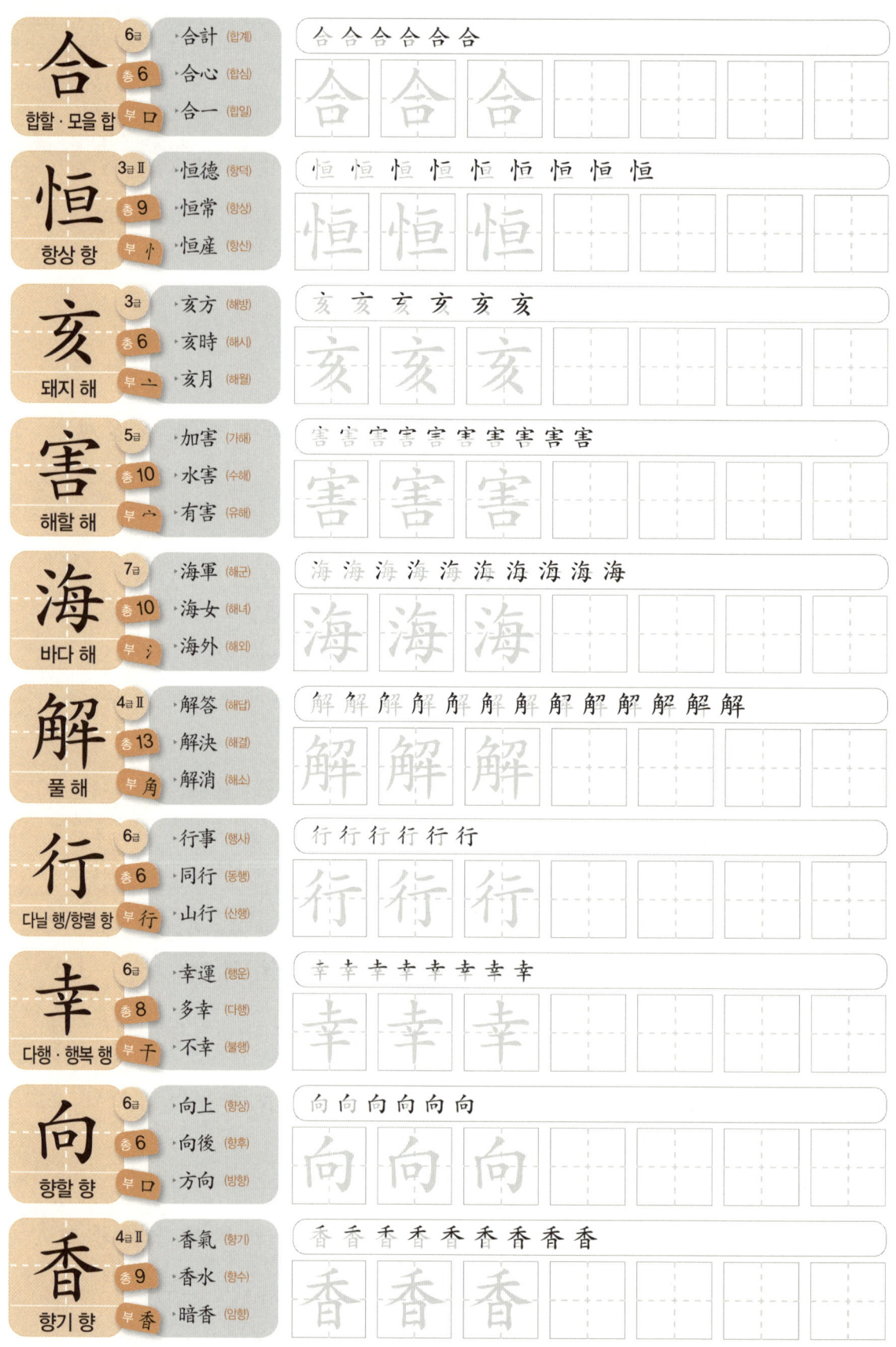

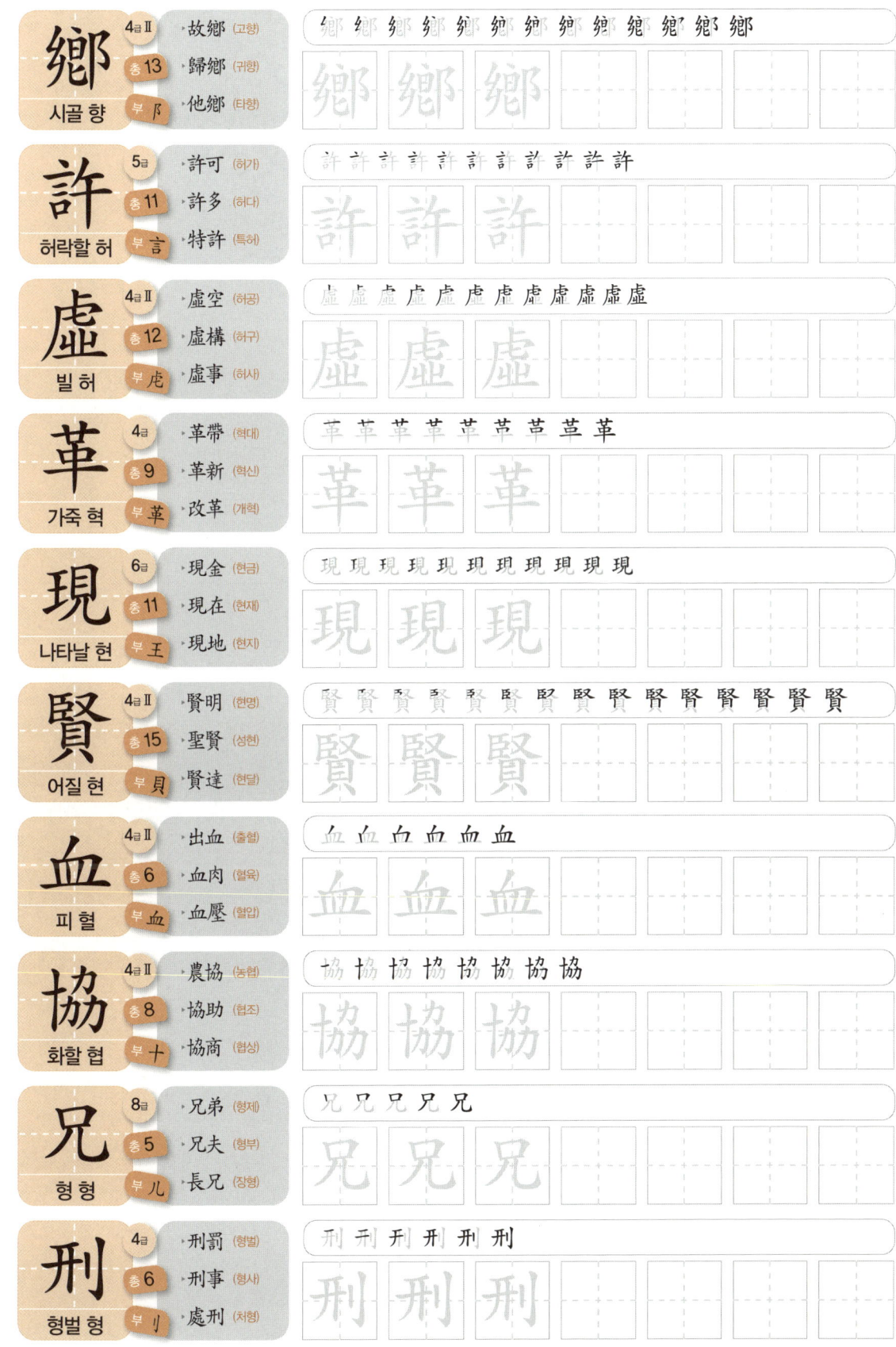

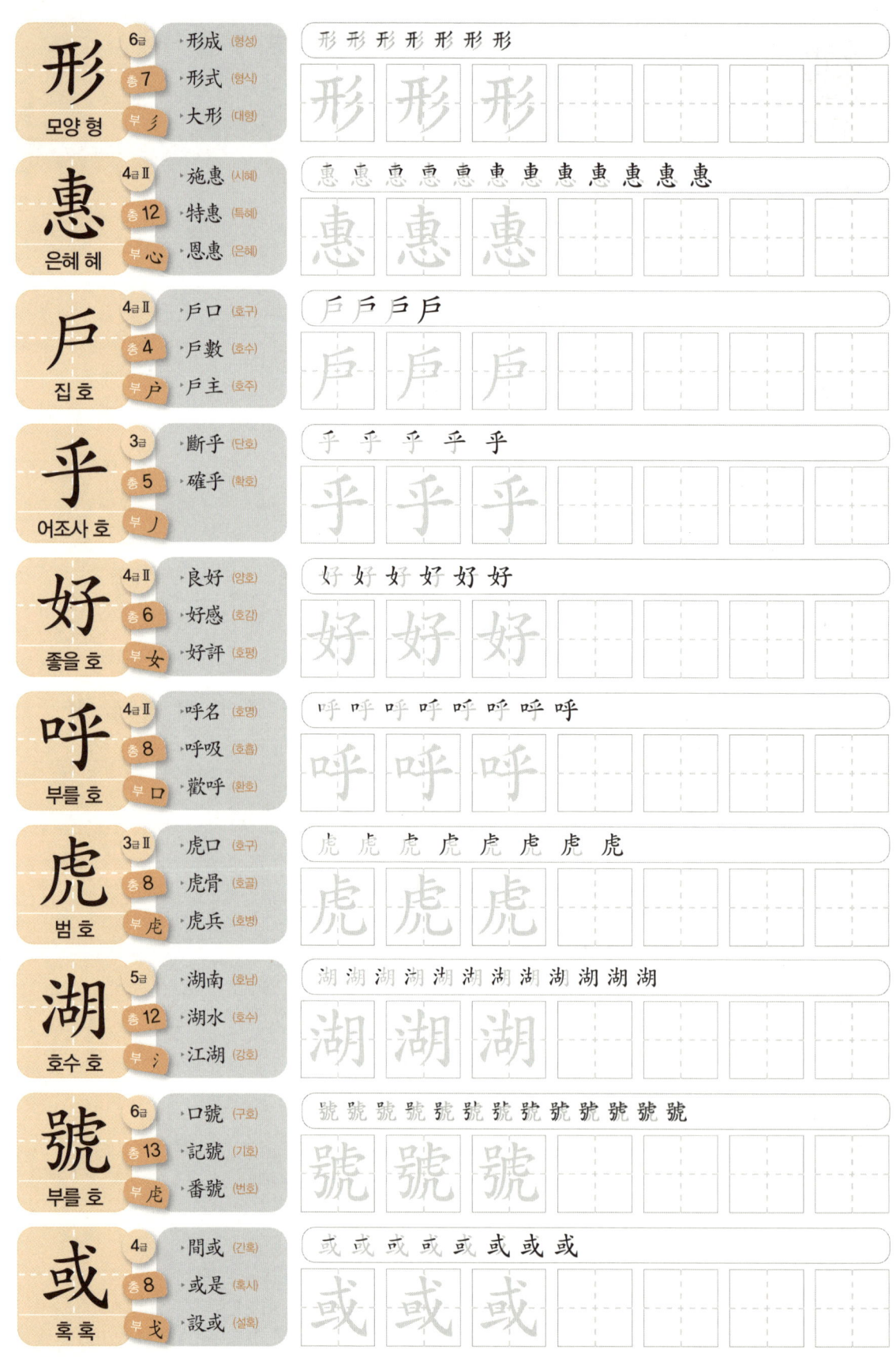

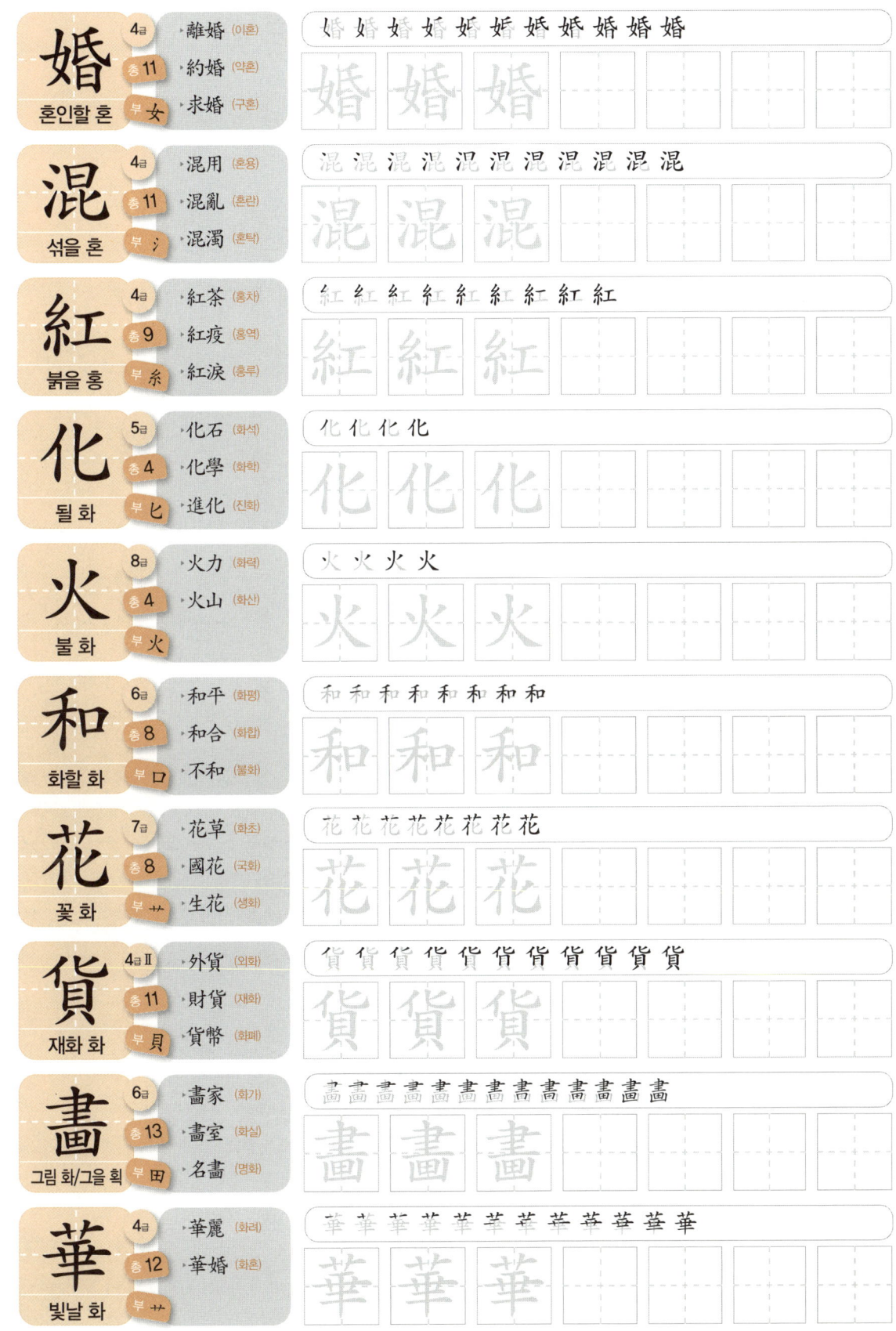

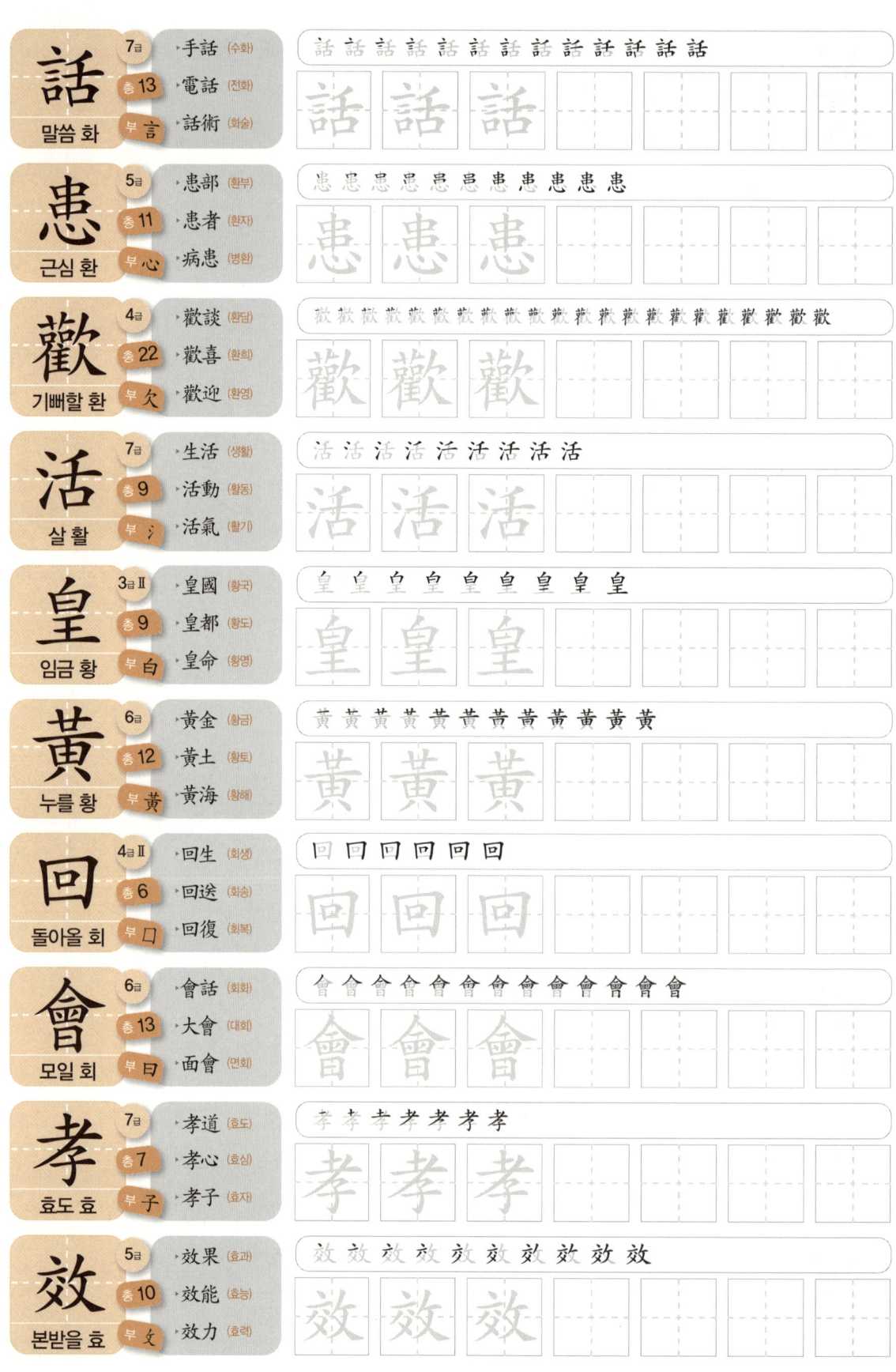

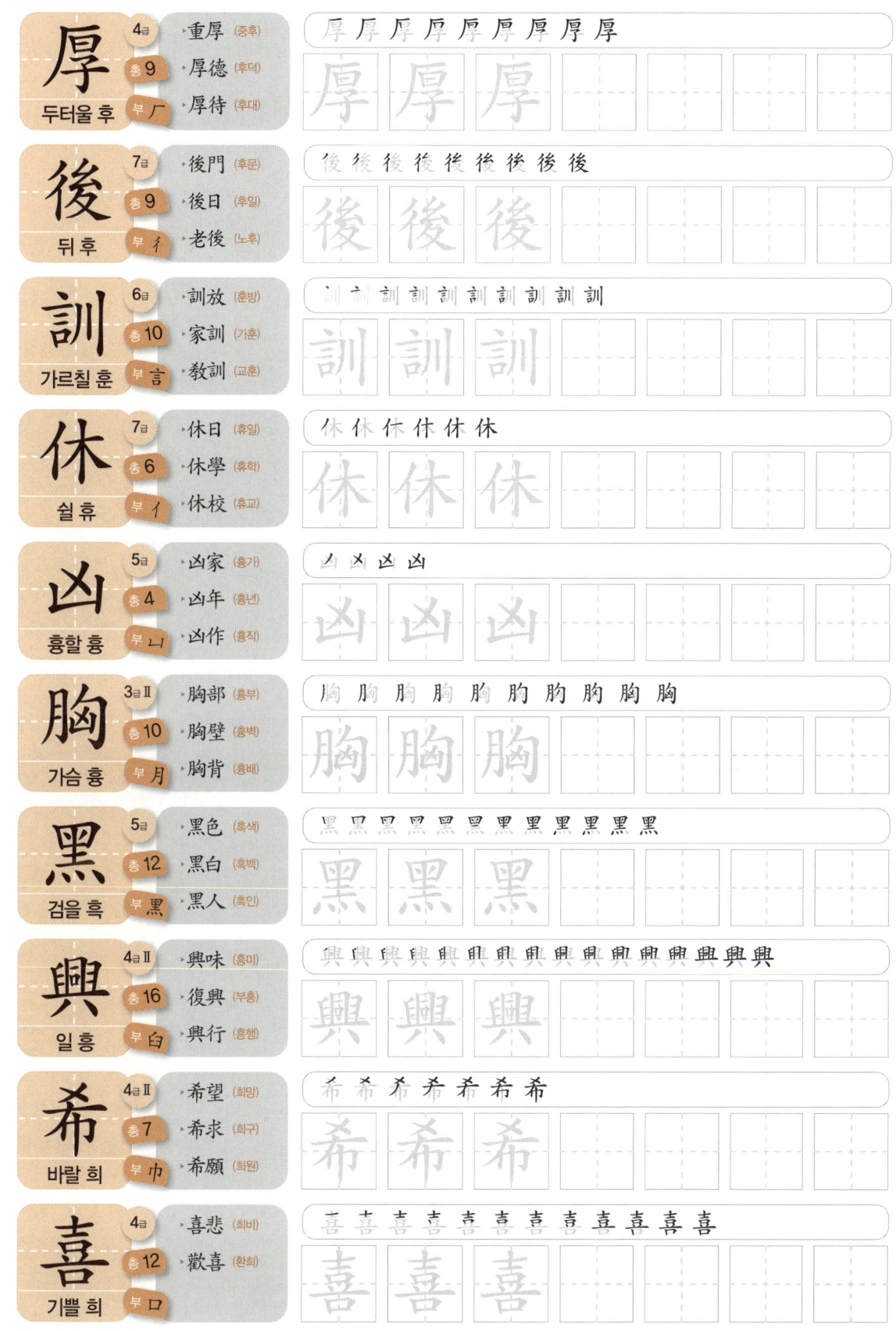

고등 한자쓰기
900자

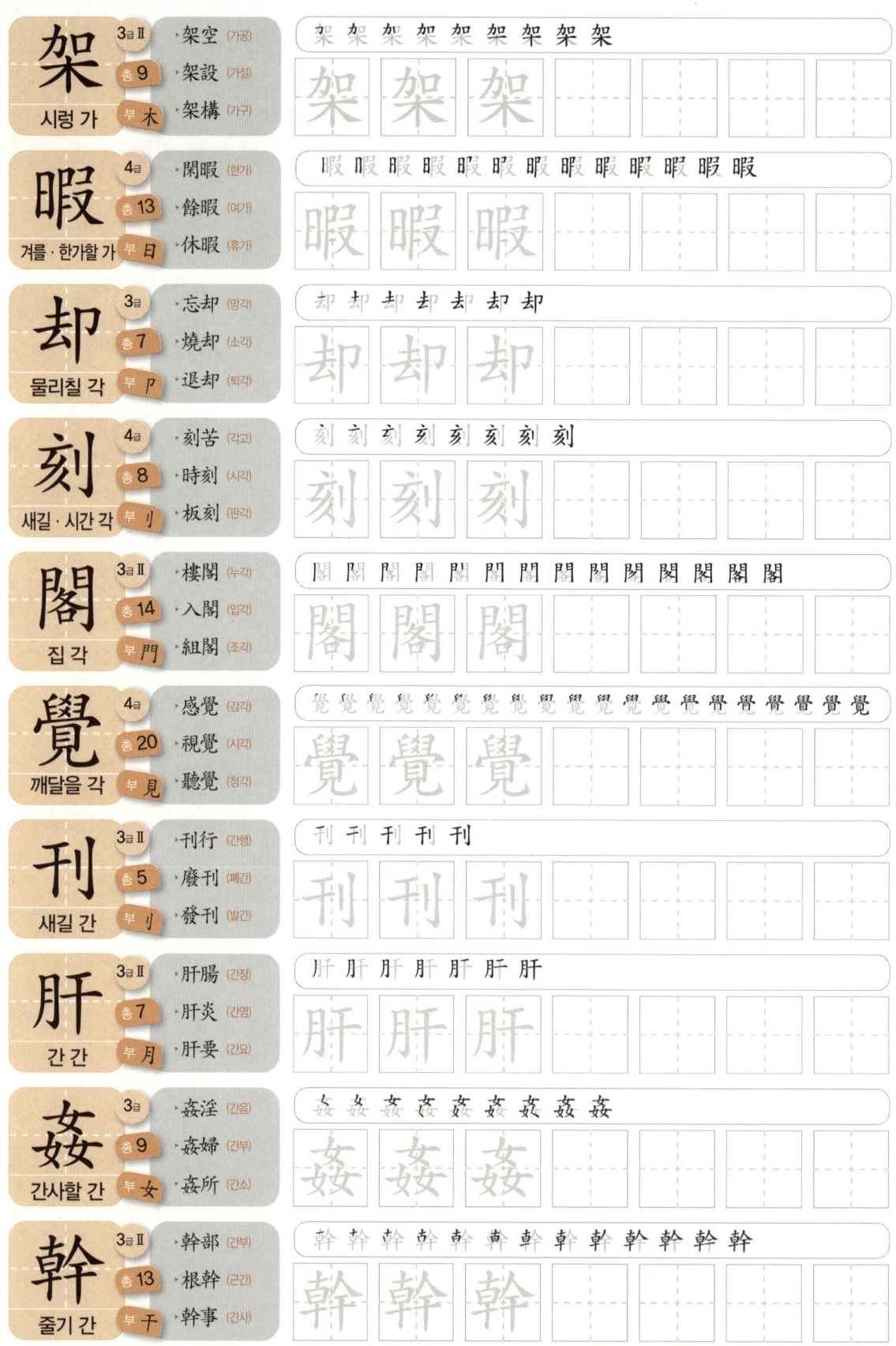

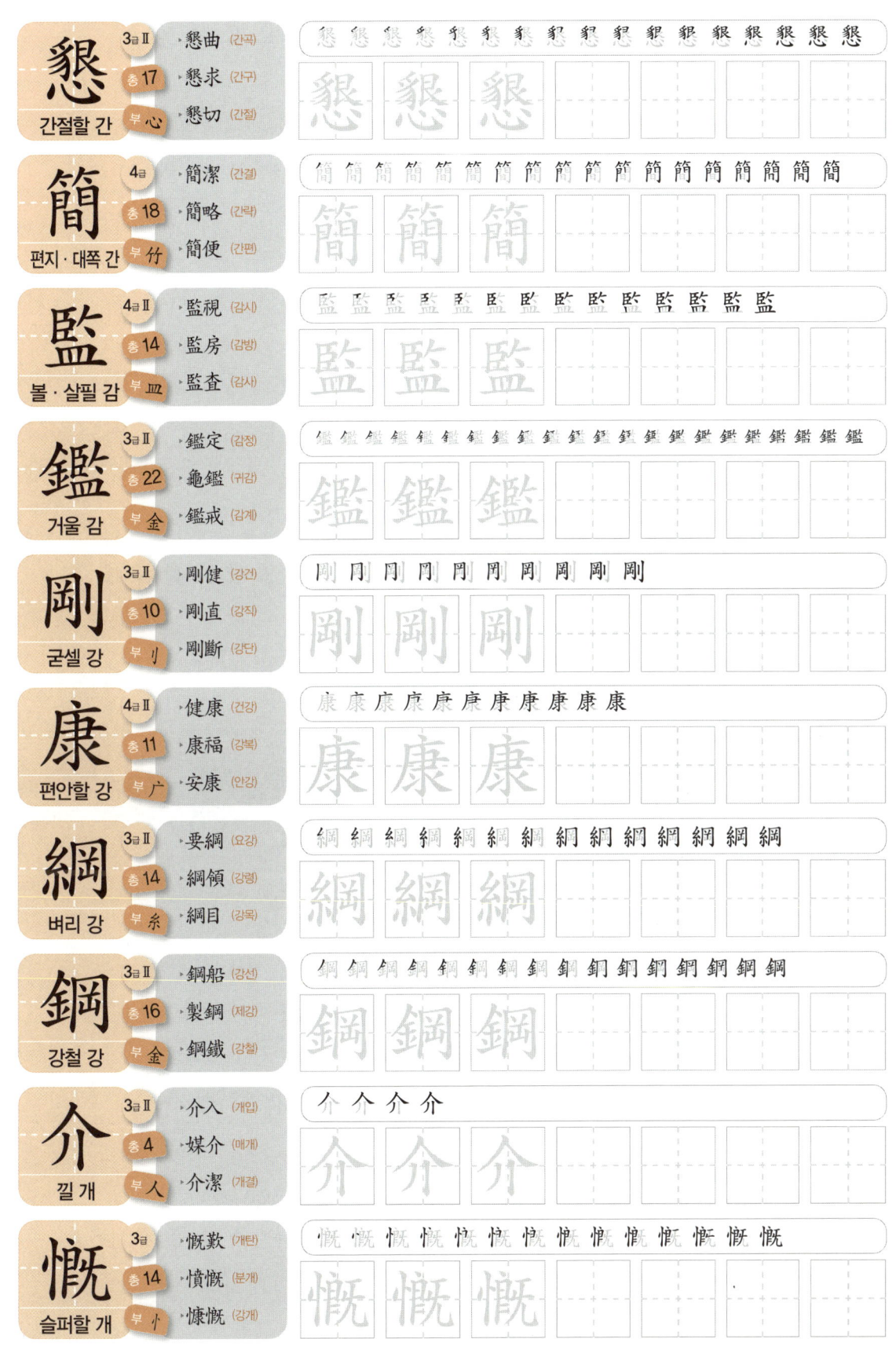

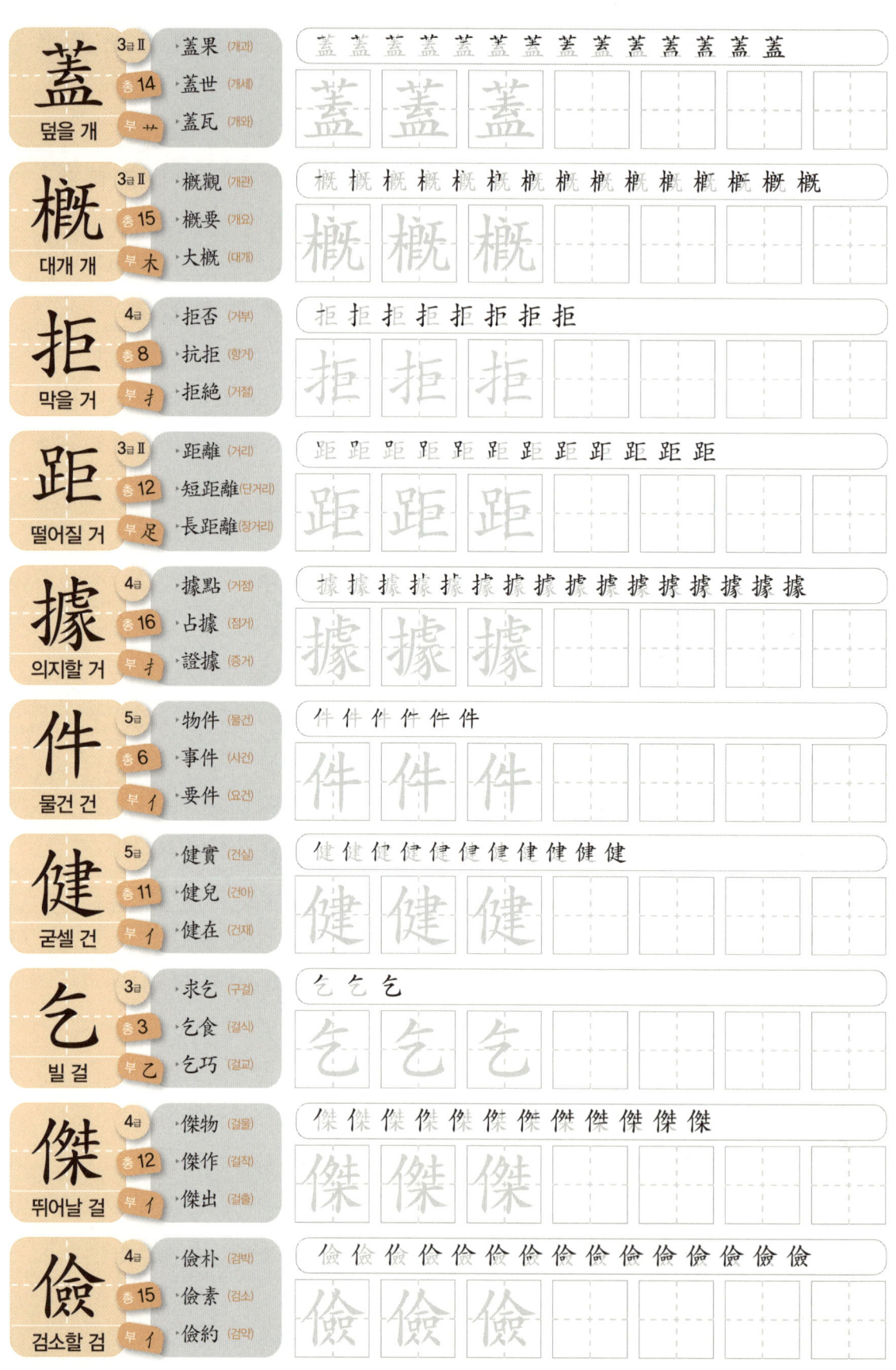

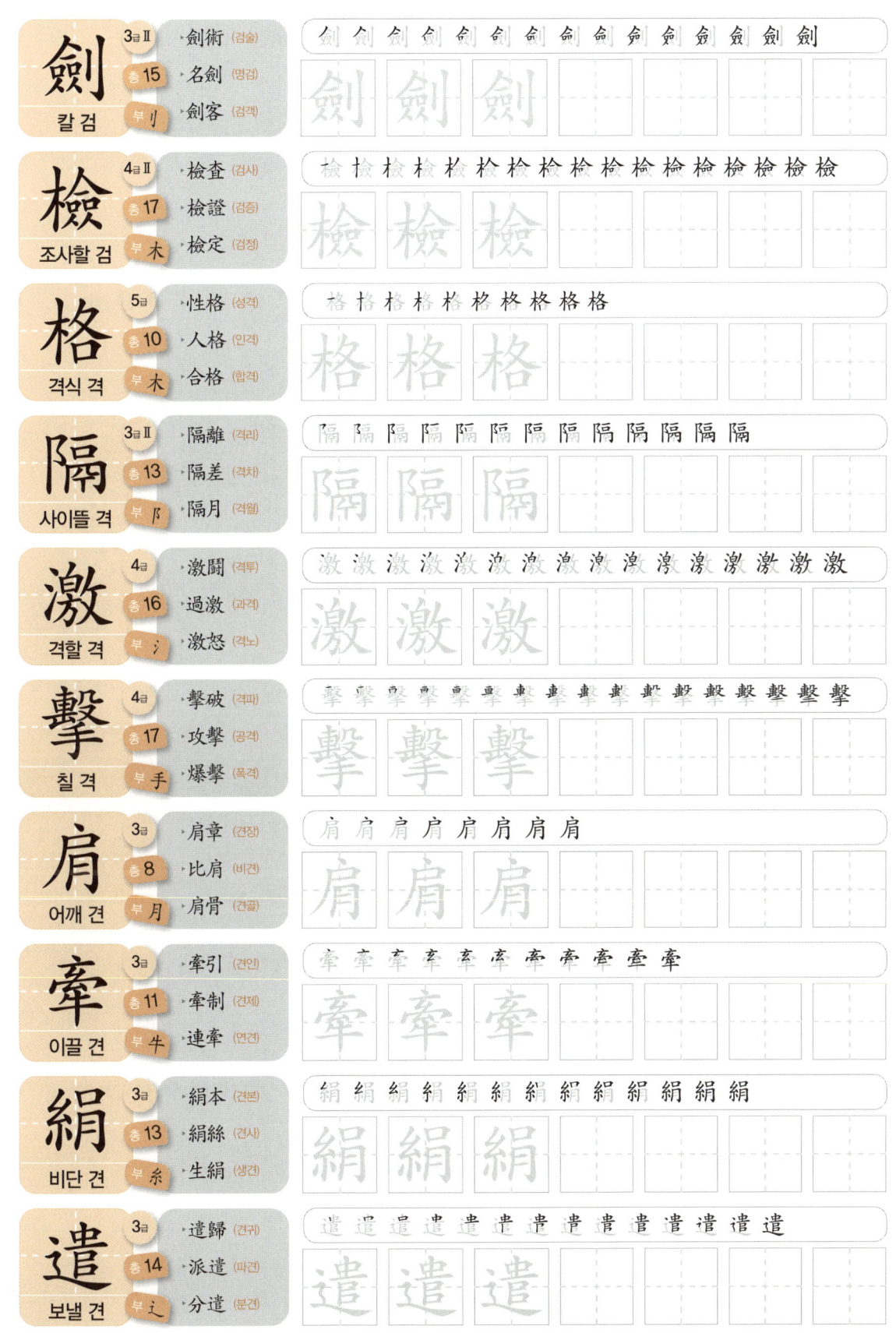

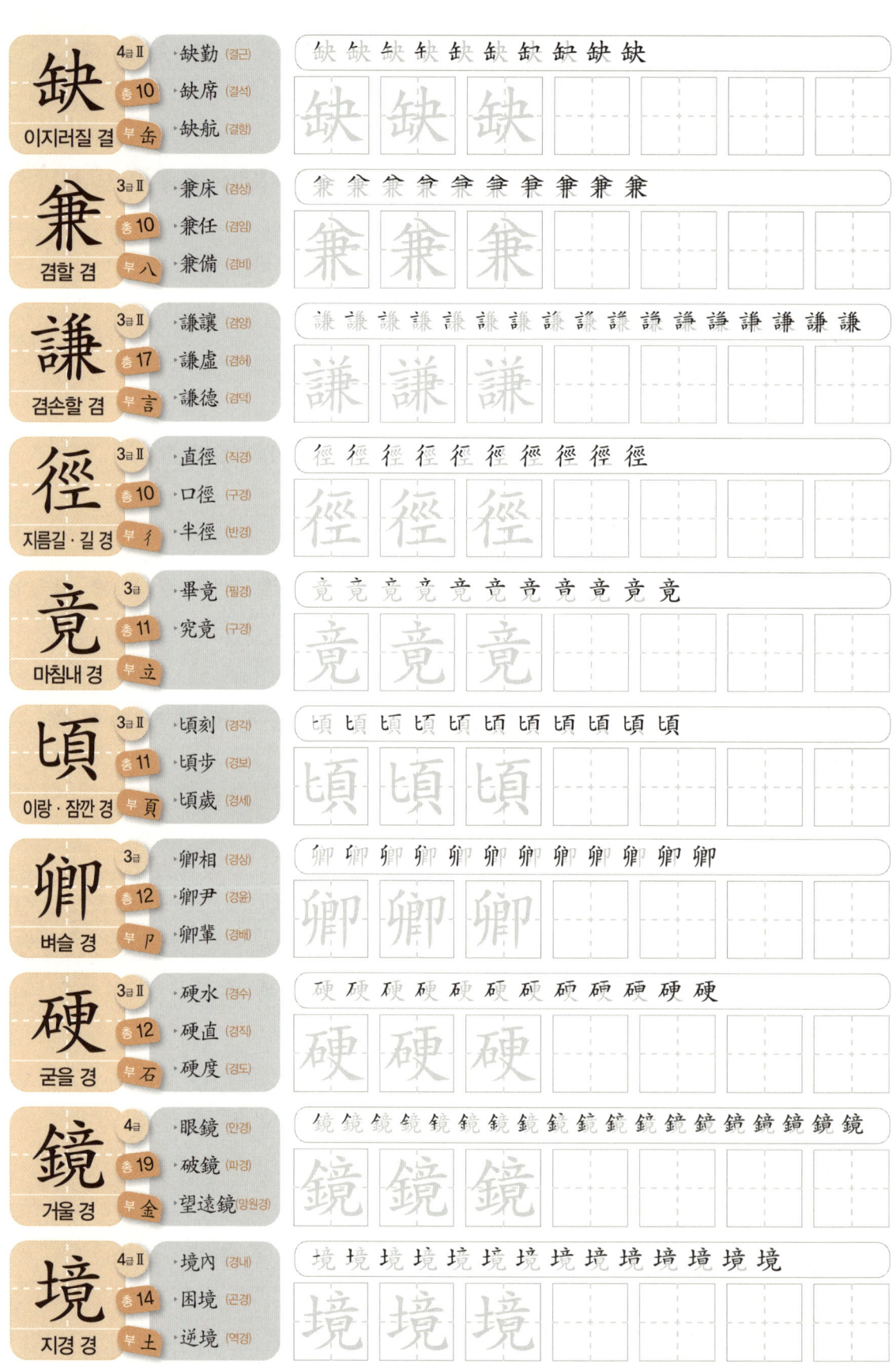

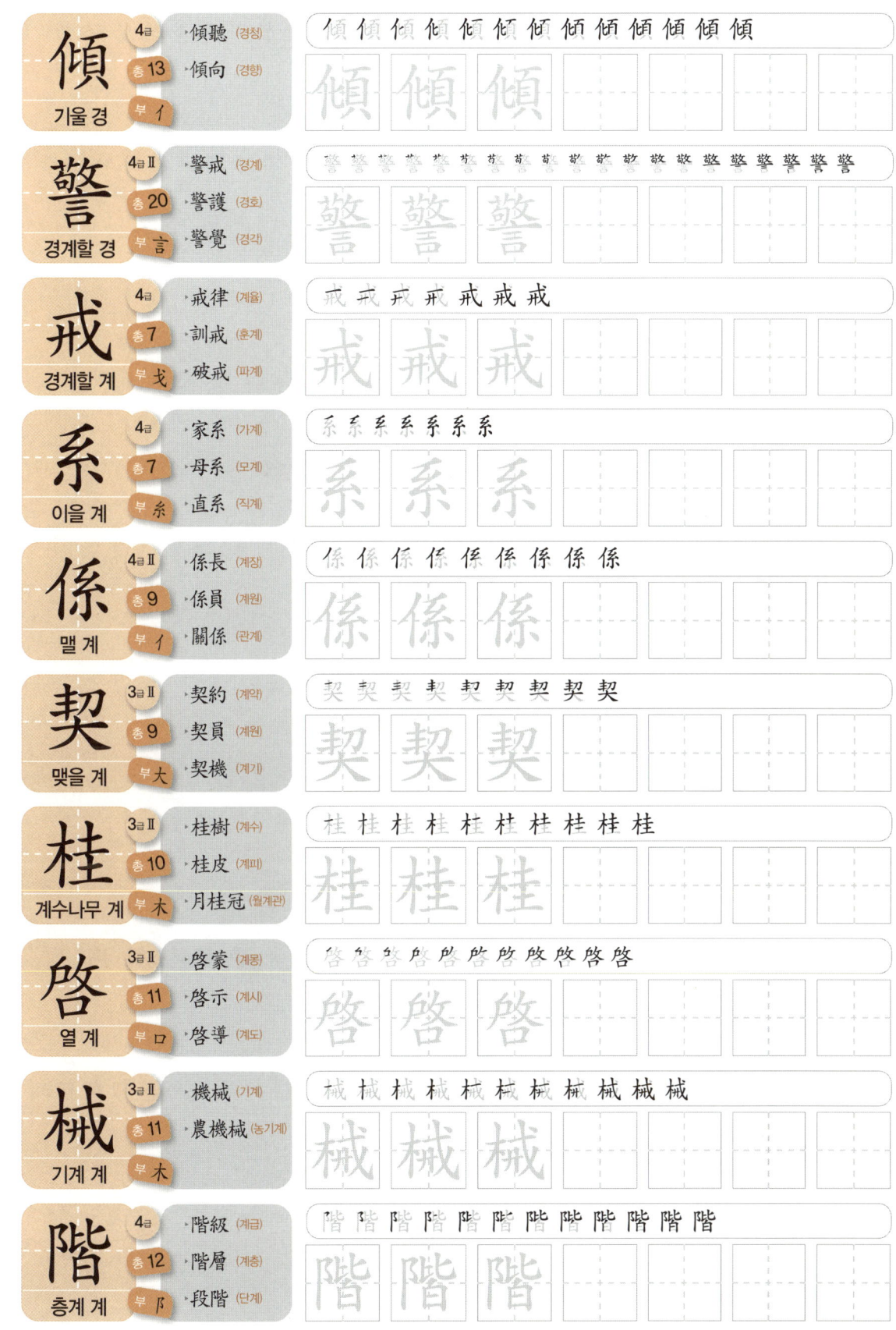

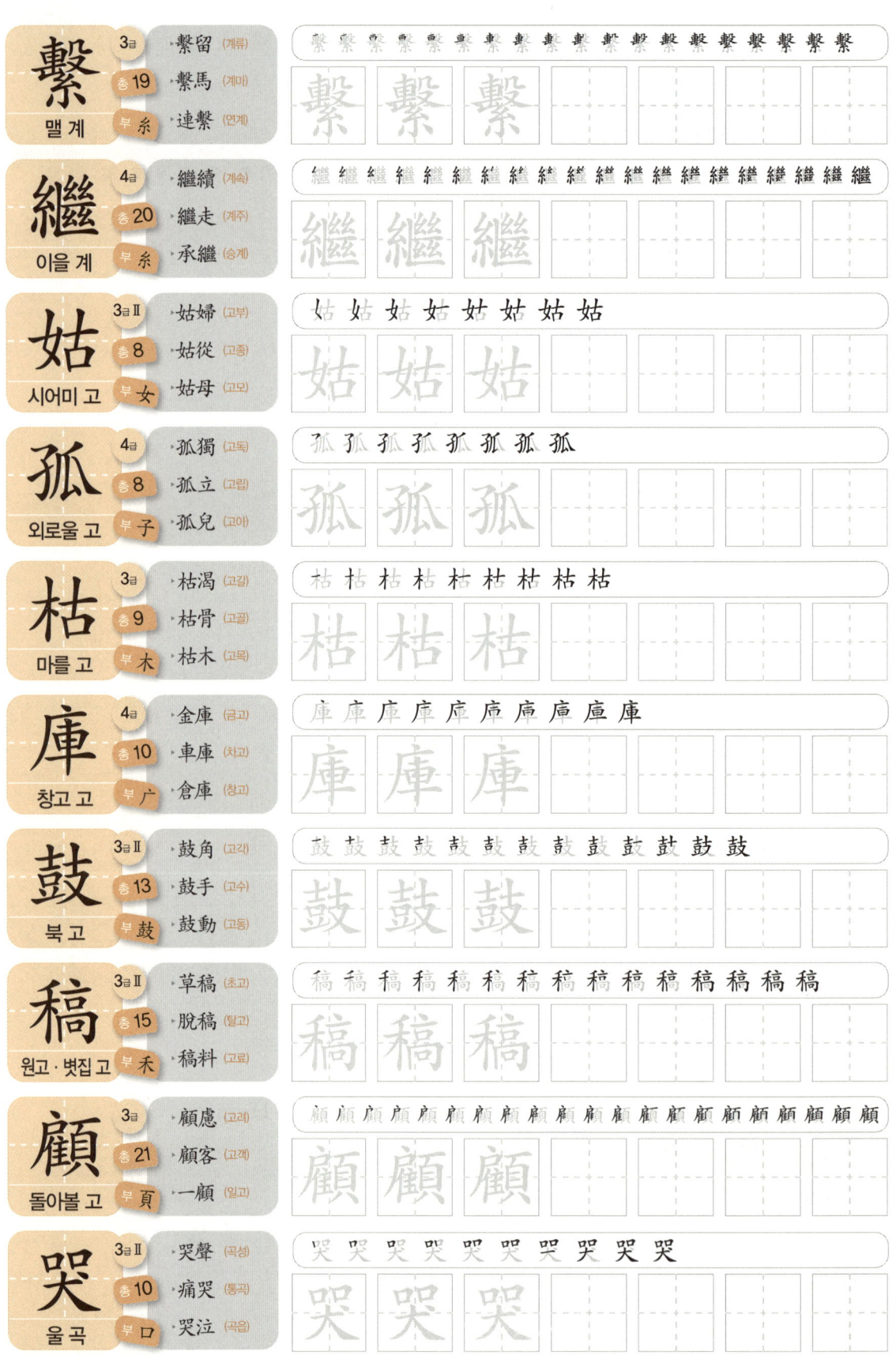

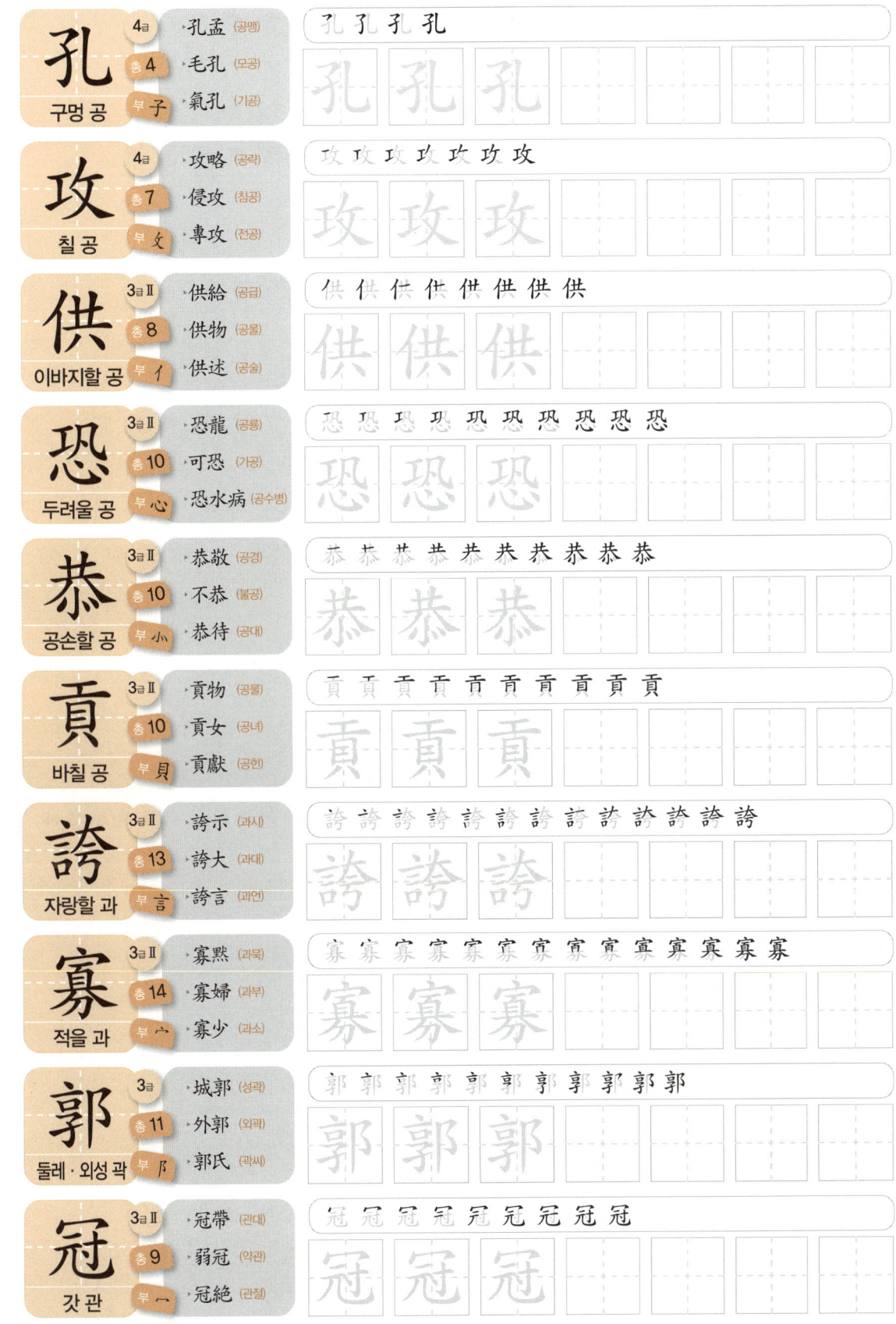

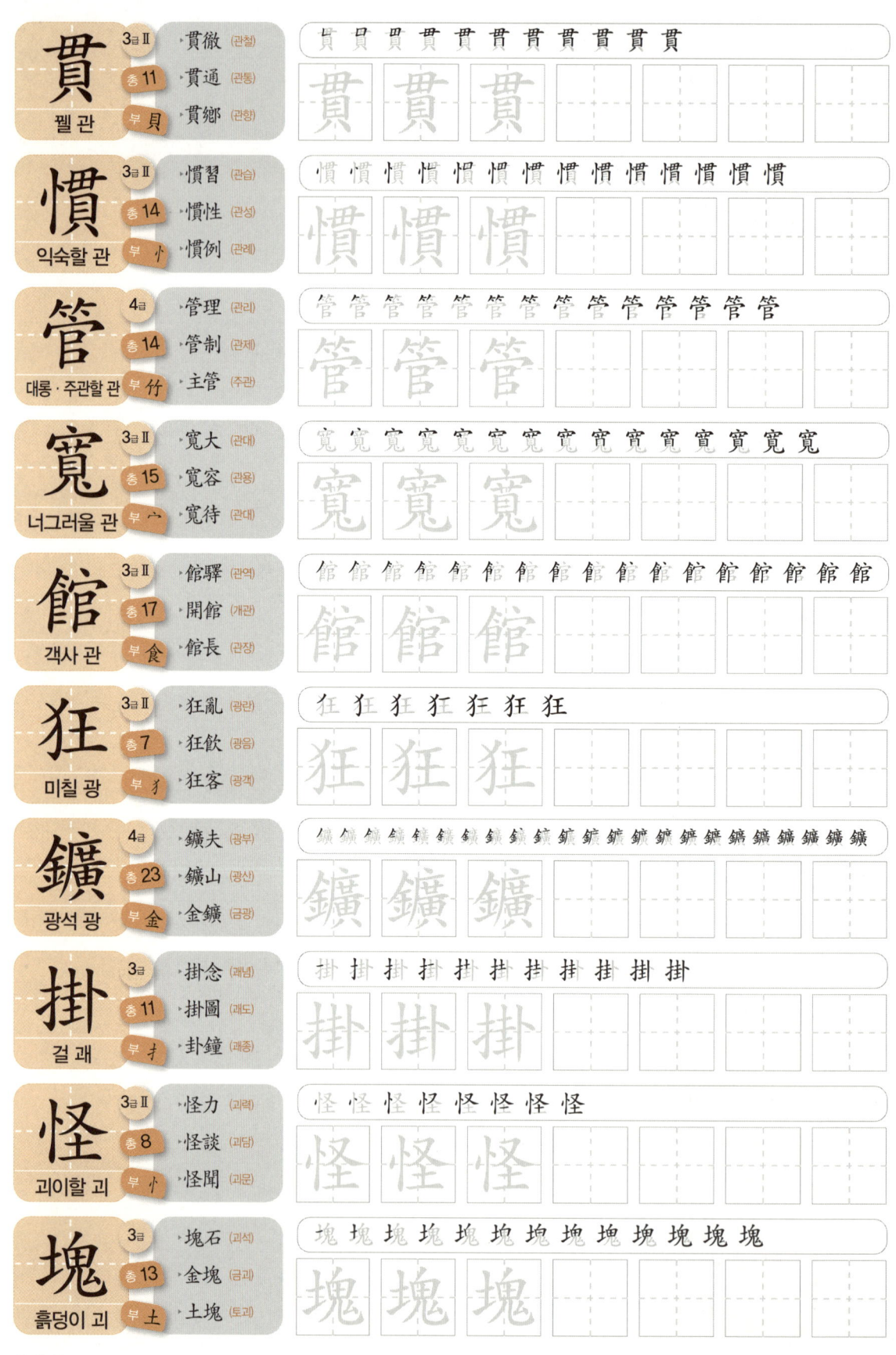

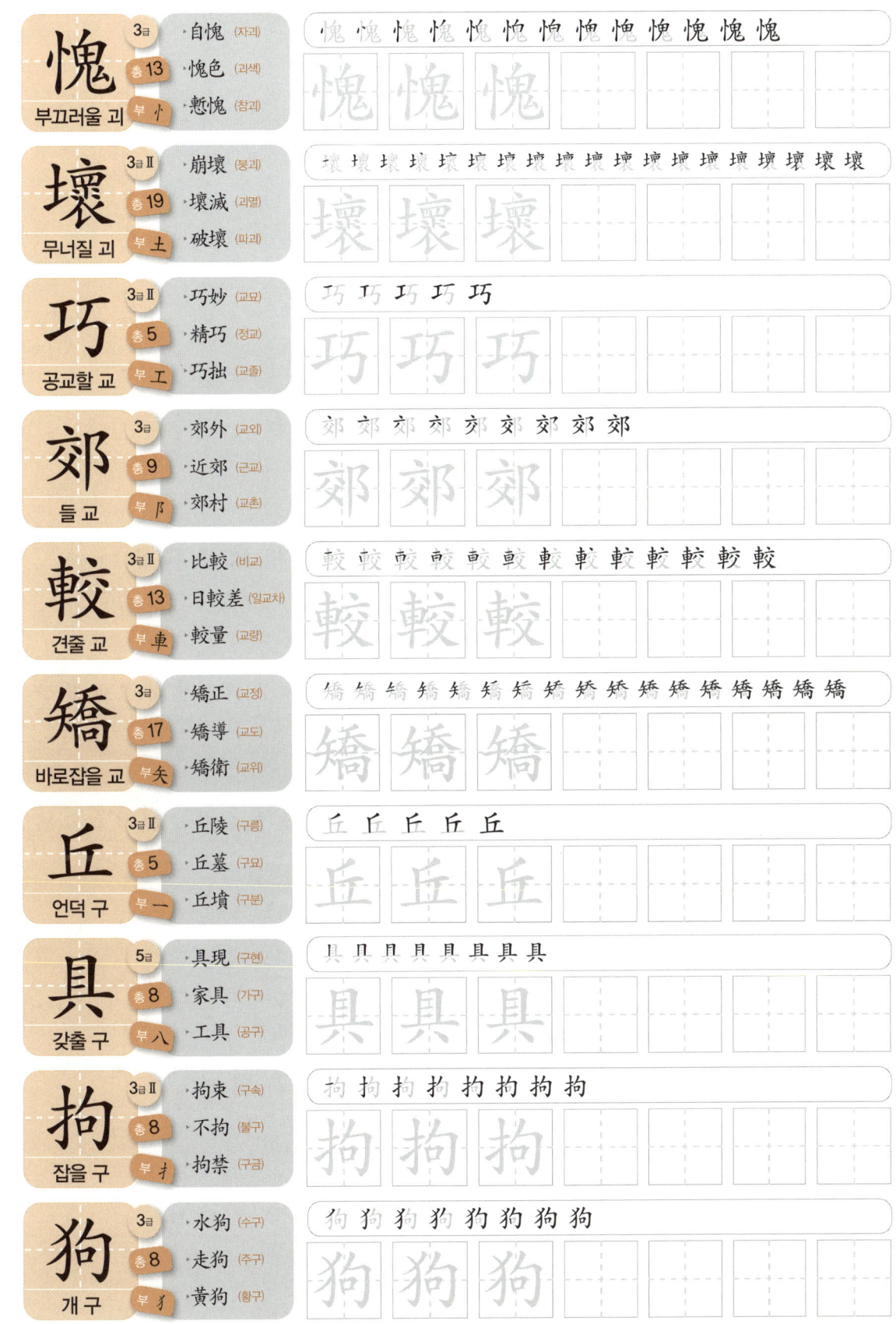

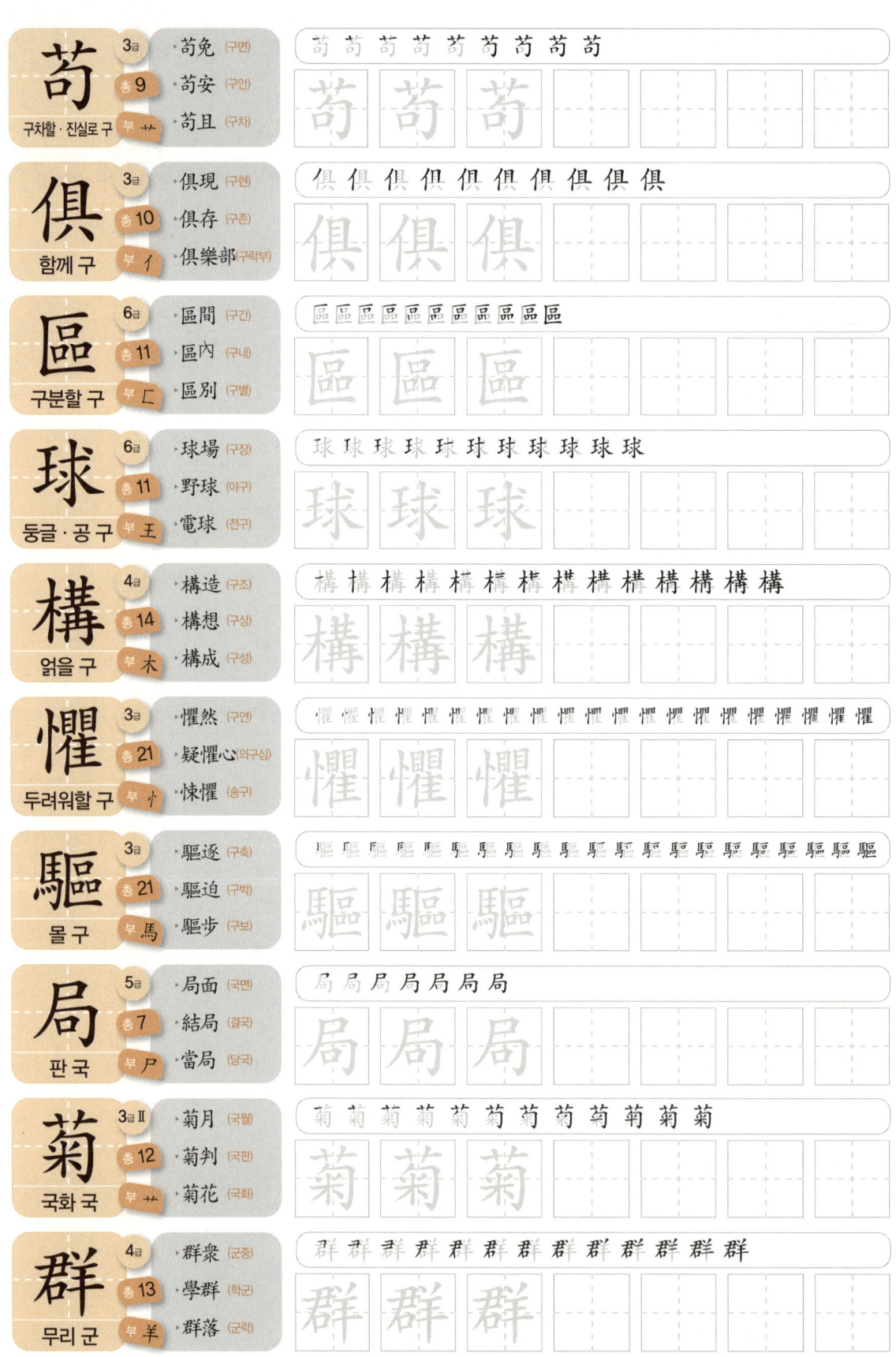

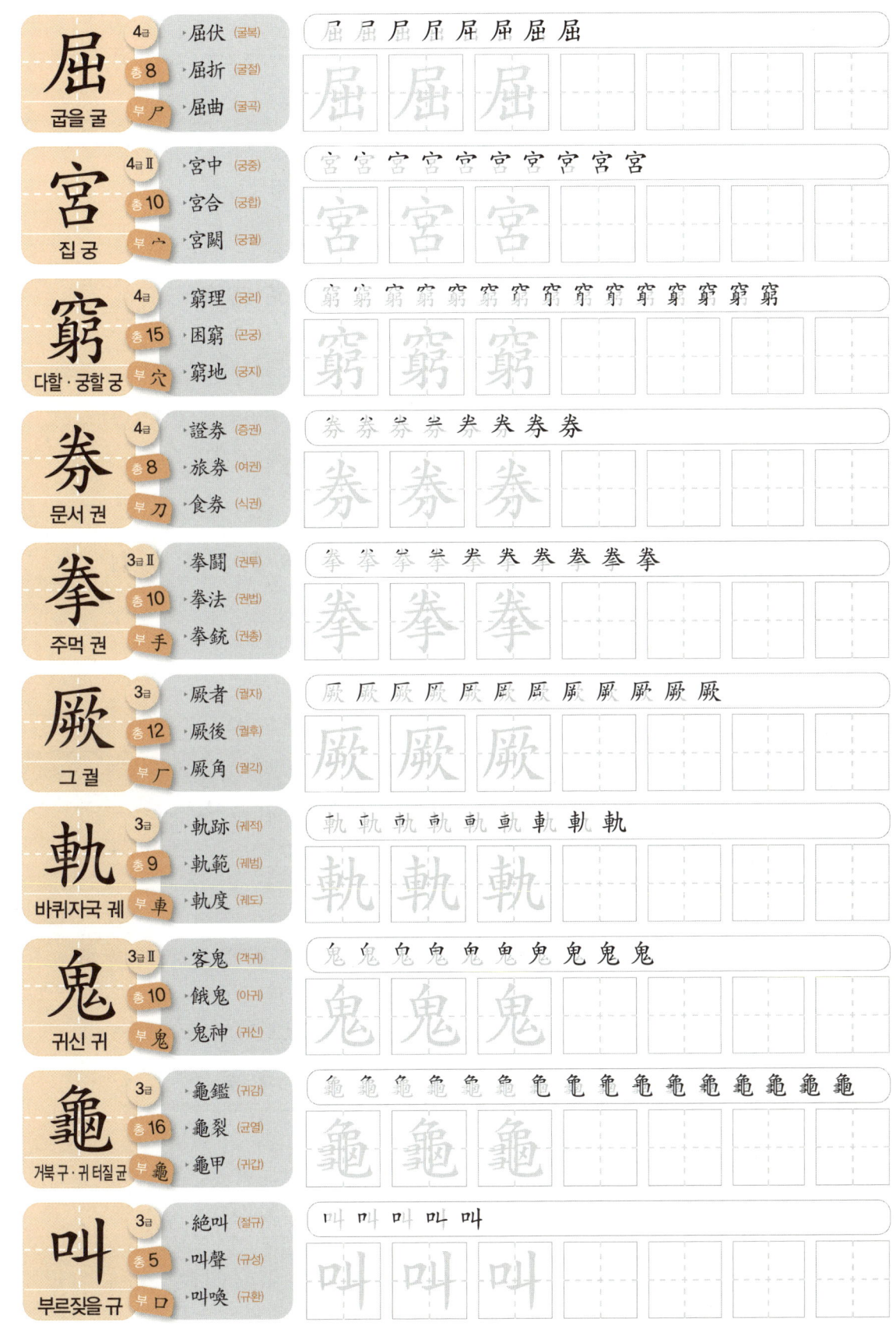

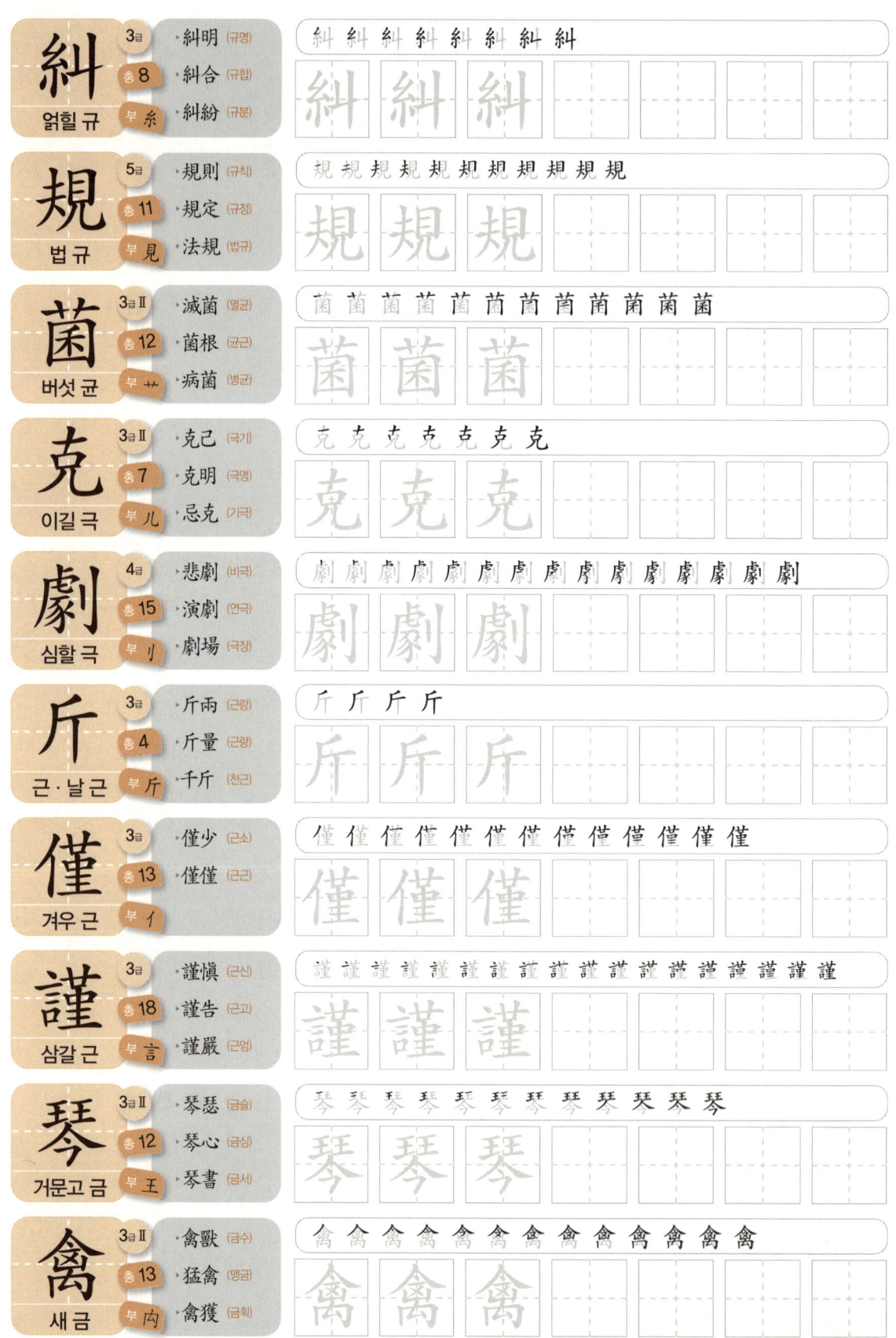

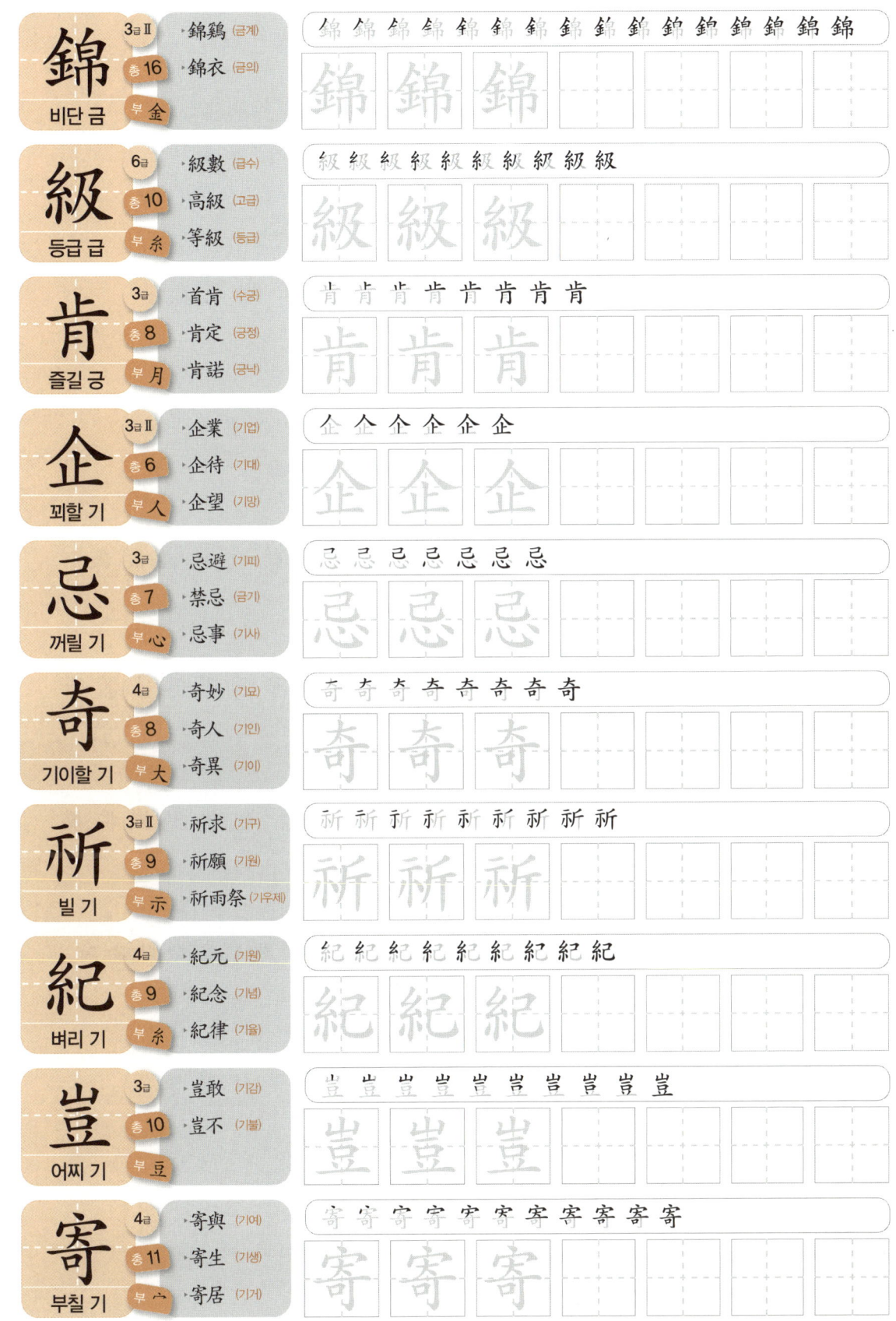

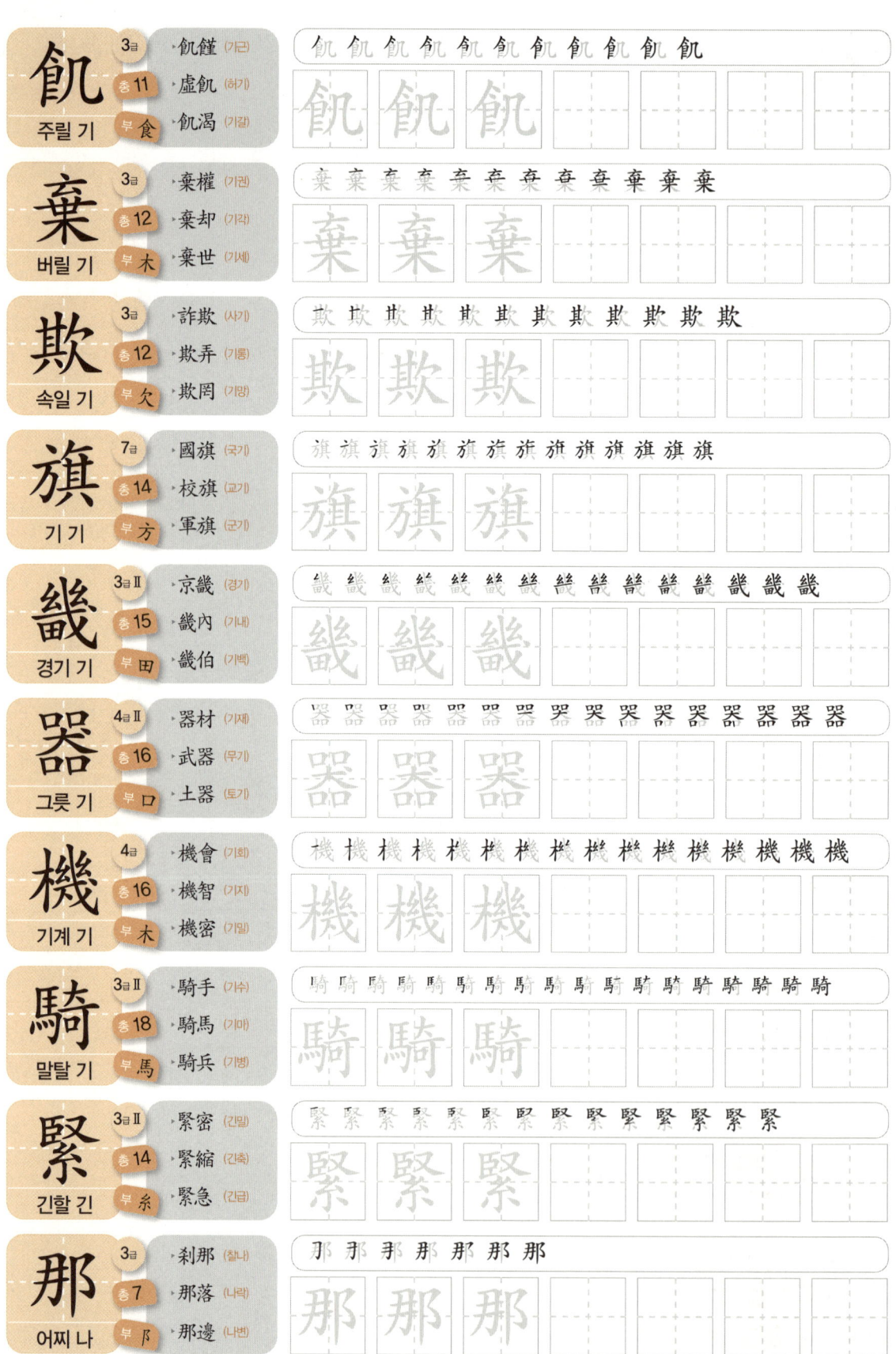

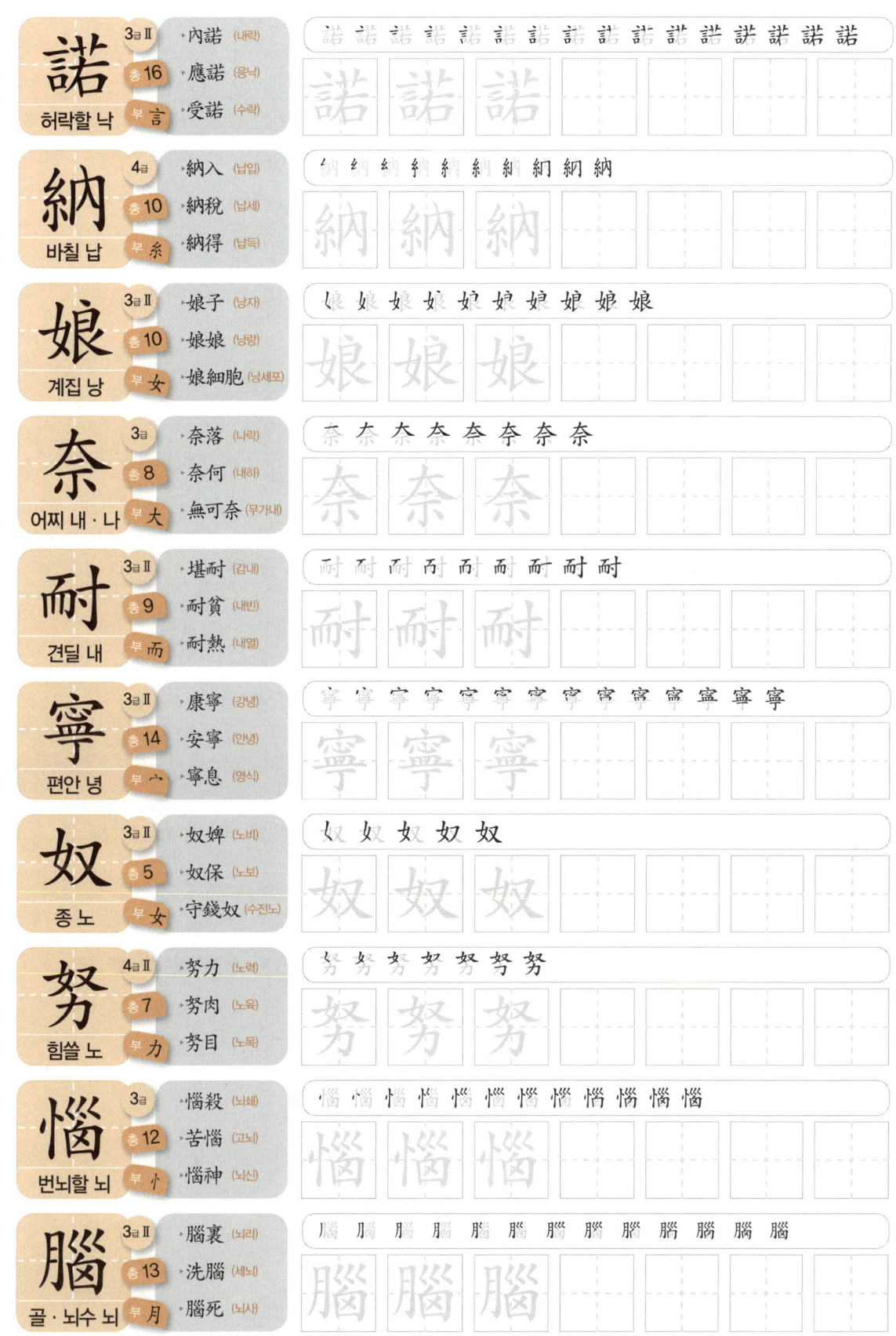

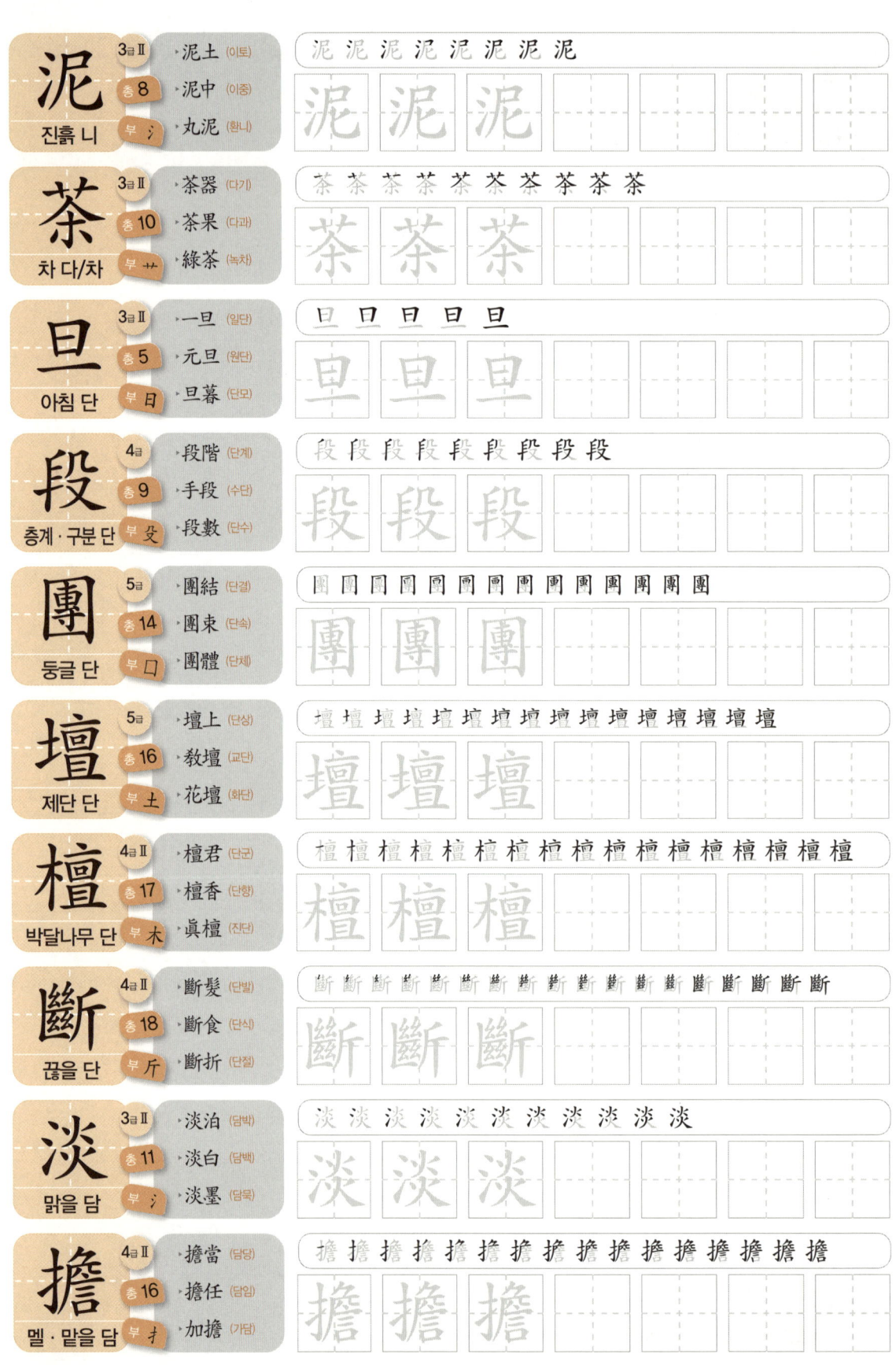

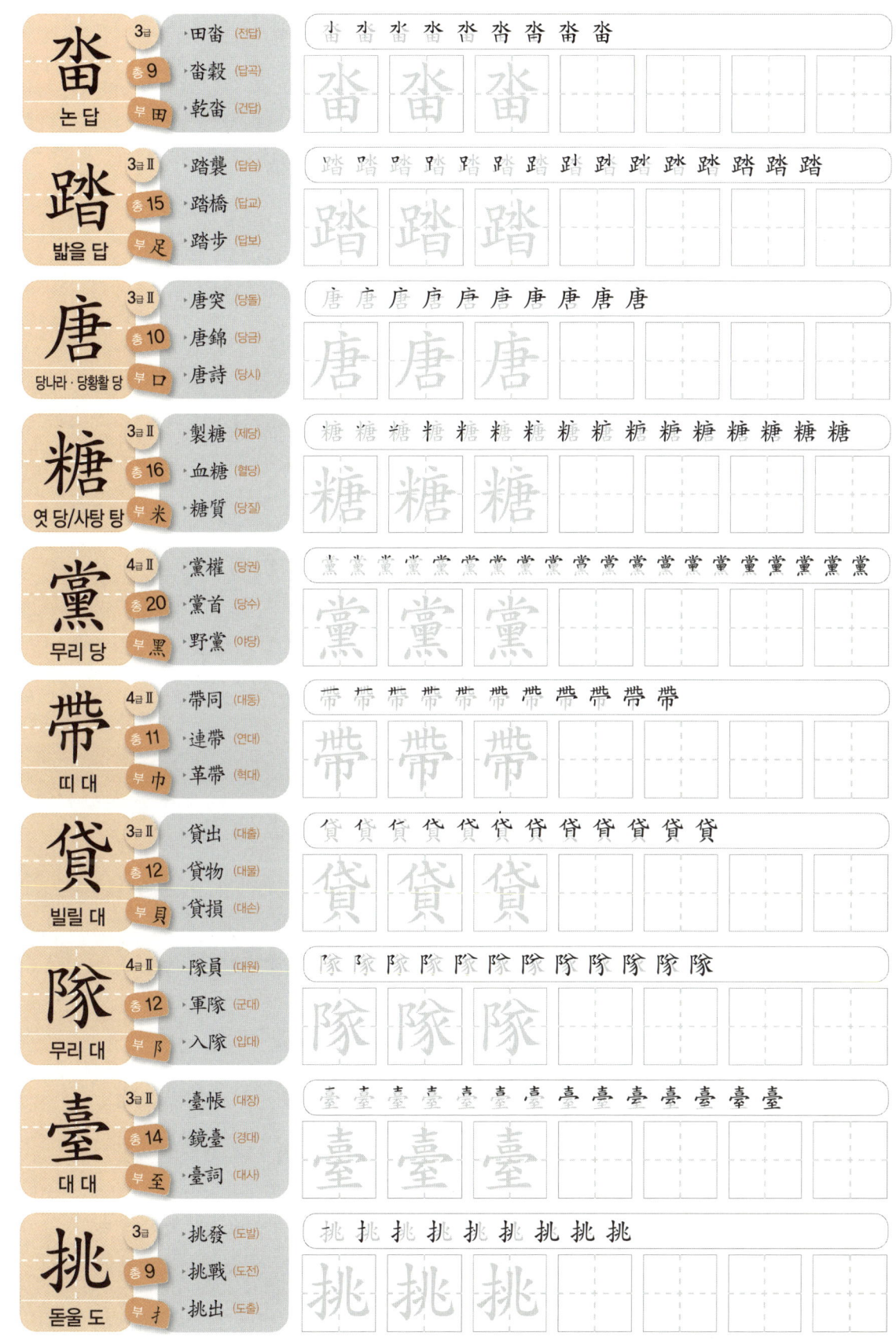

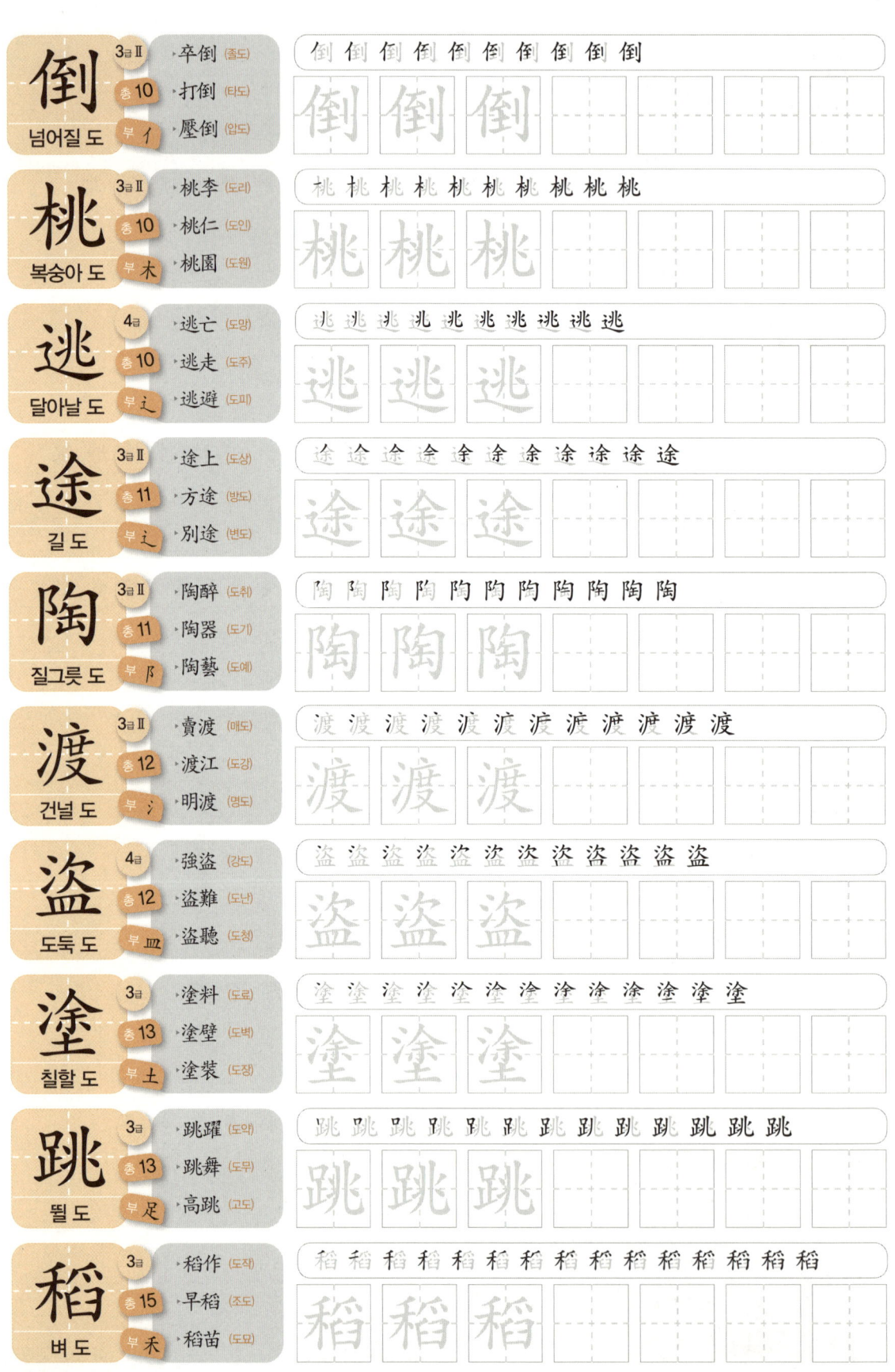

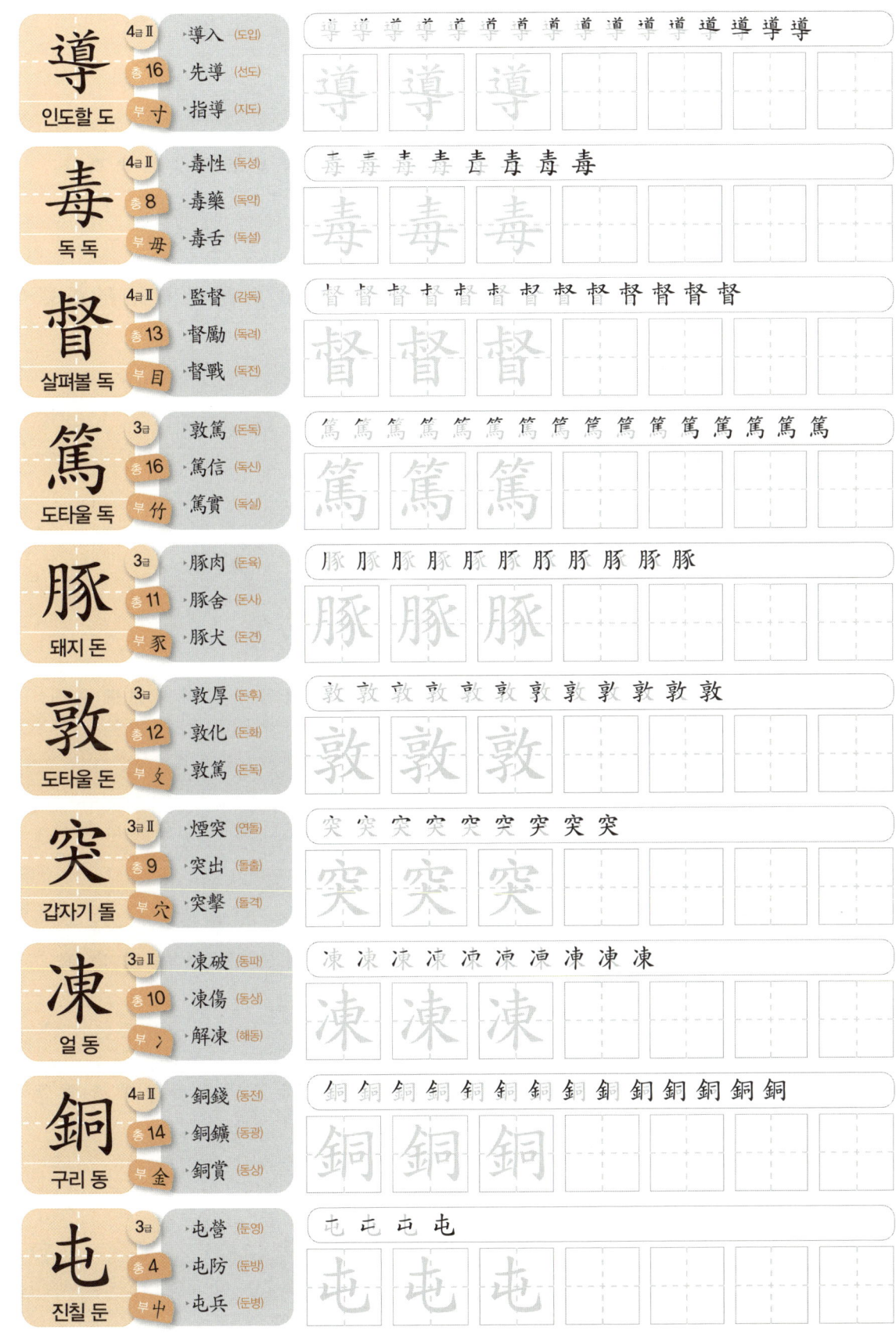

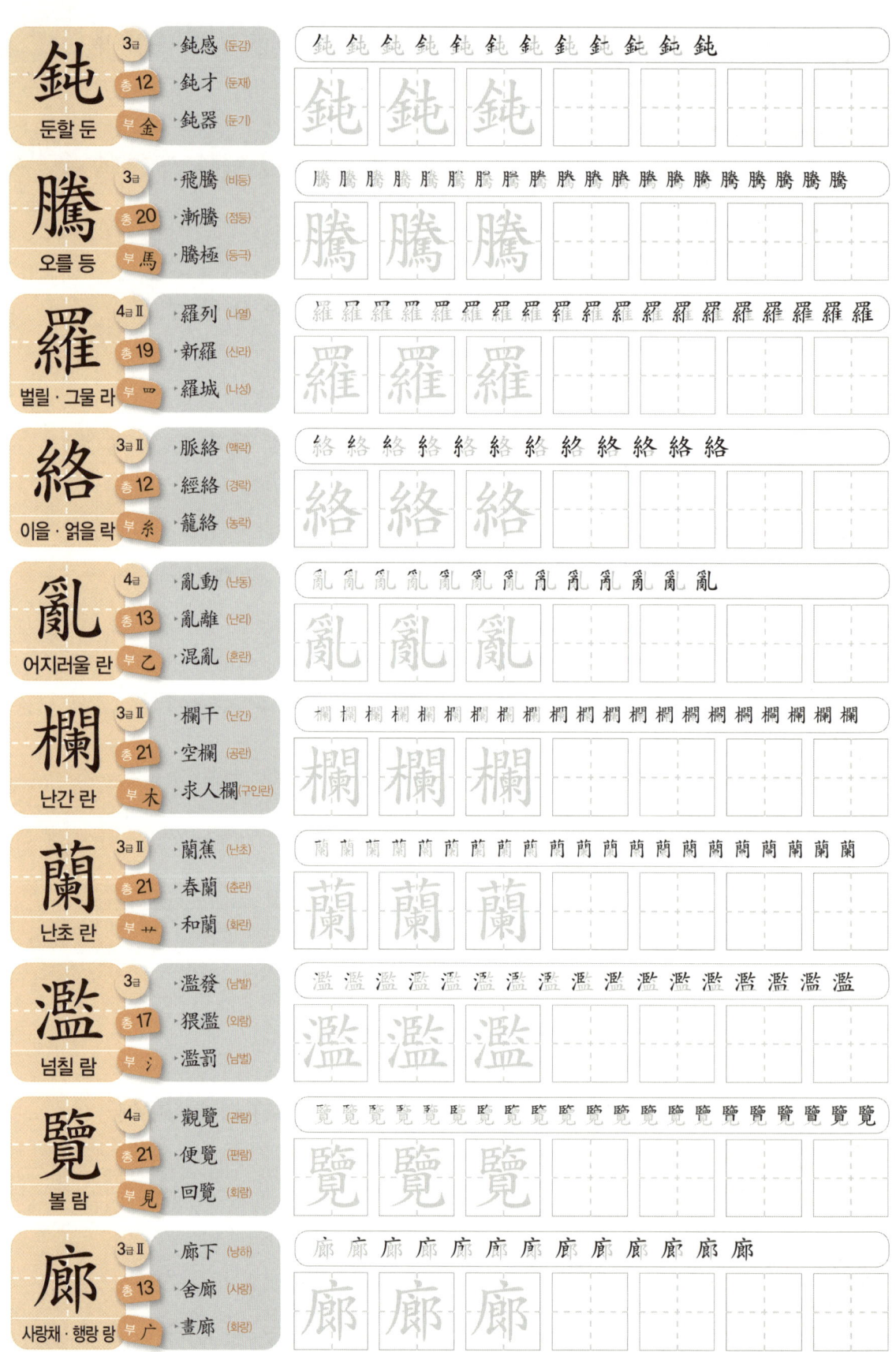

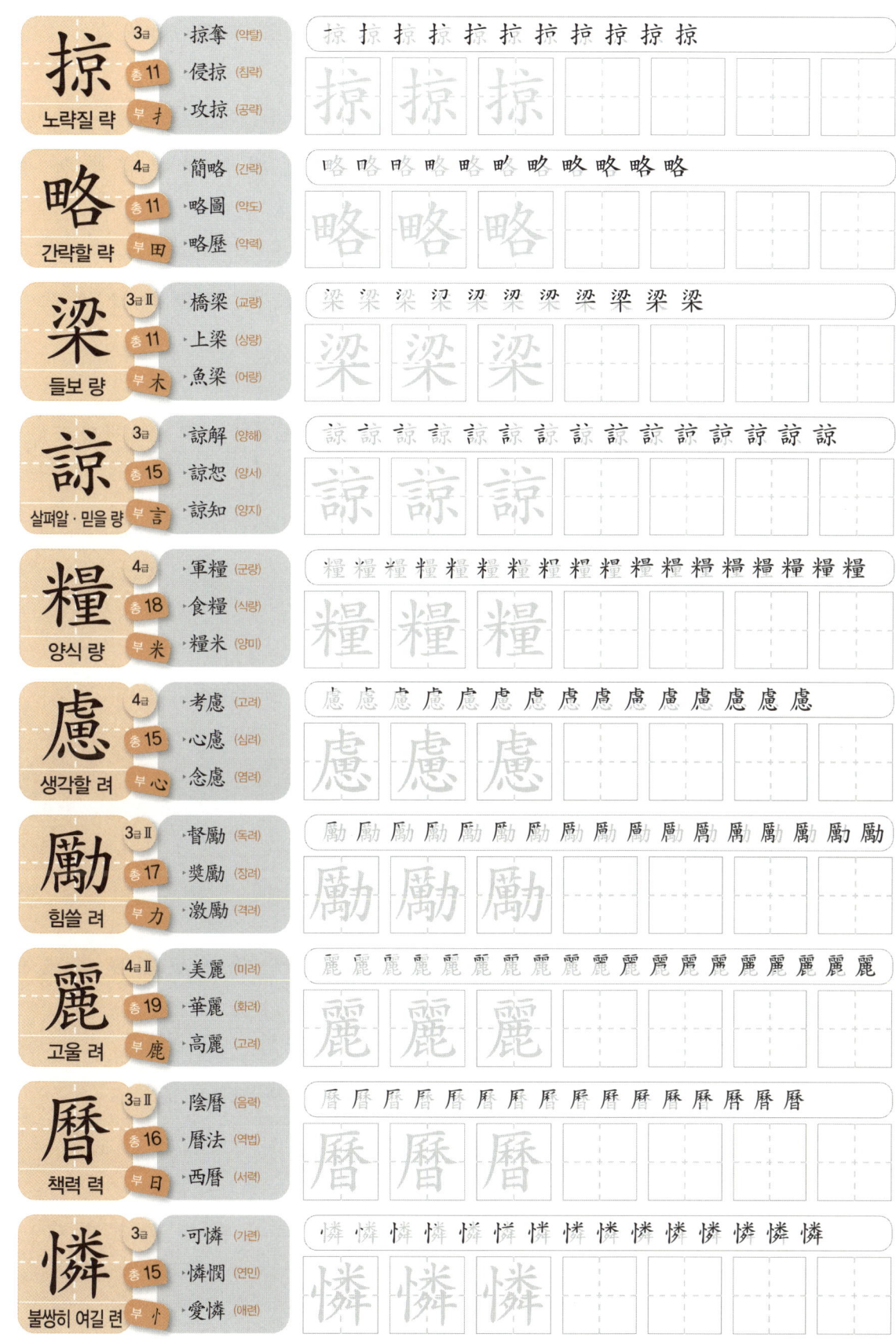

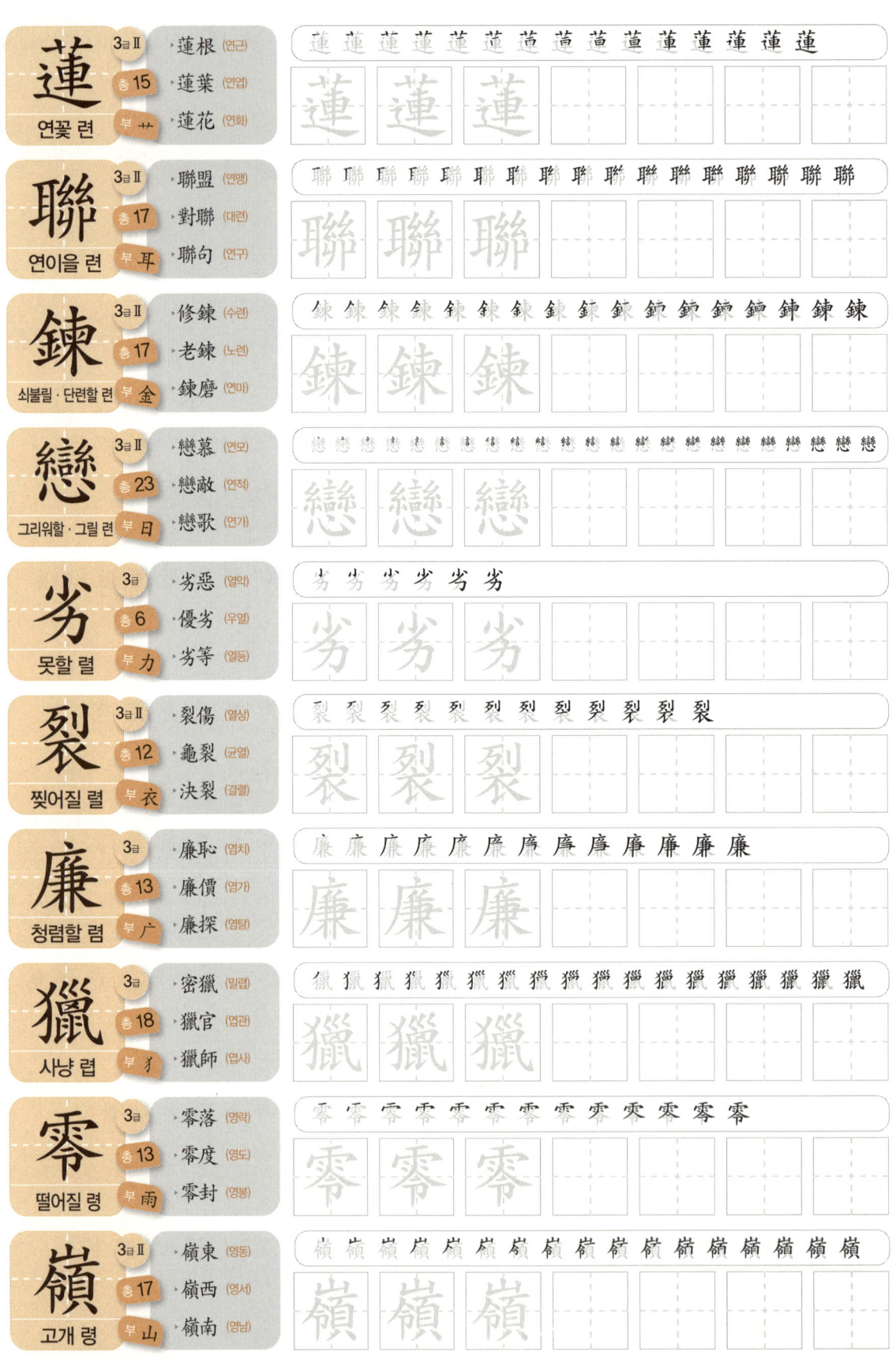

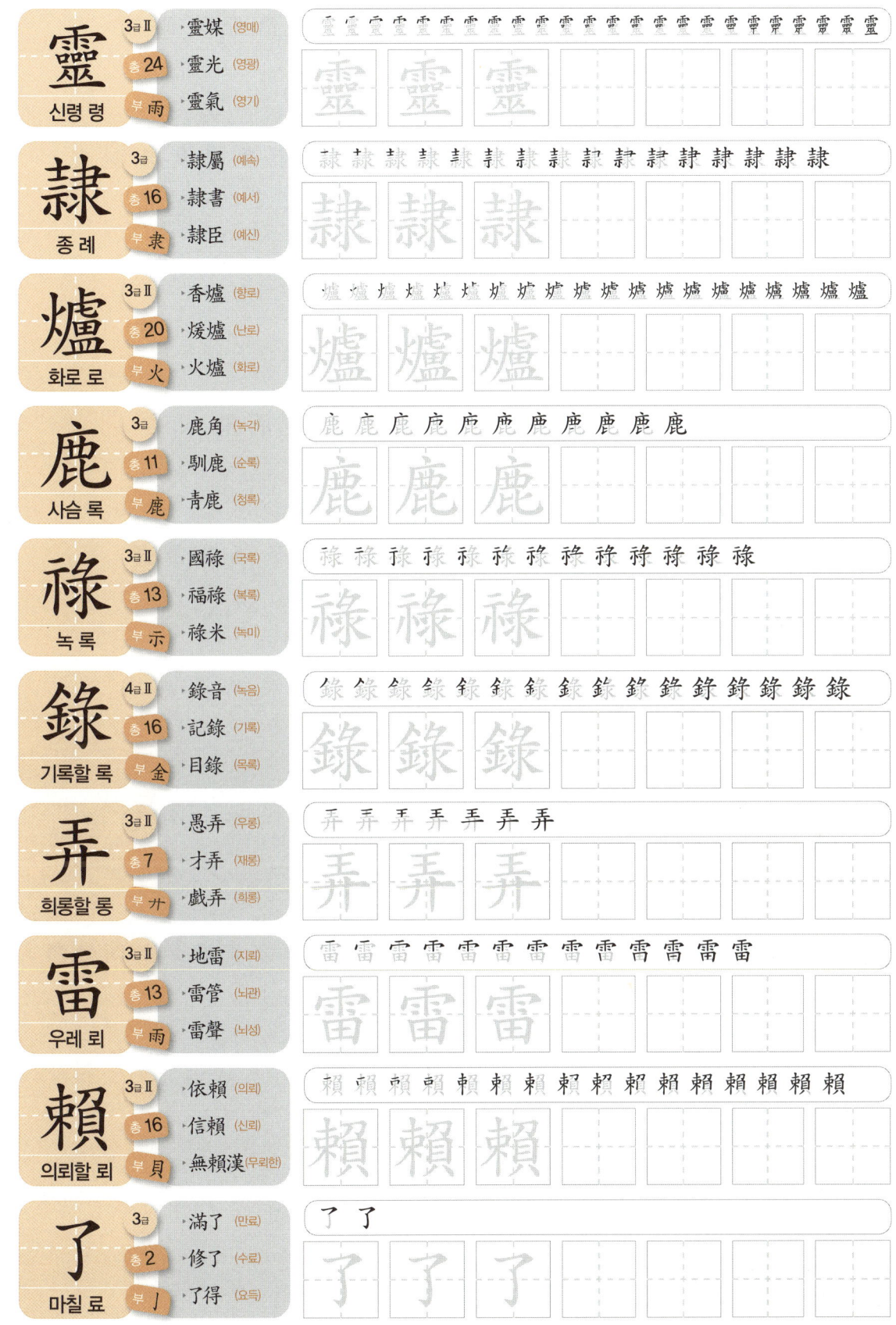

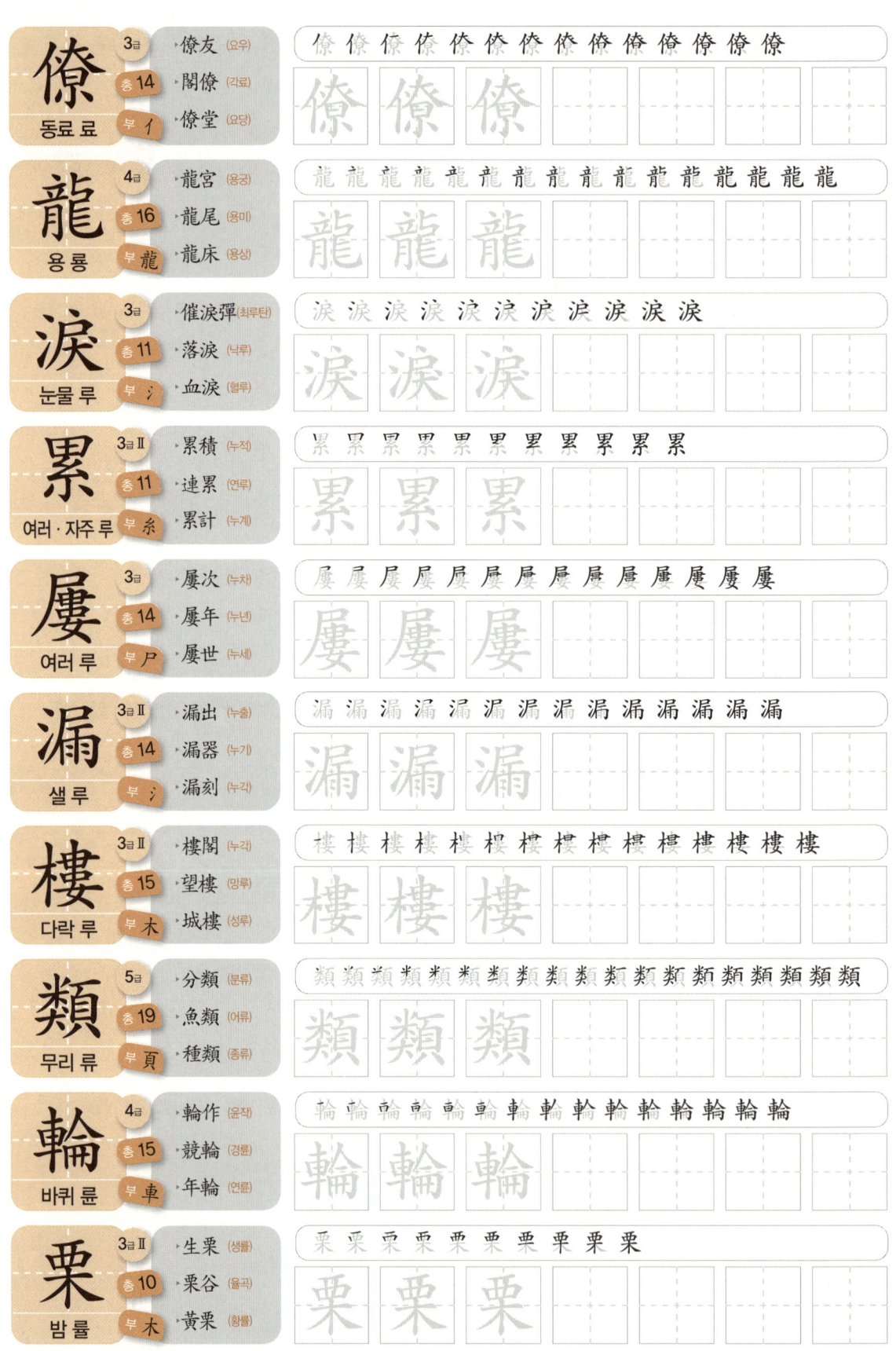

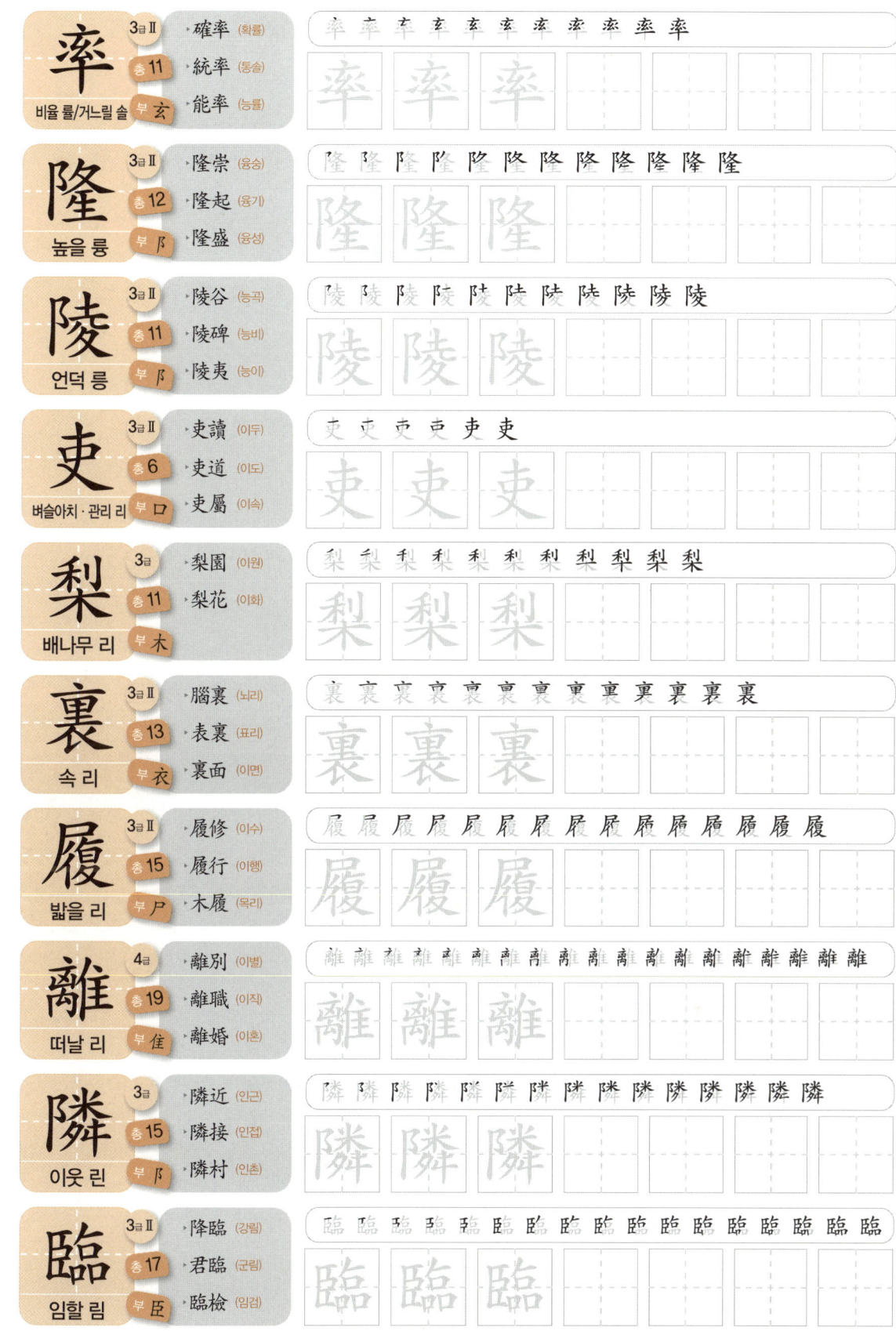

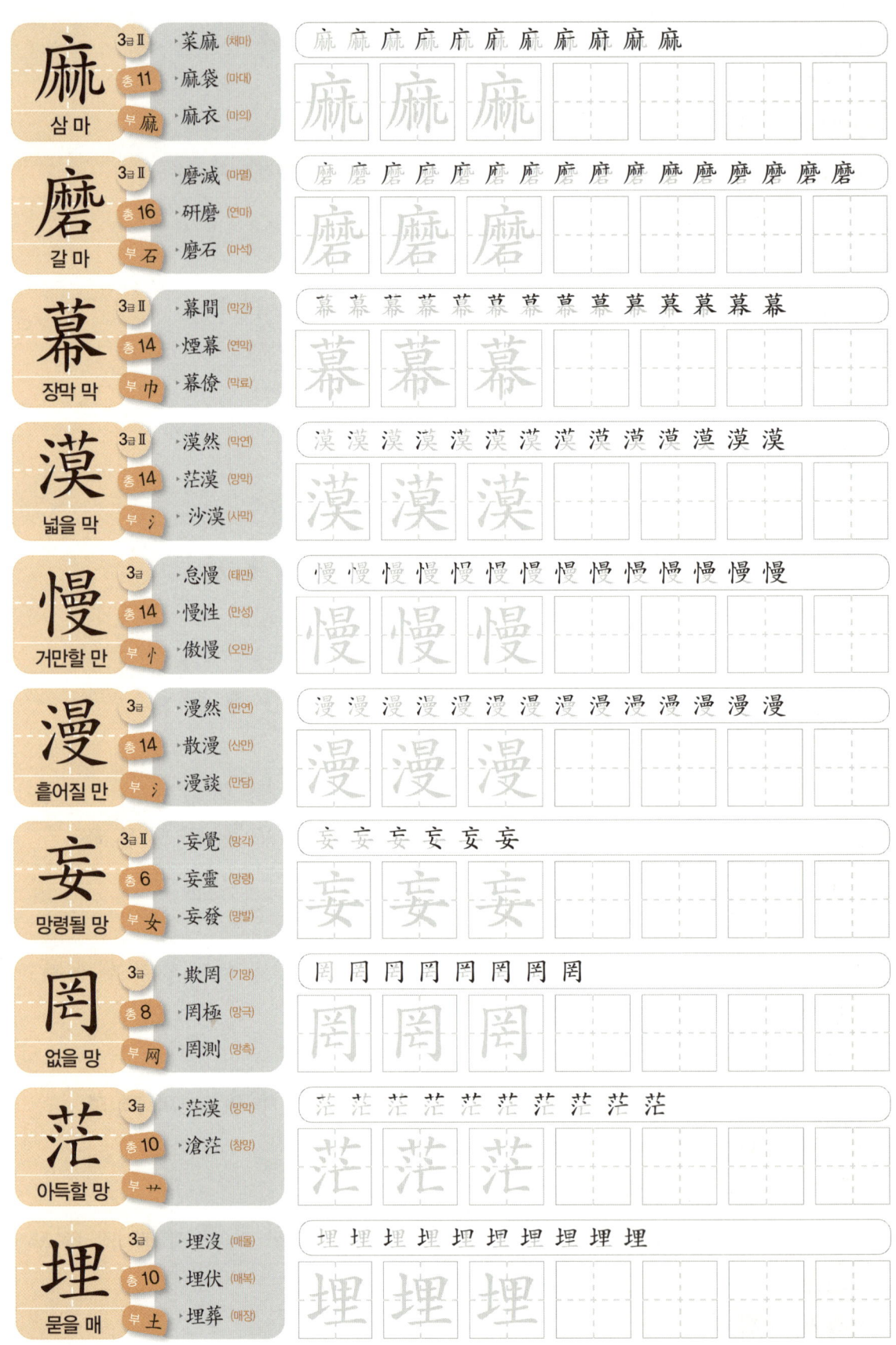

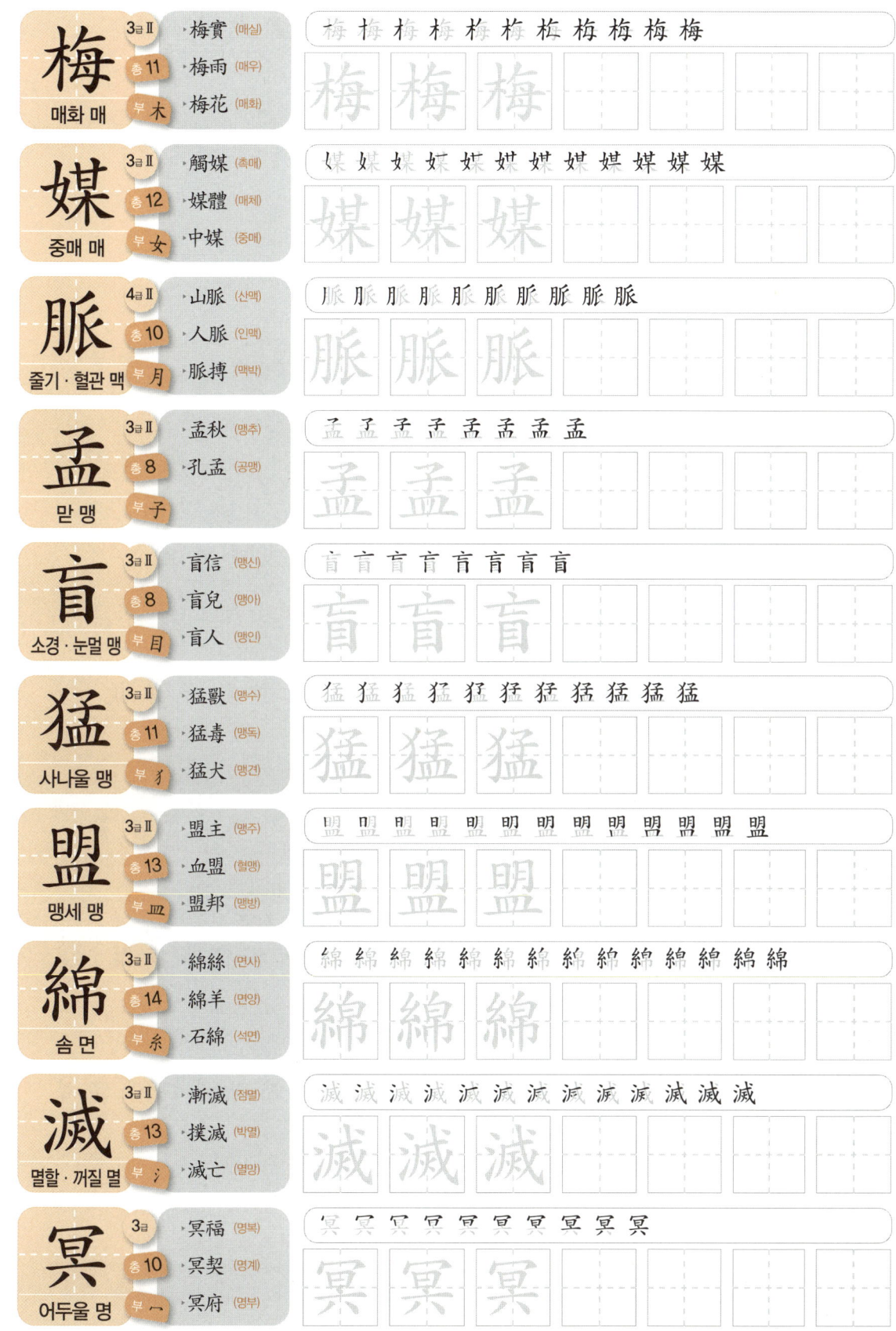

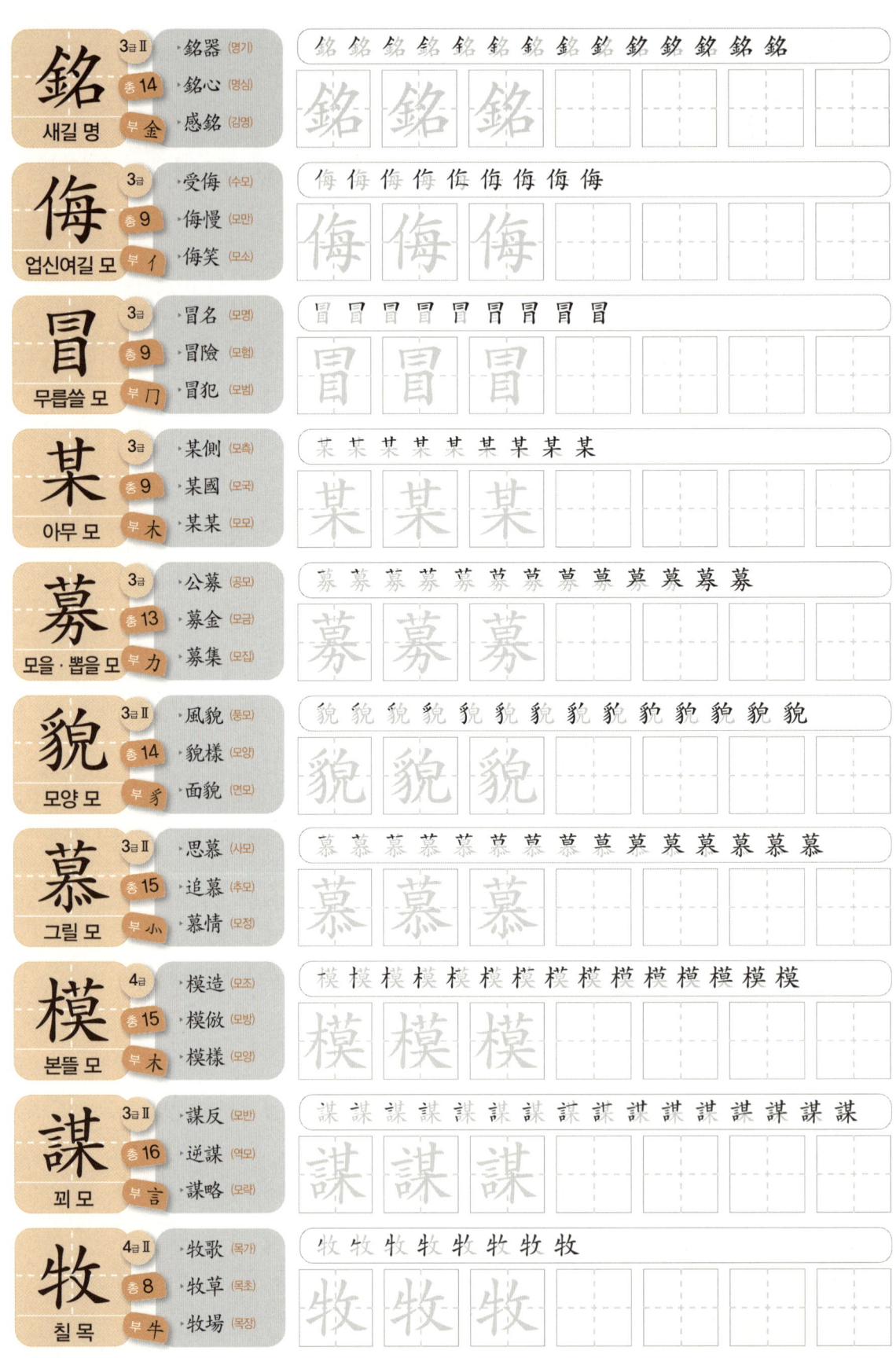

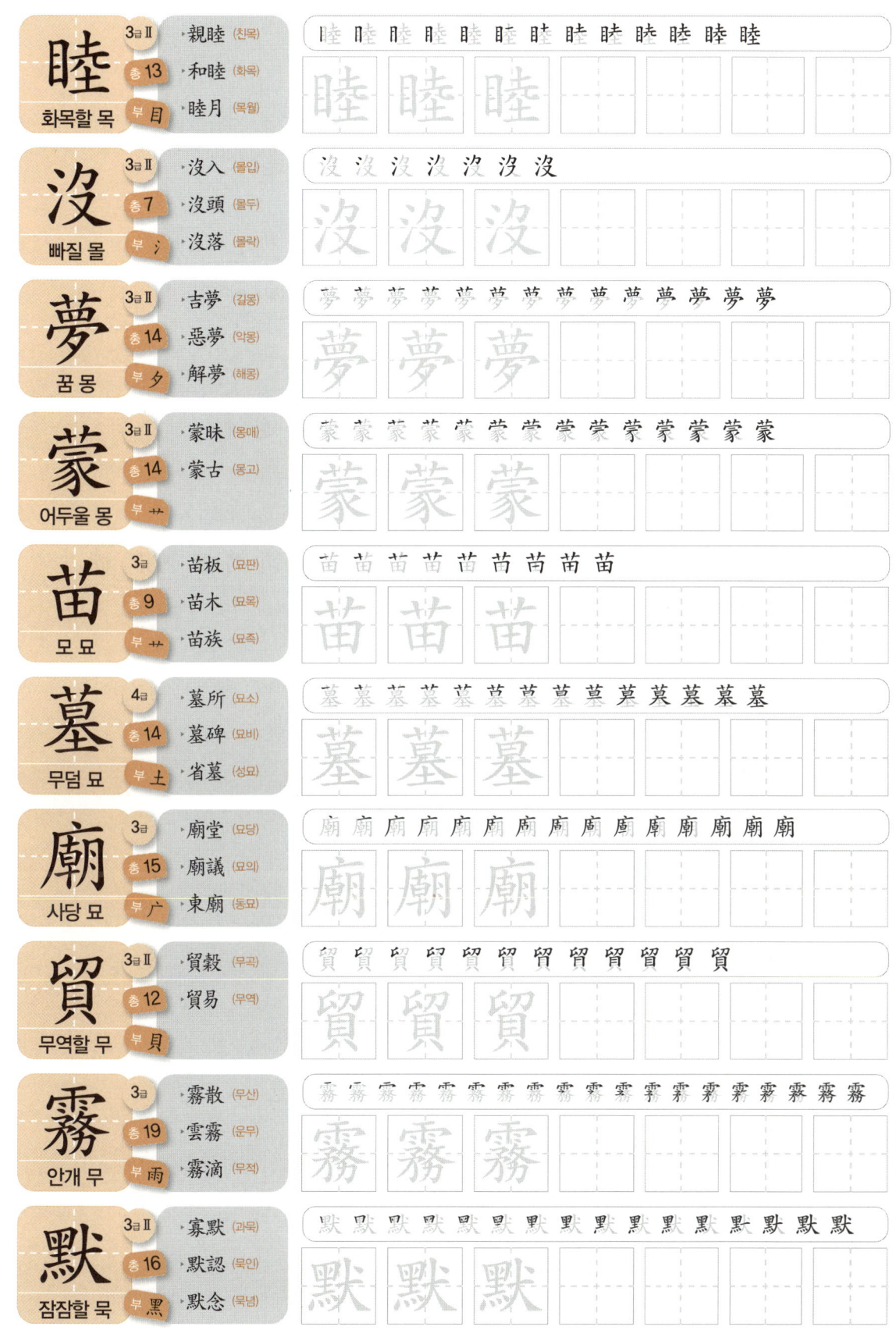

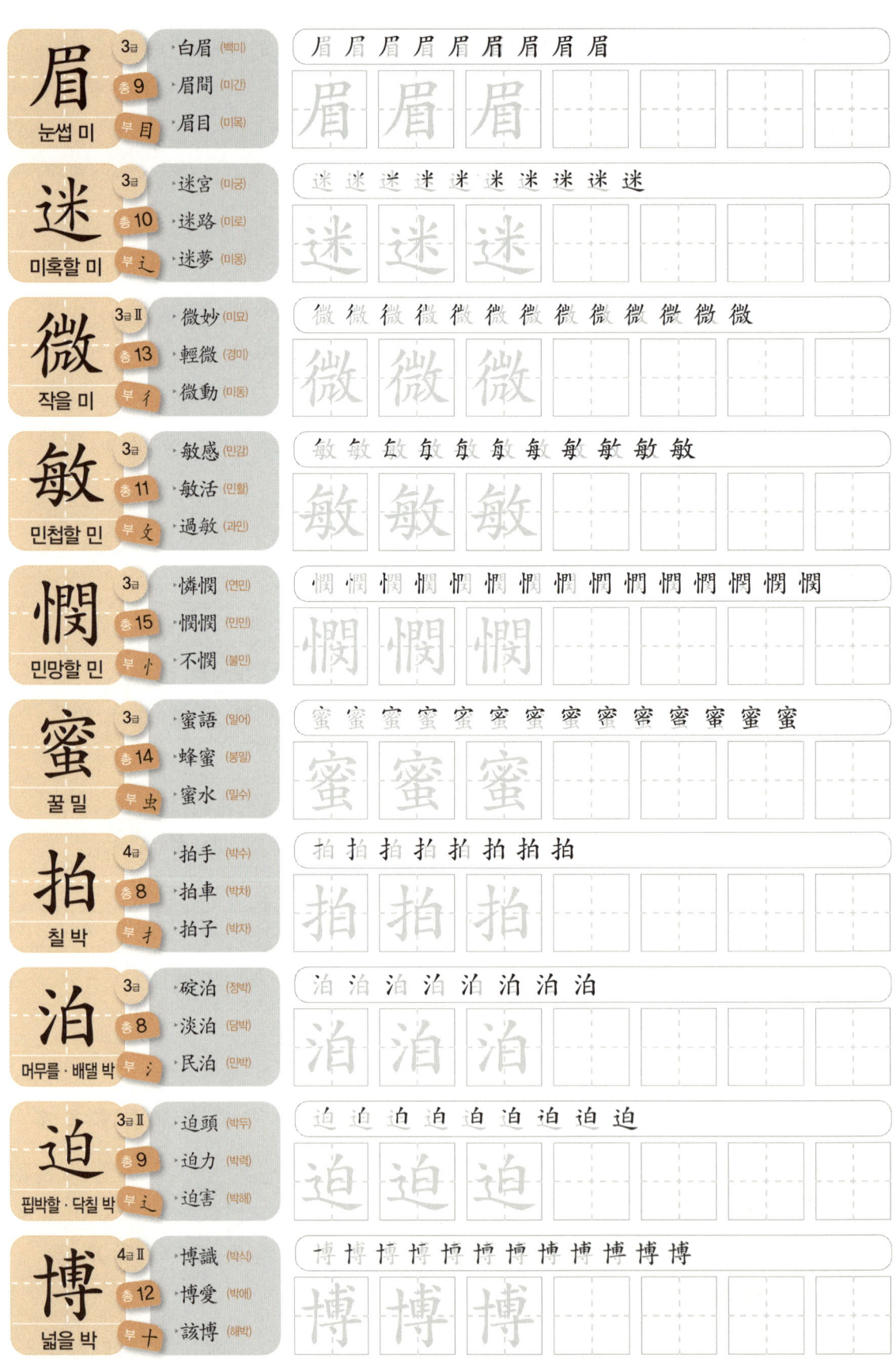

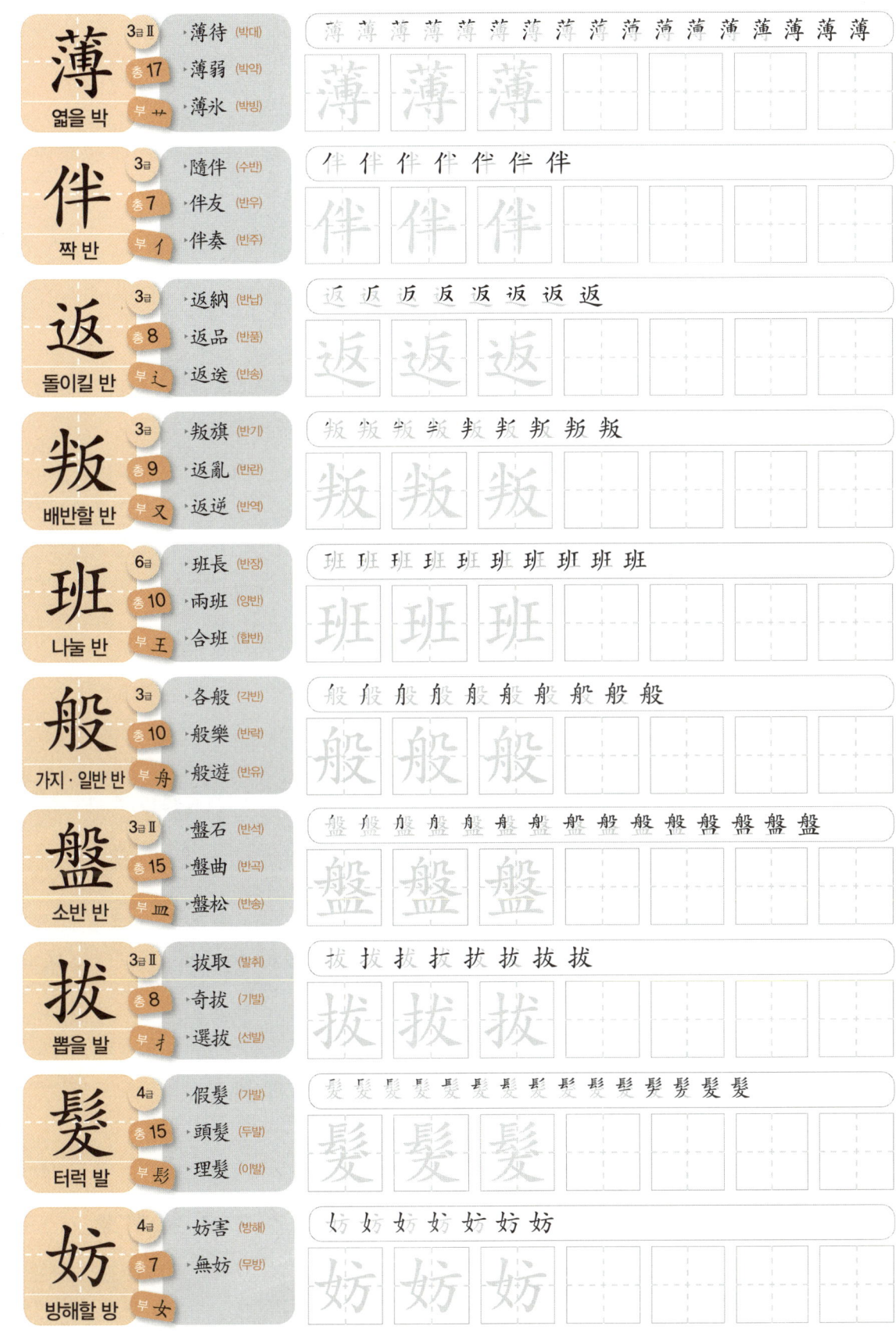

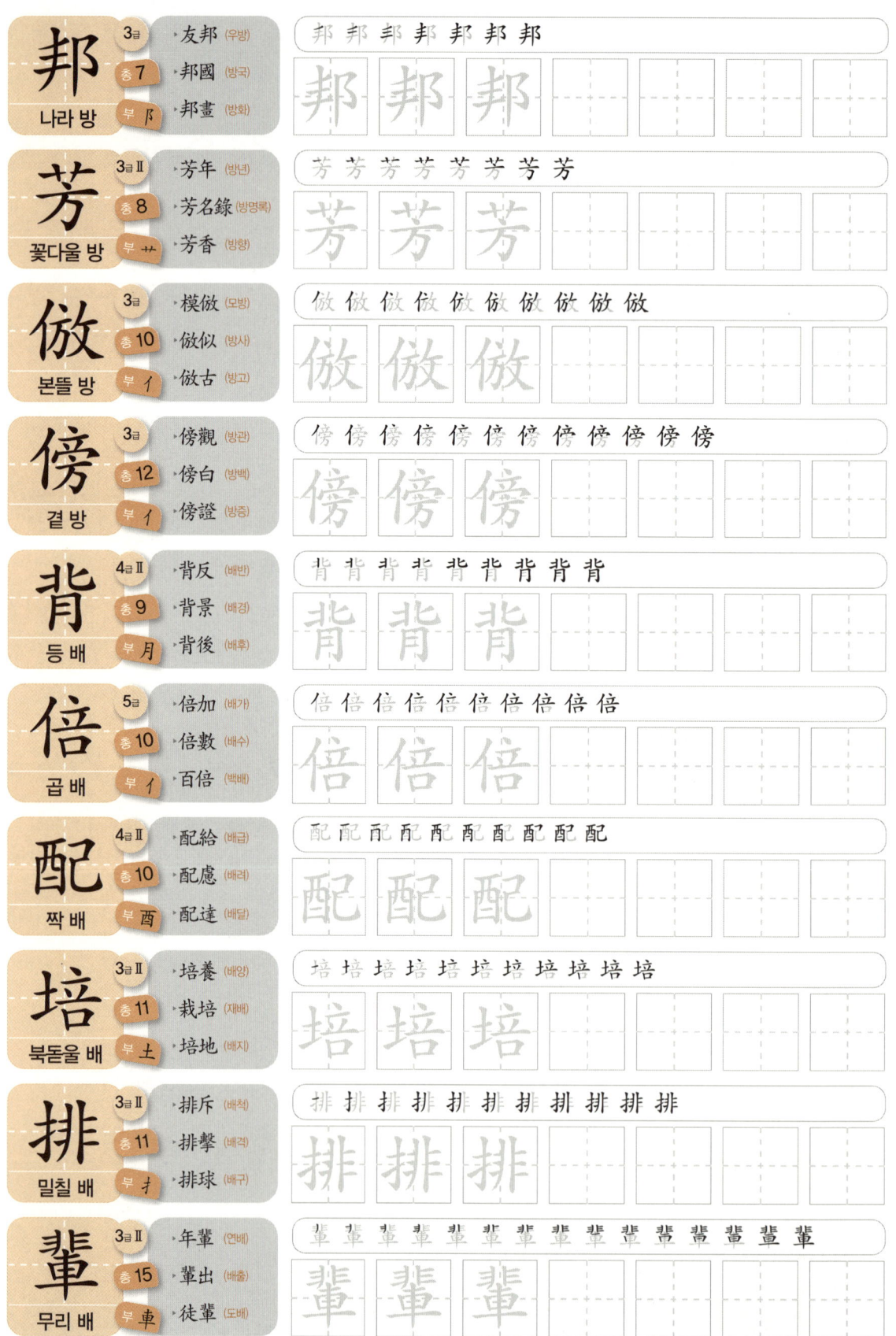

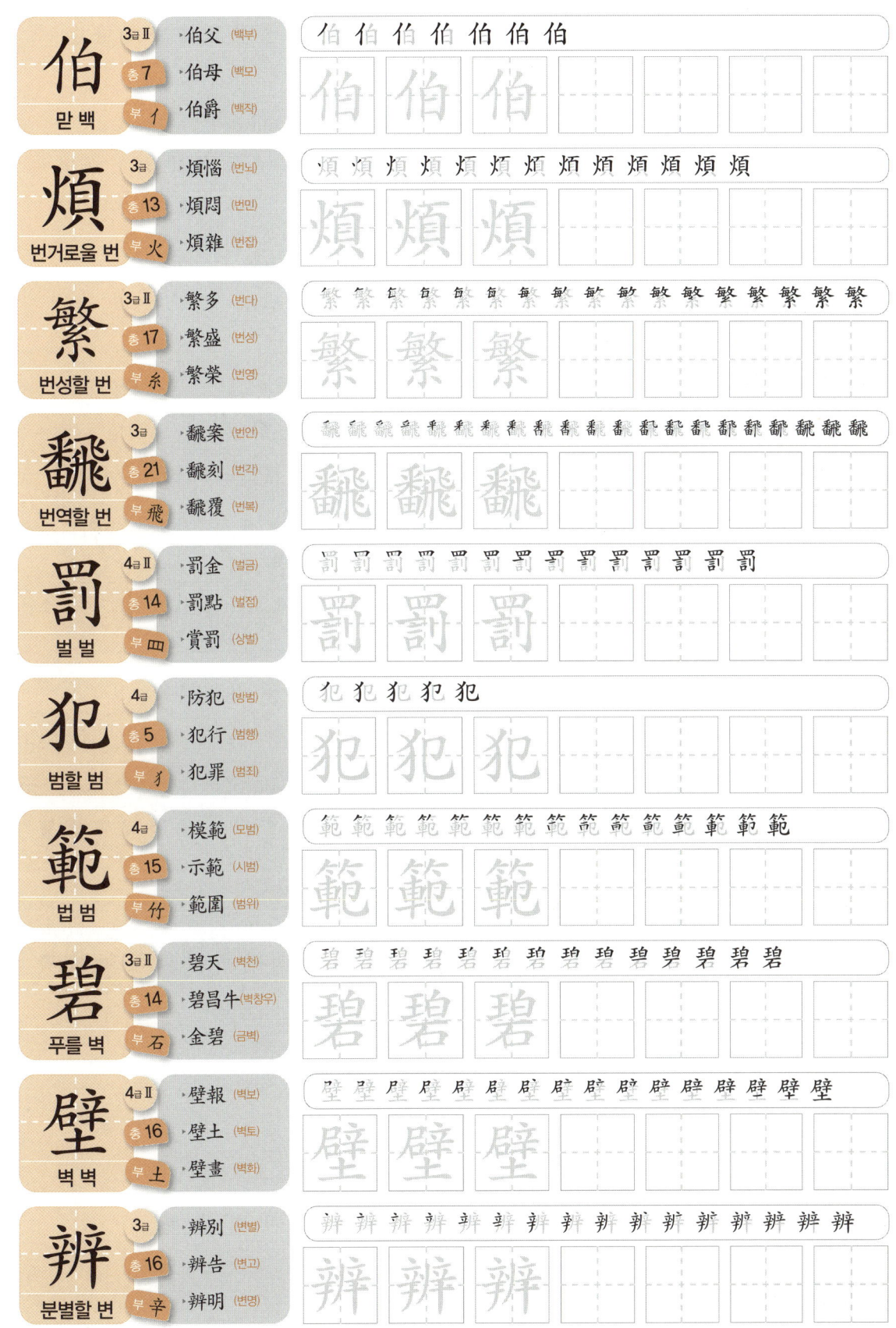

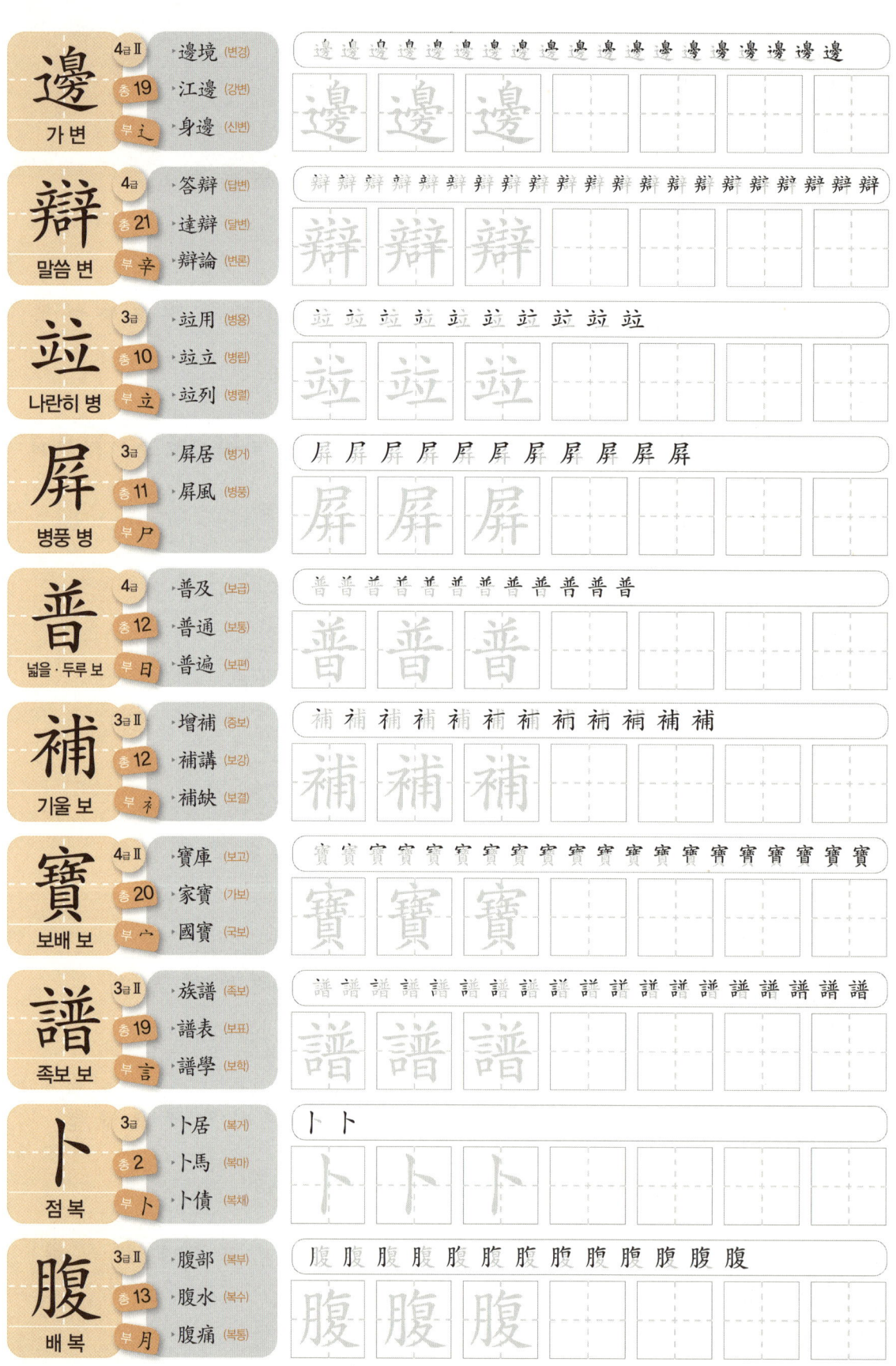

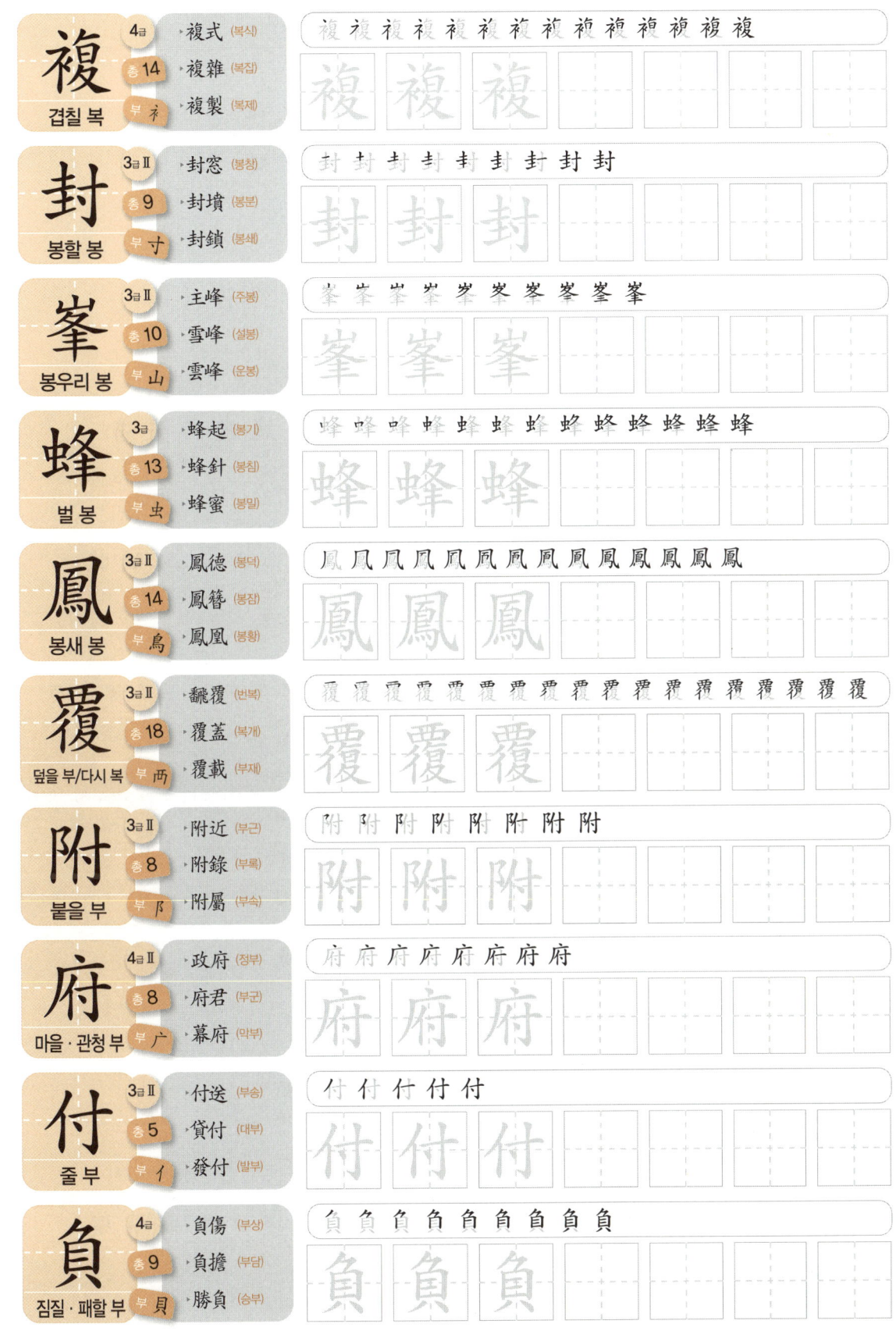

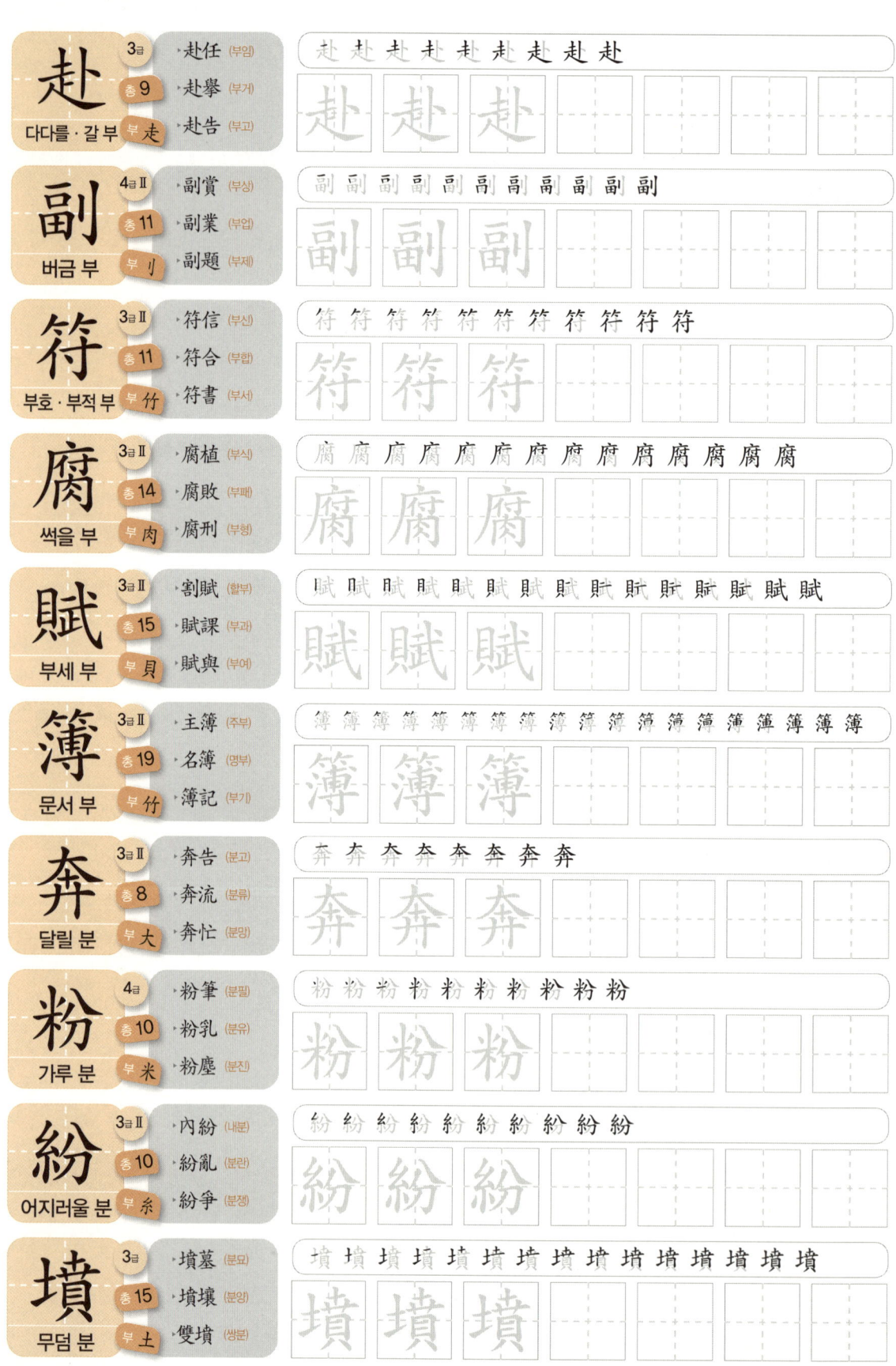

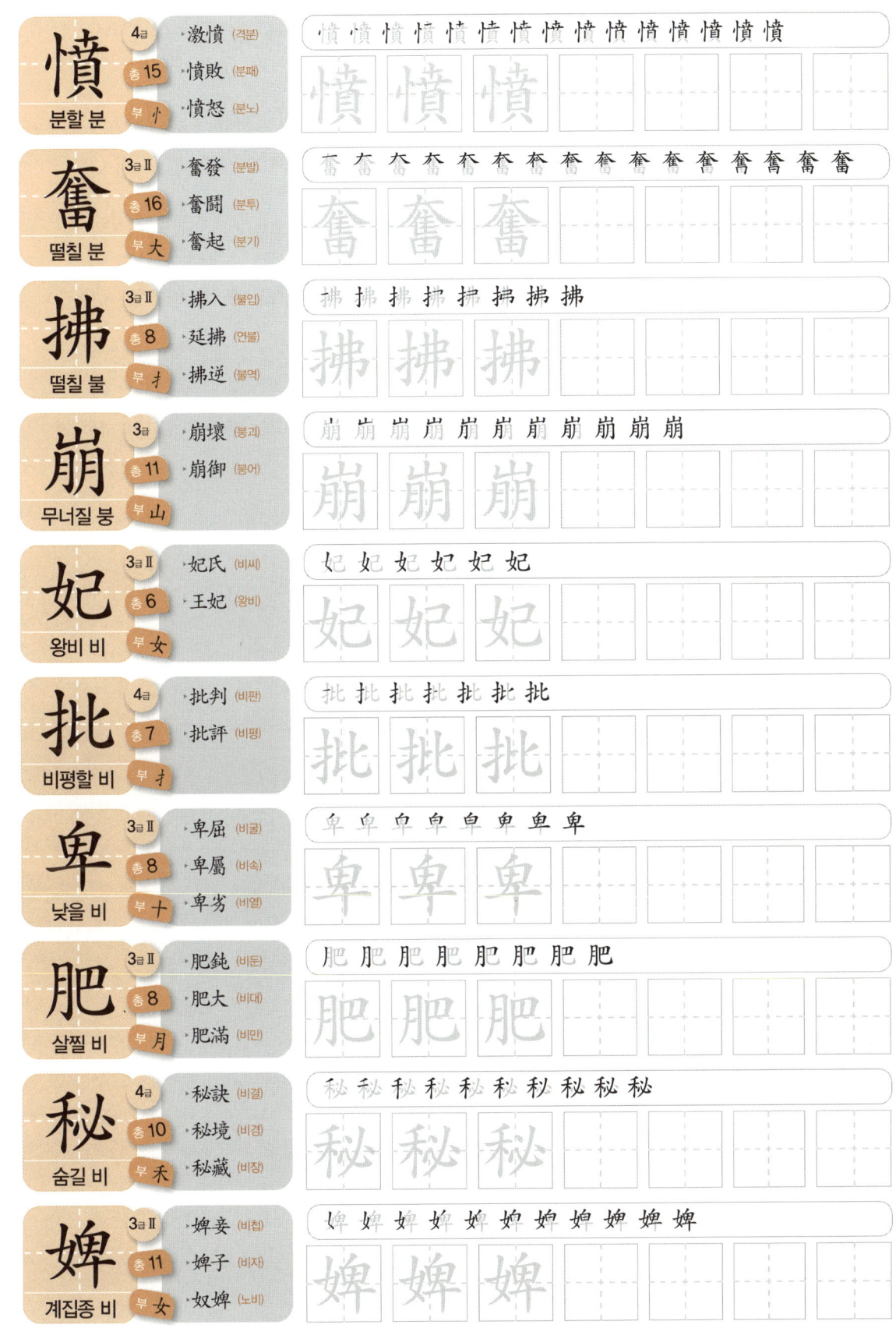

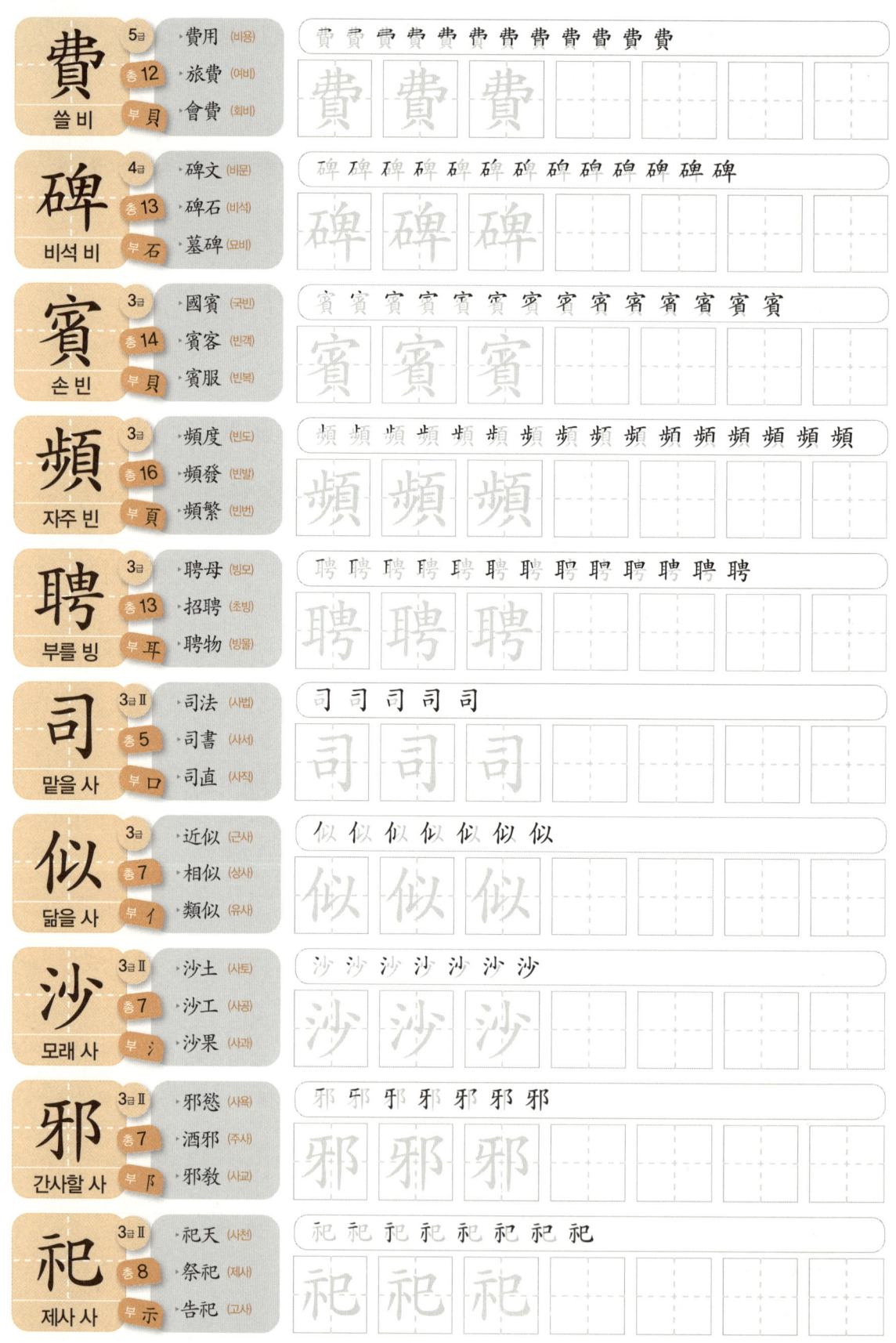

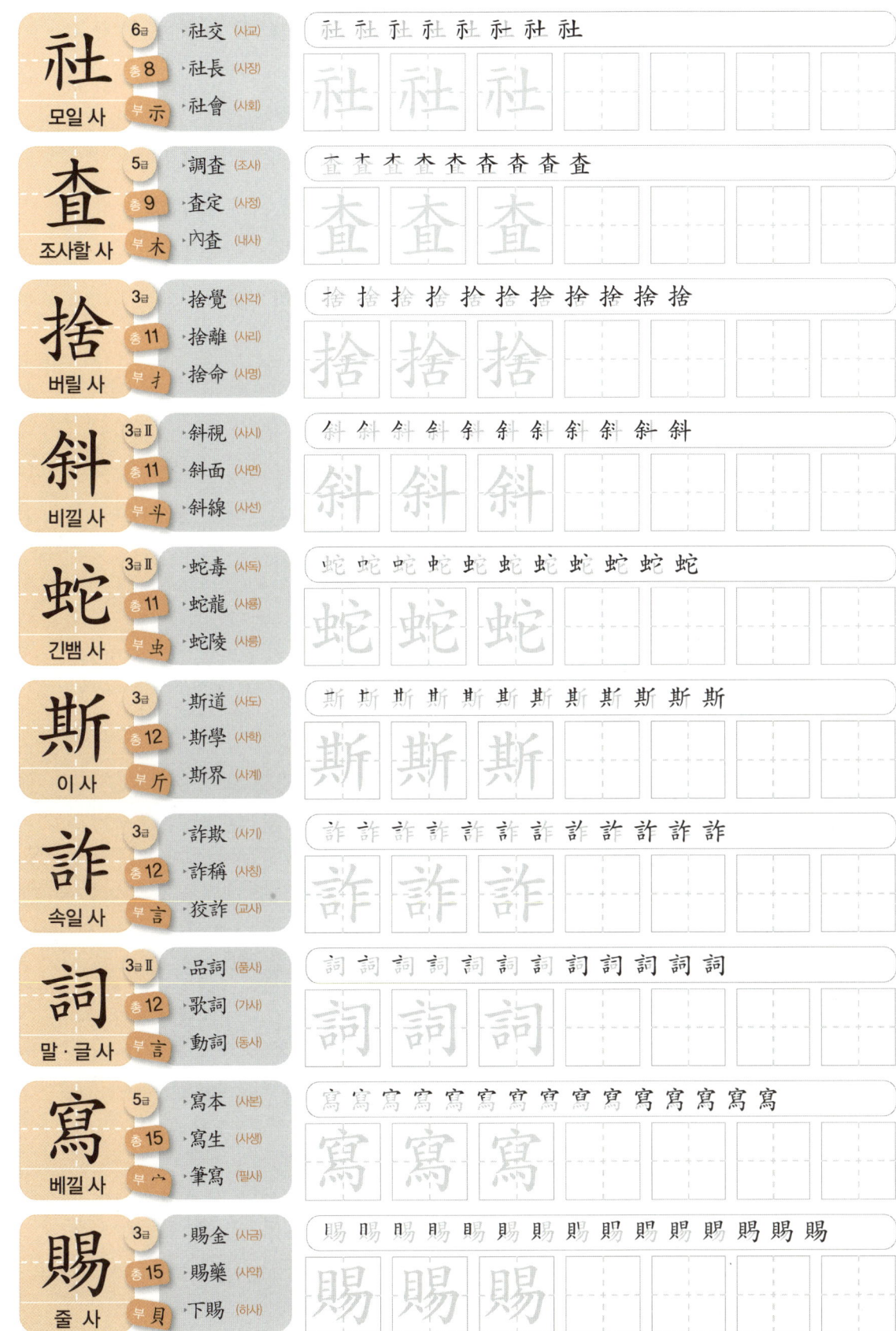

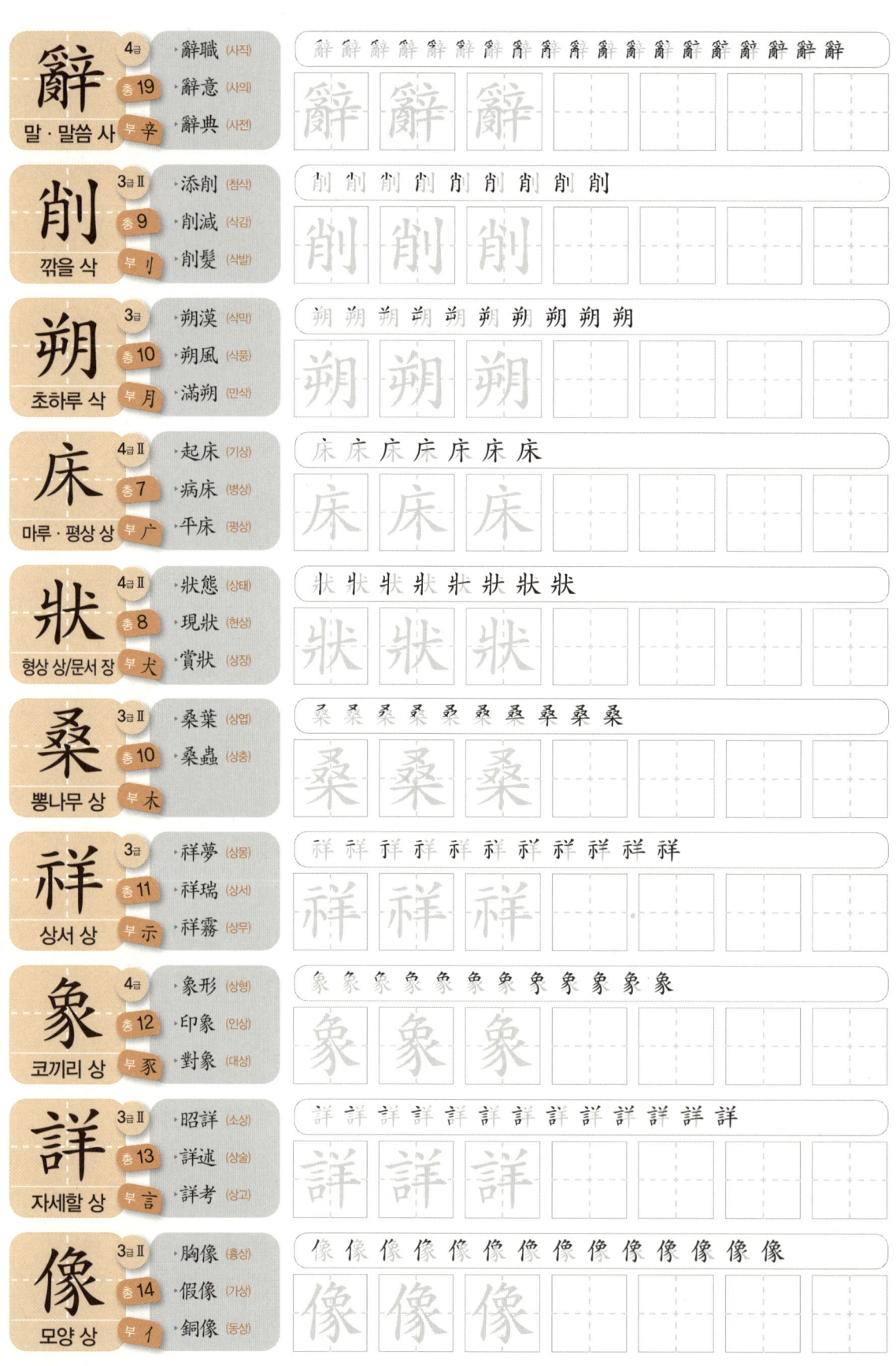

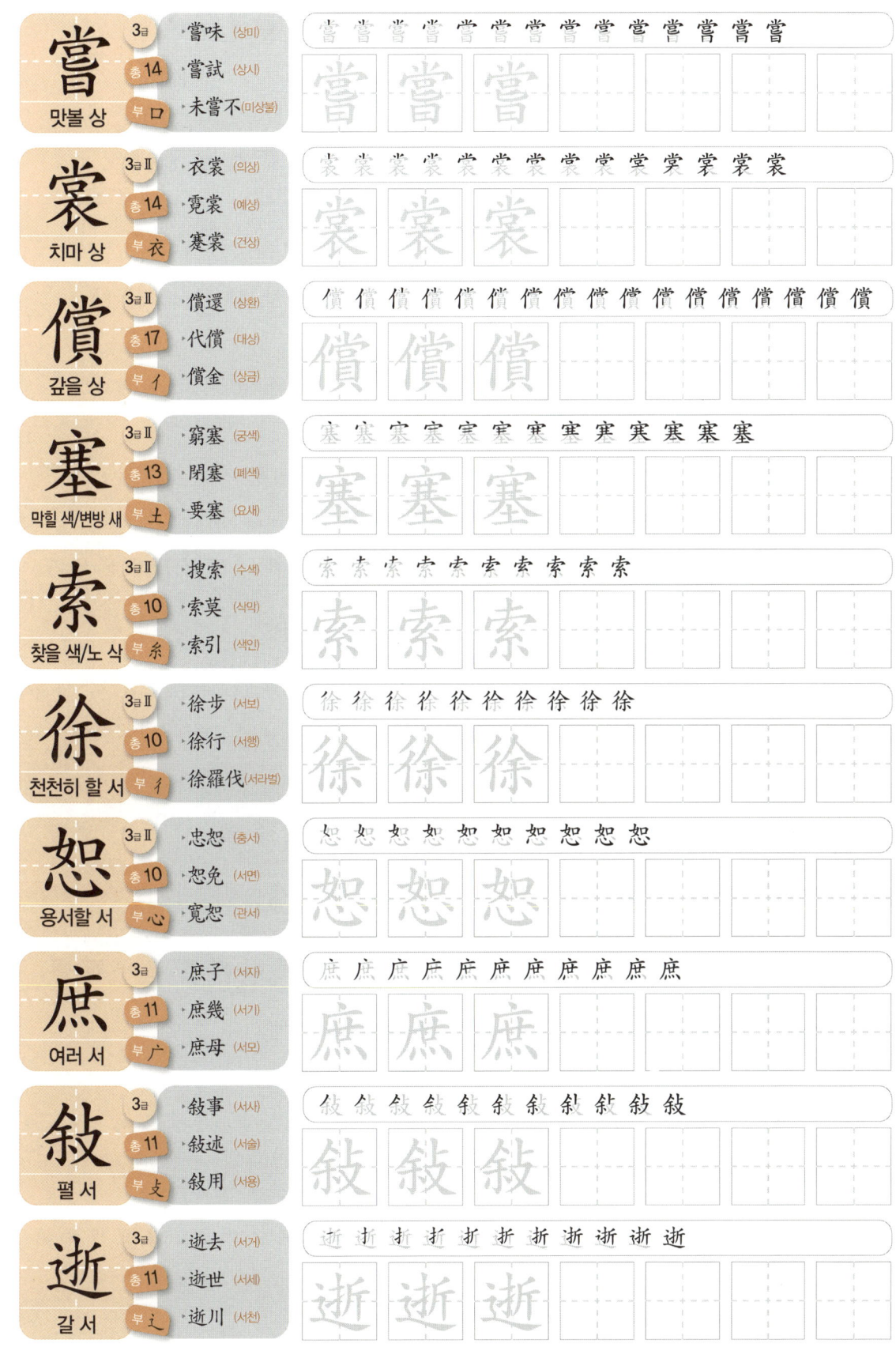

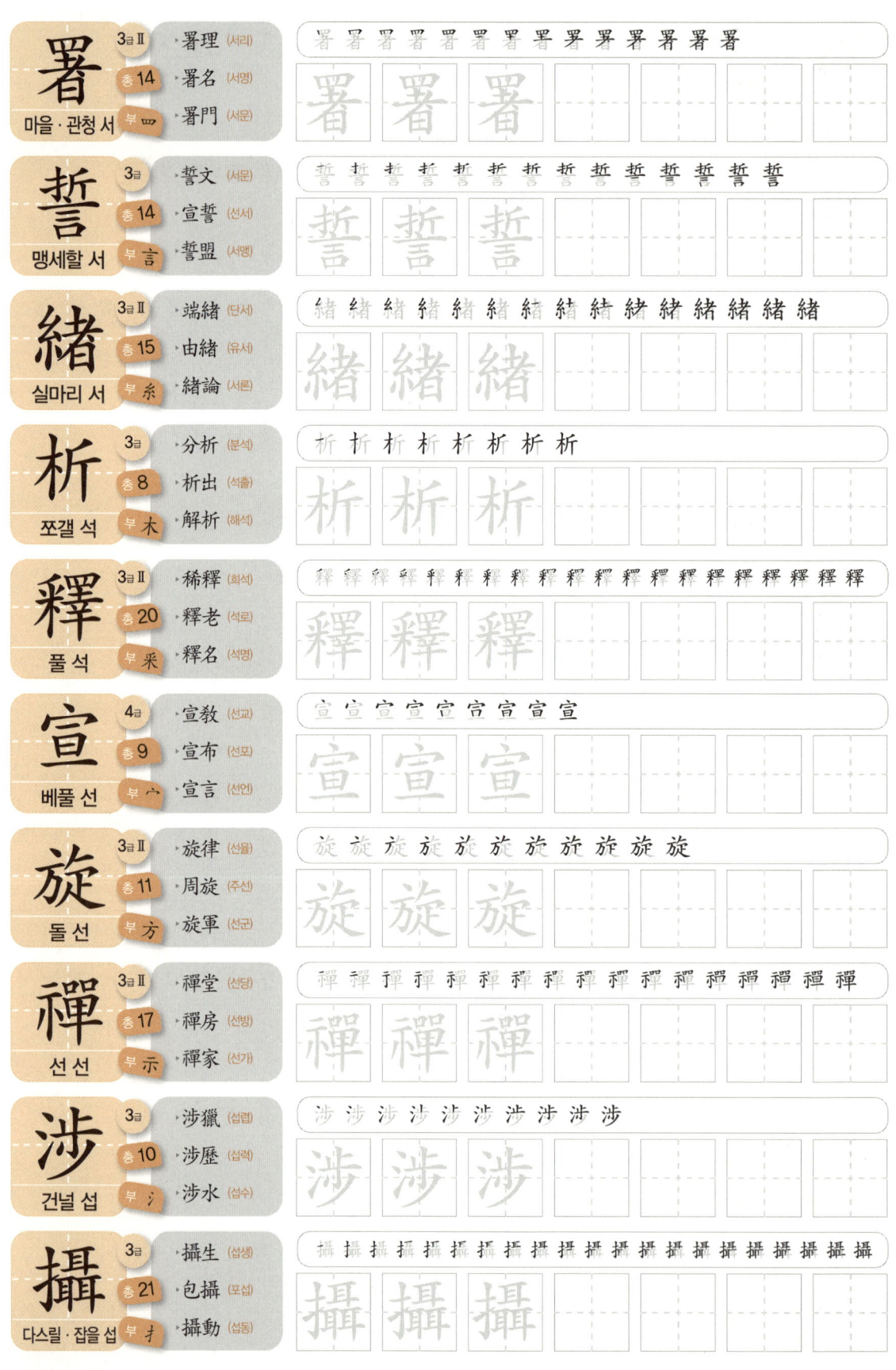

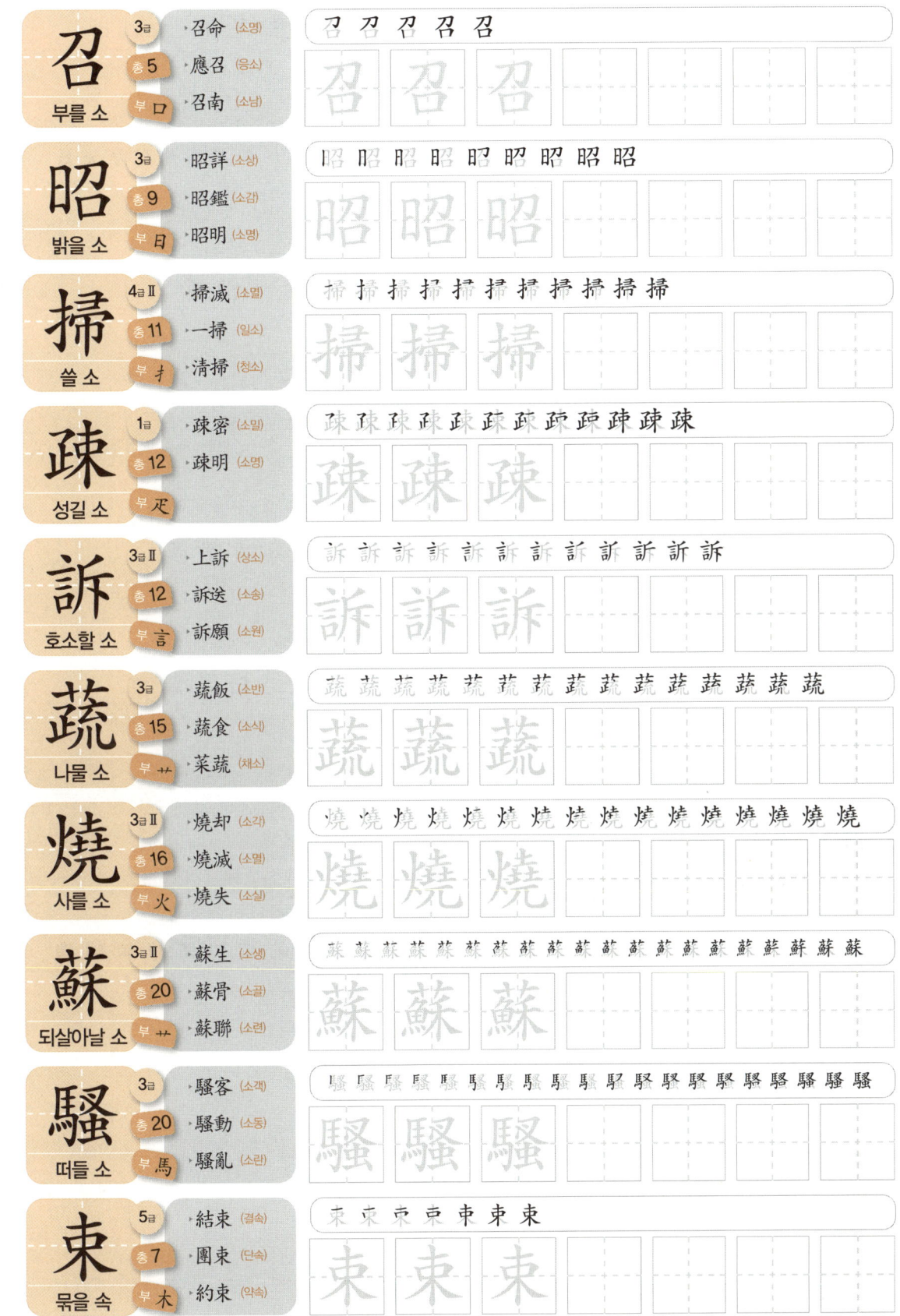

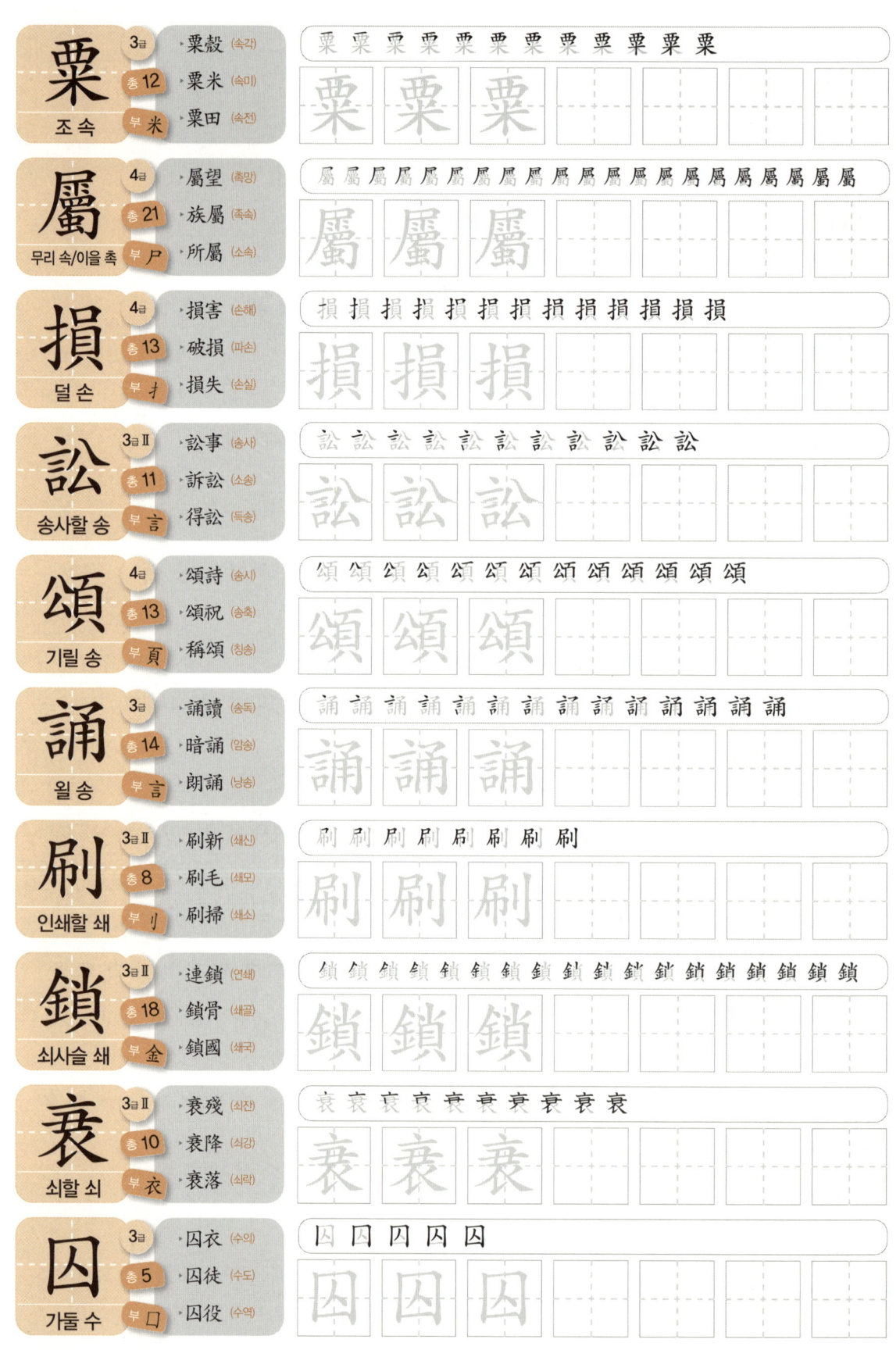

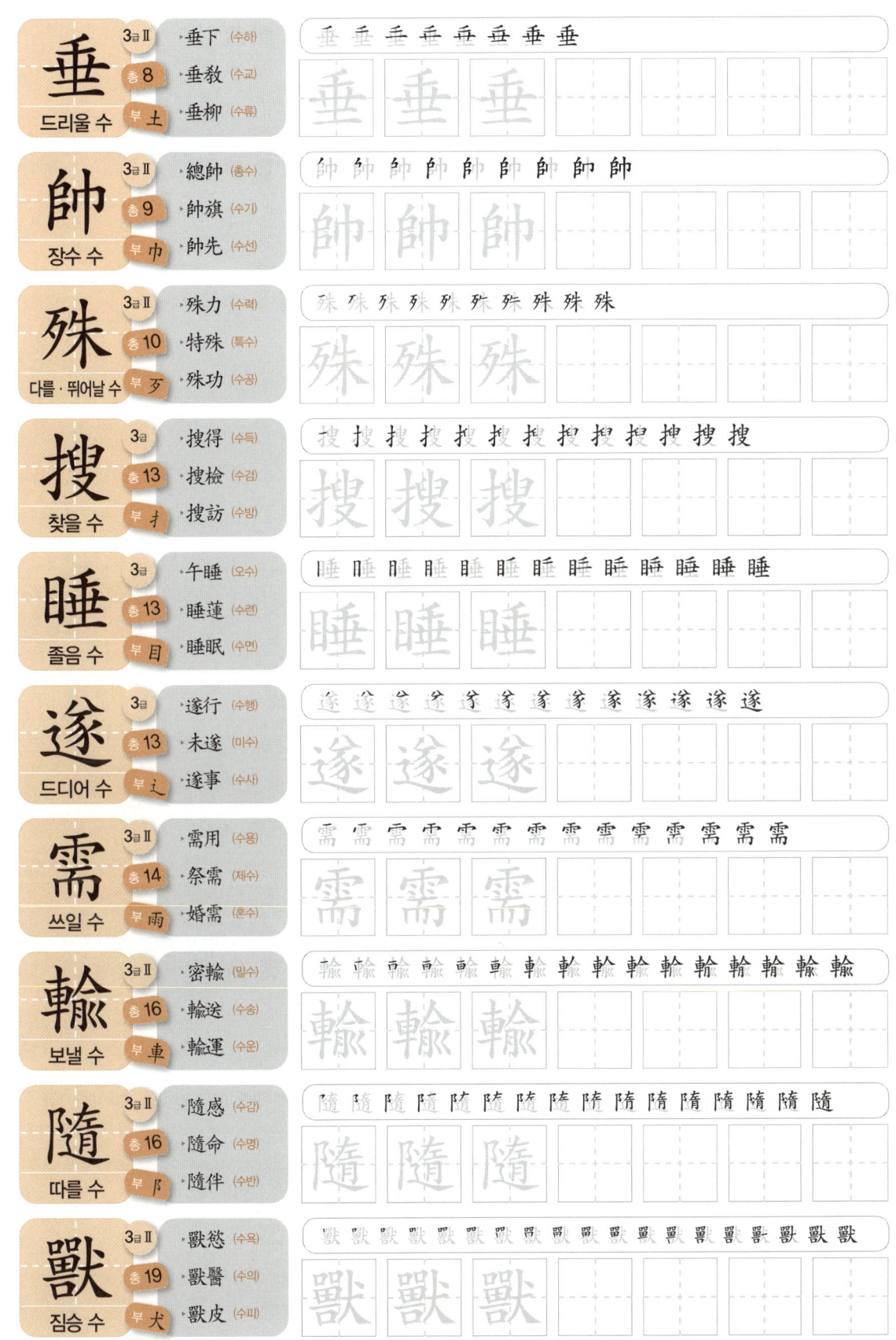

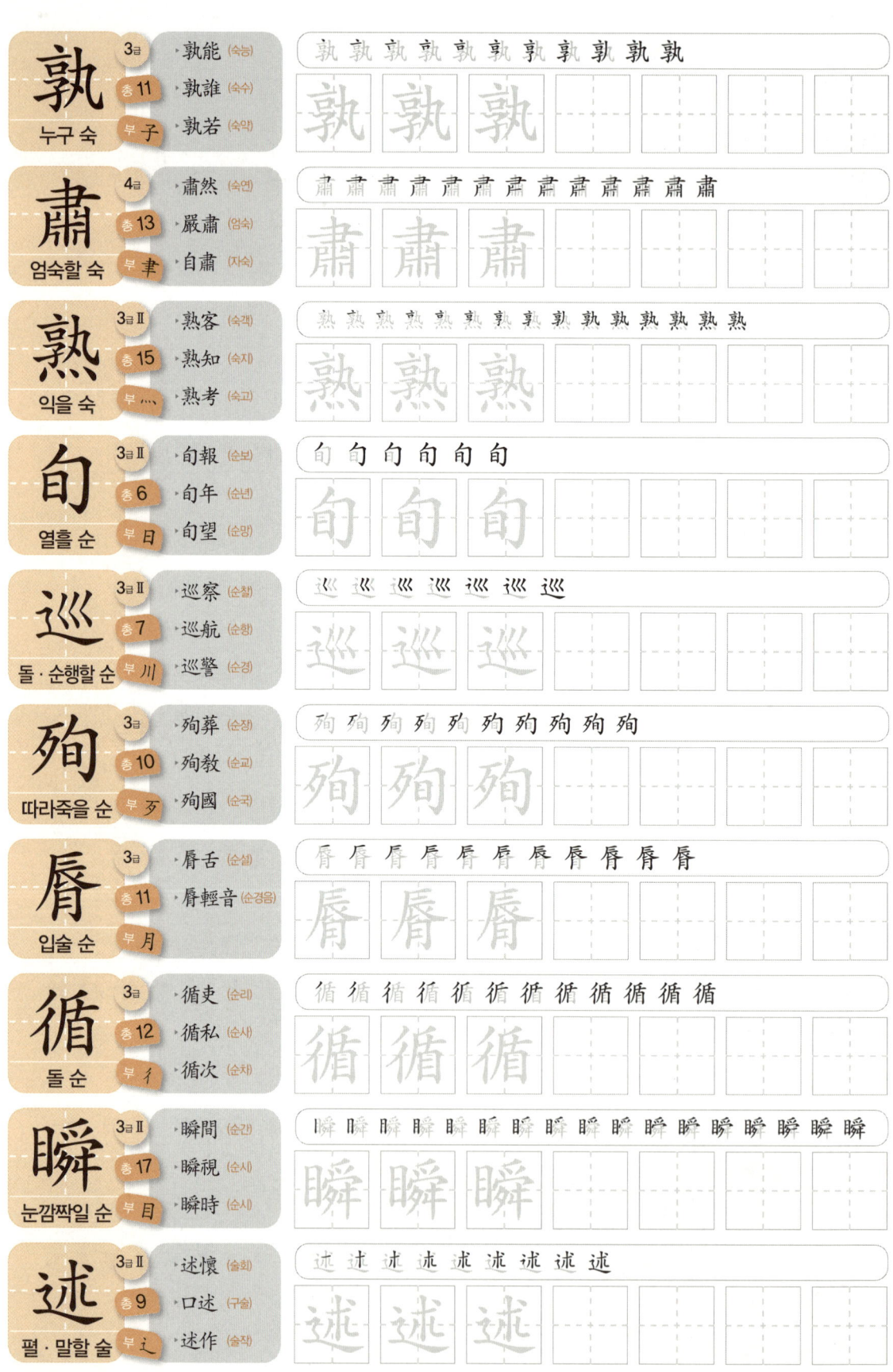

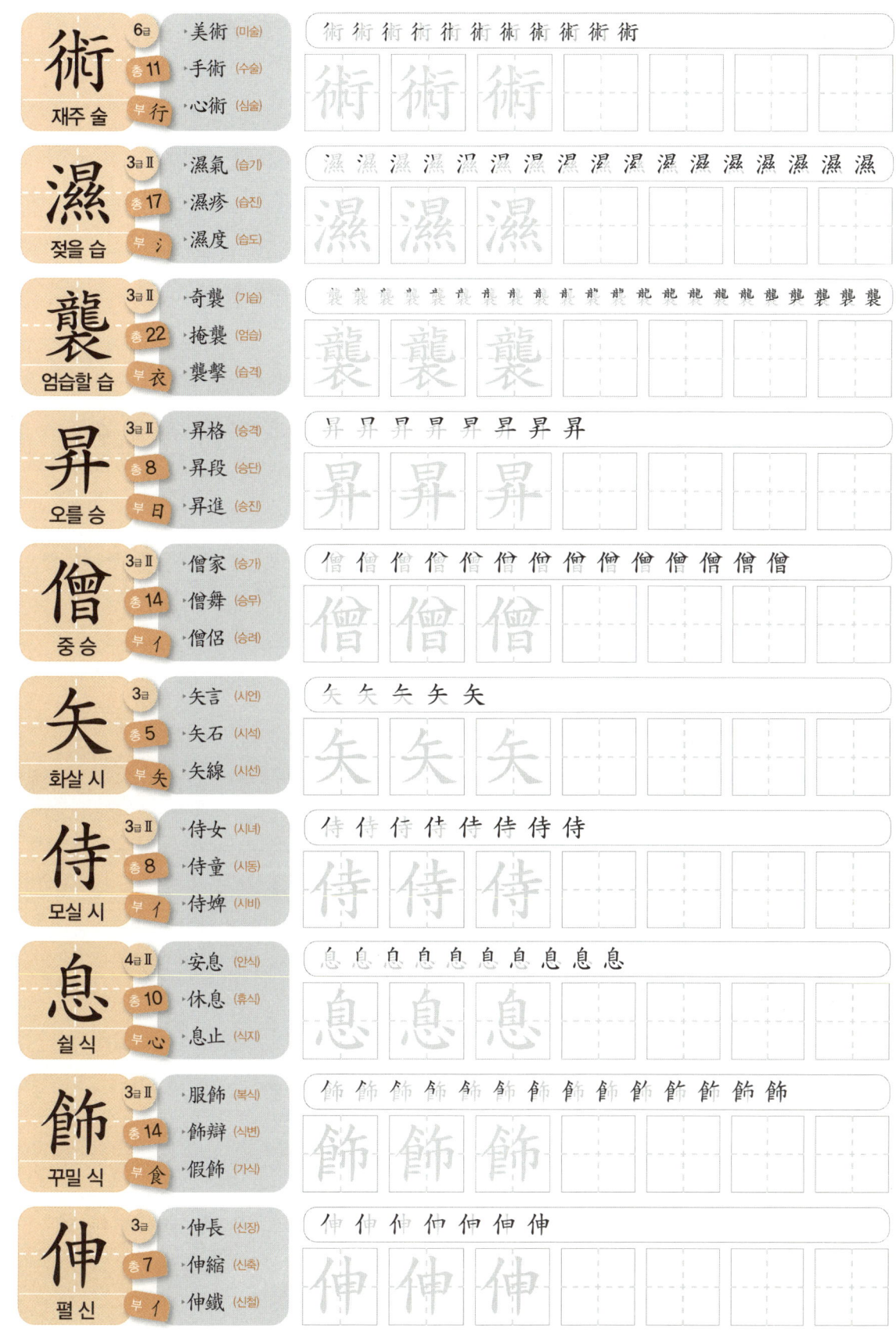

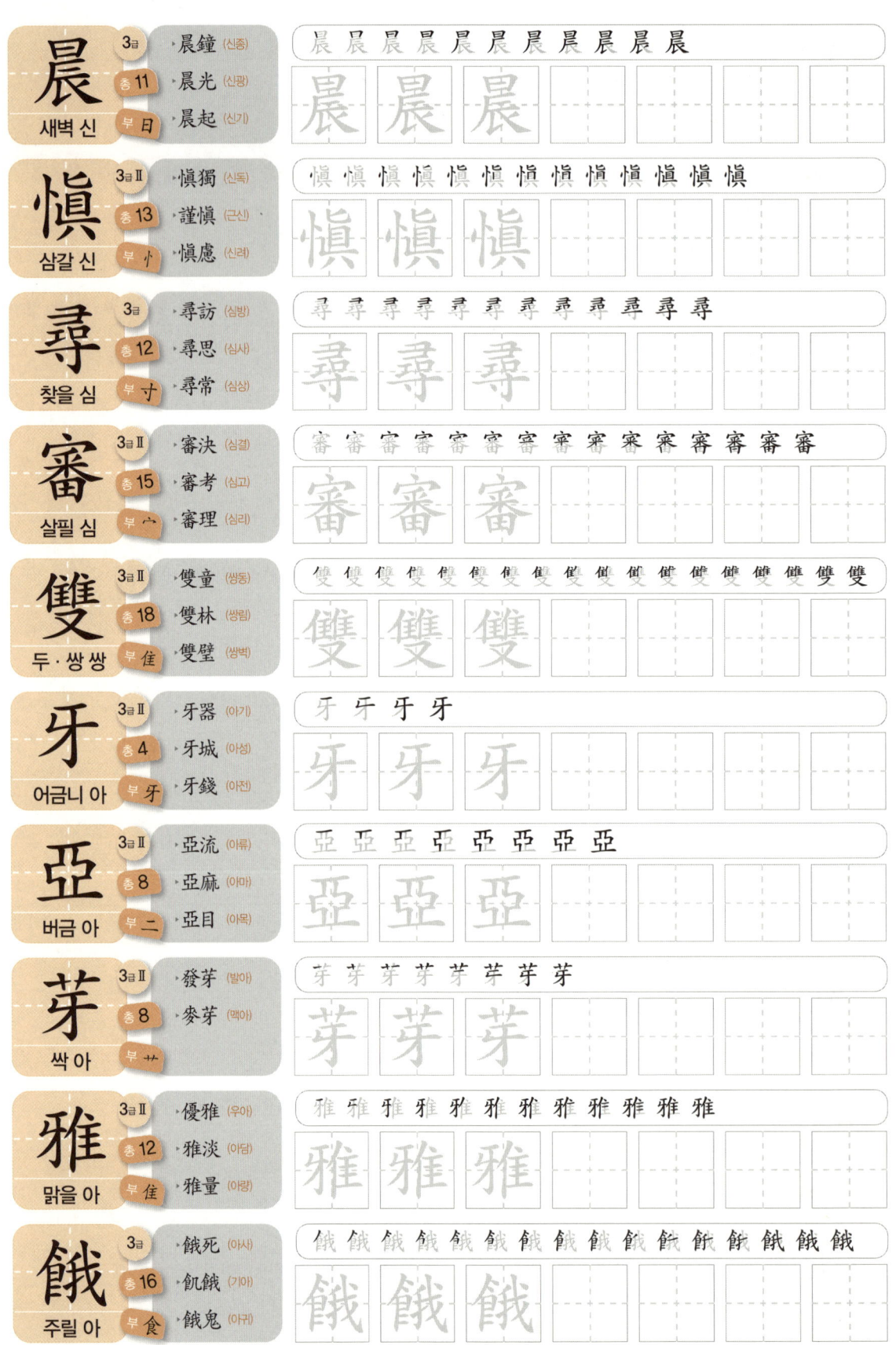

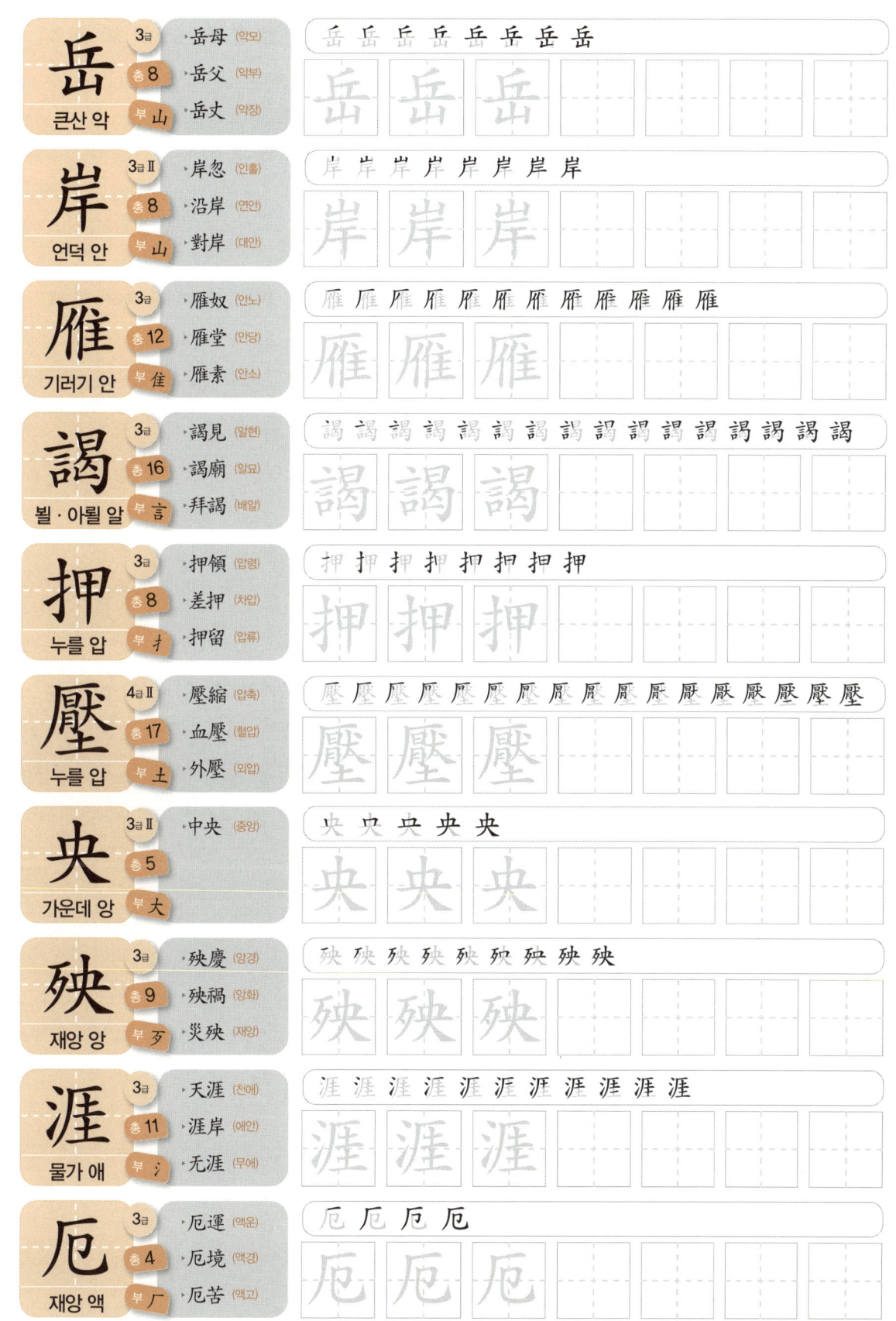

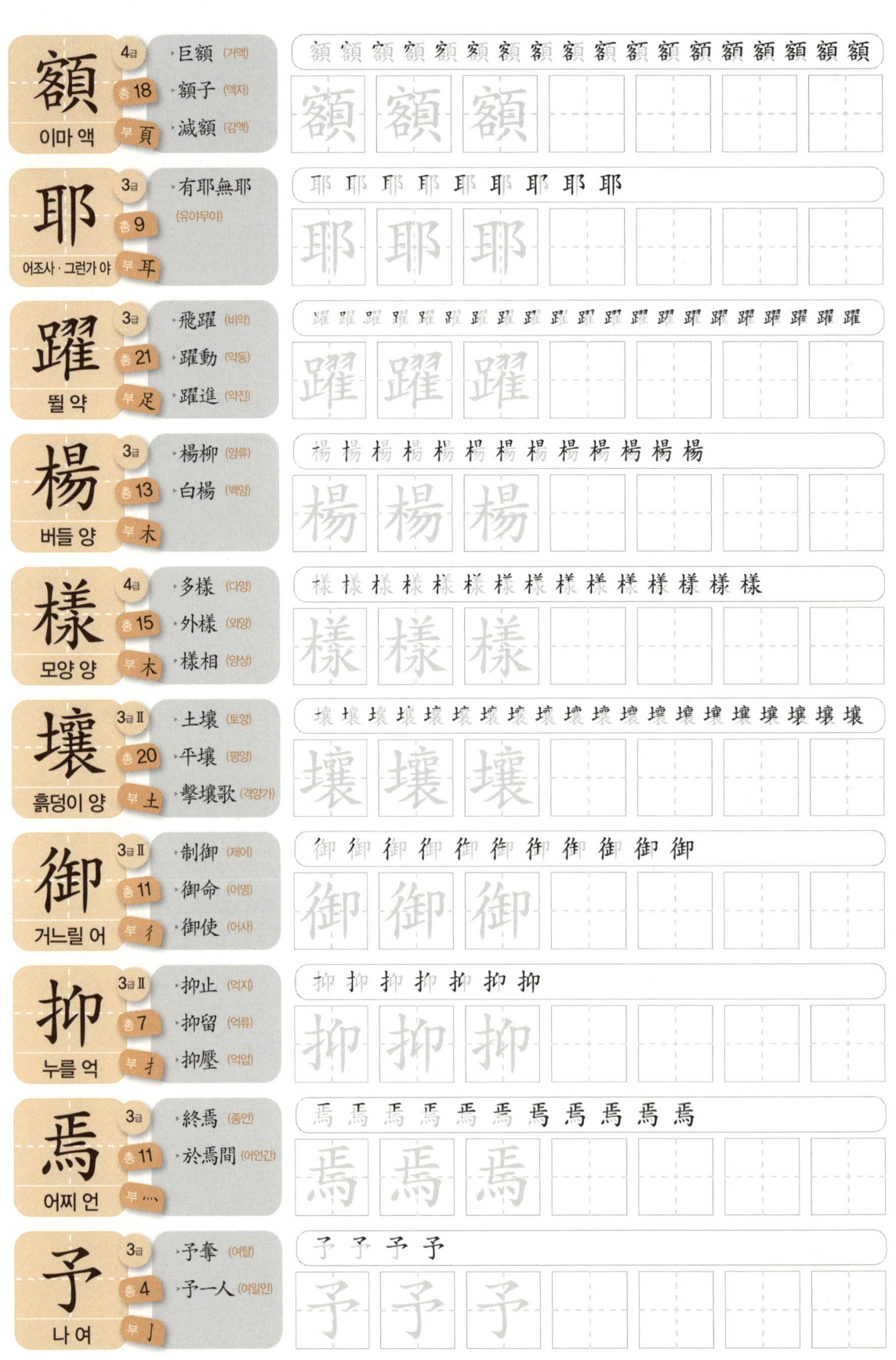

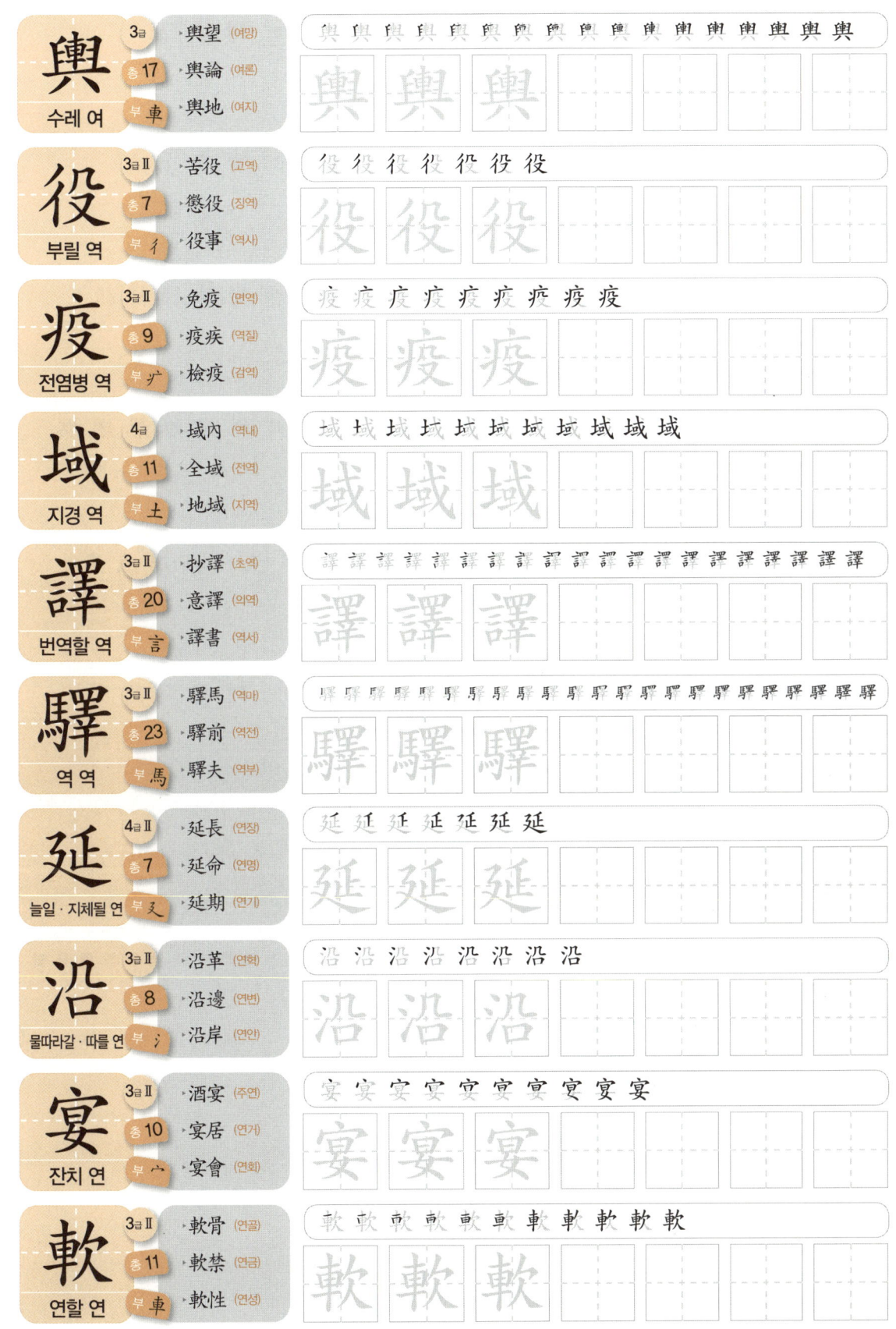

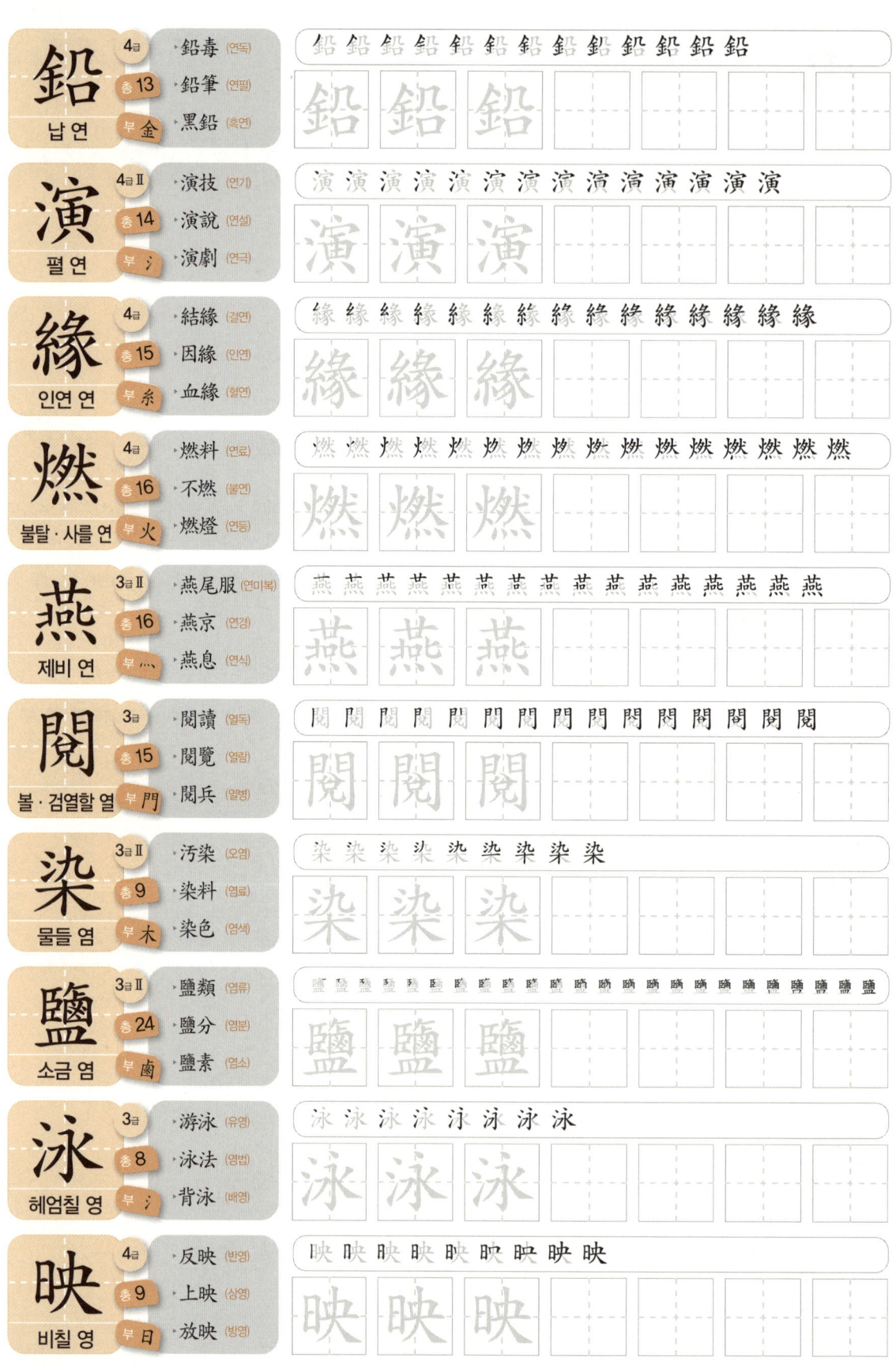

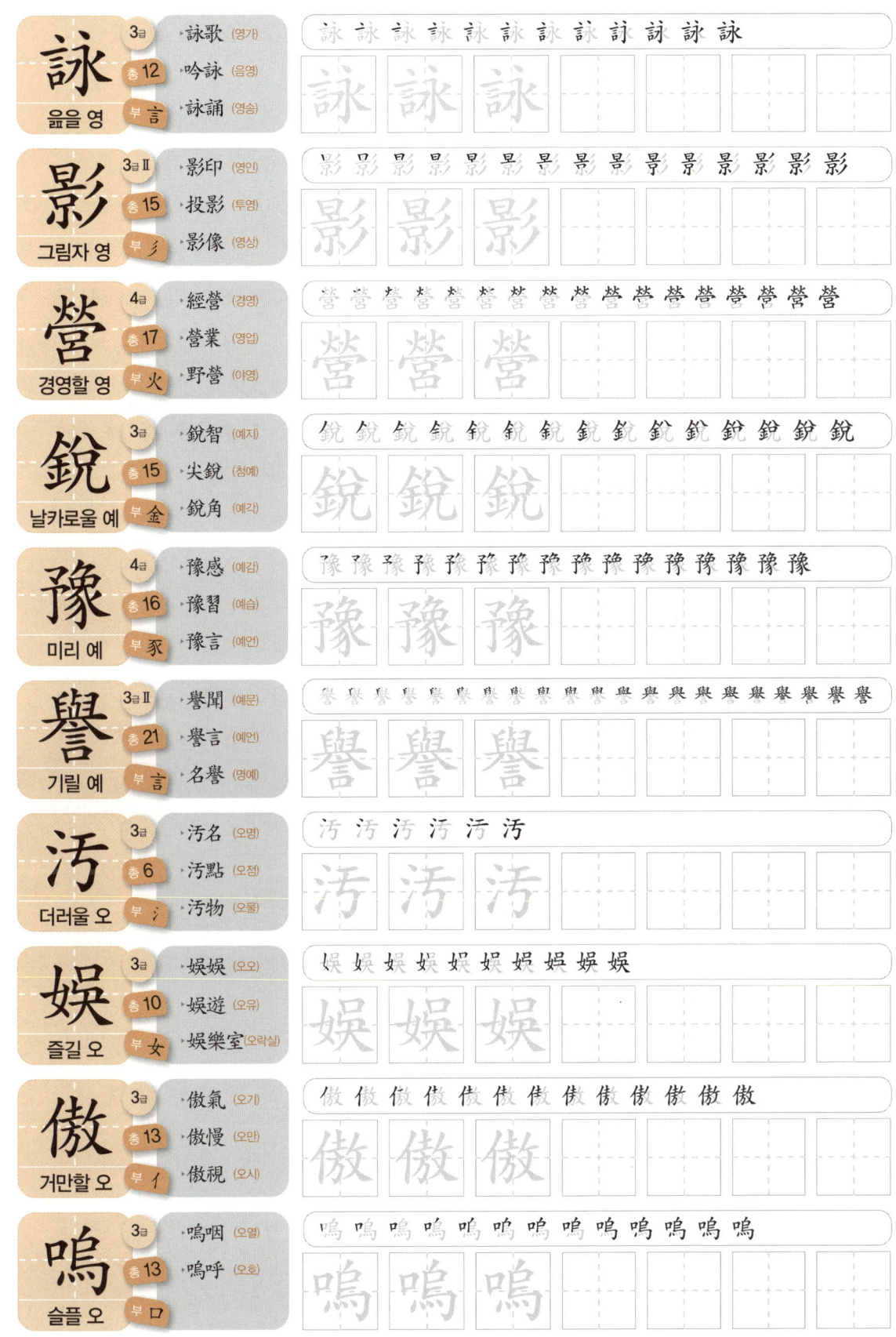

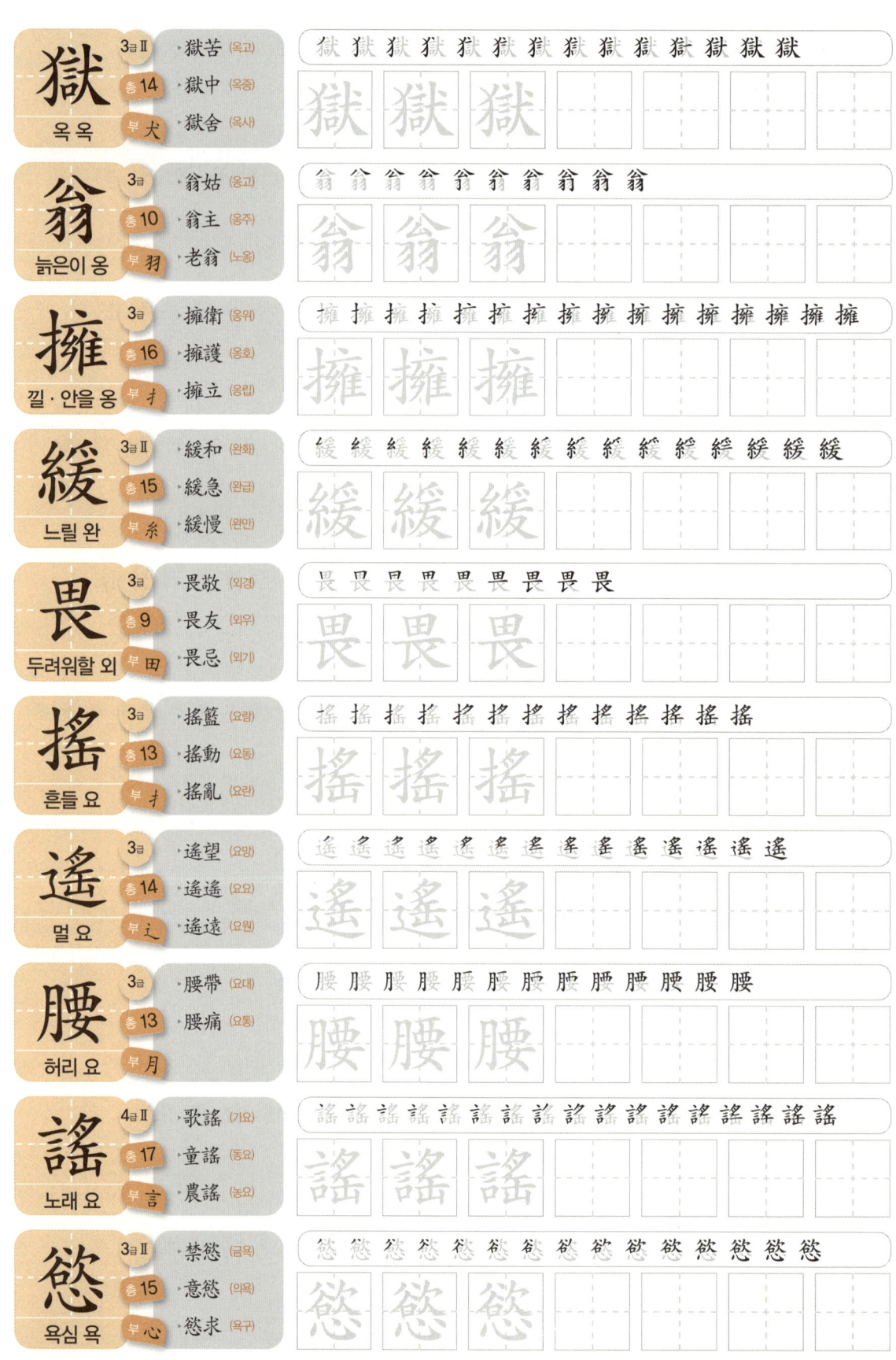

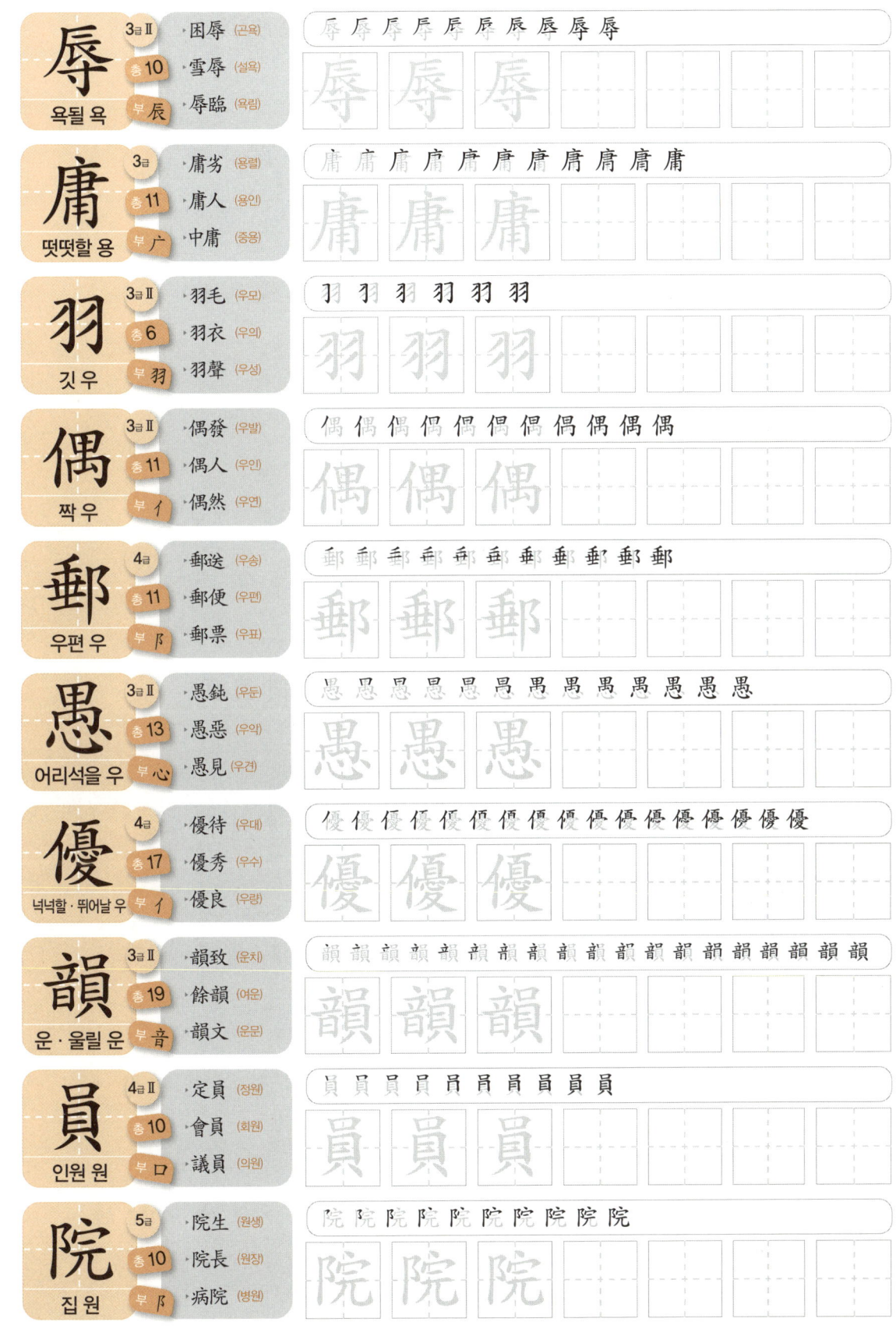

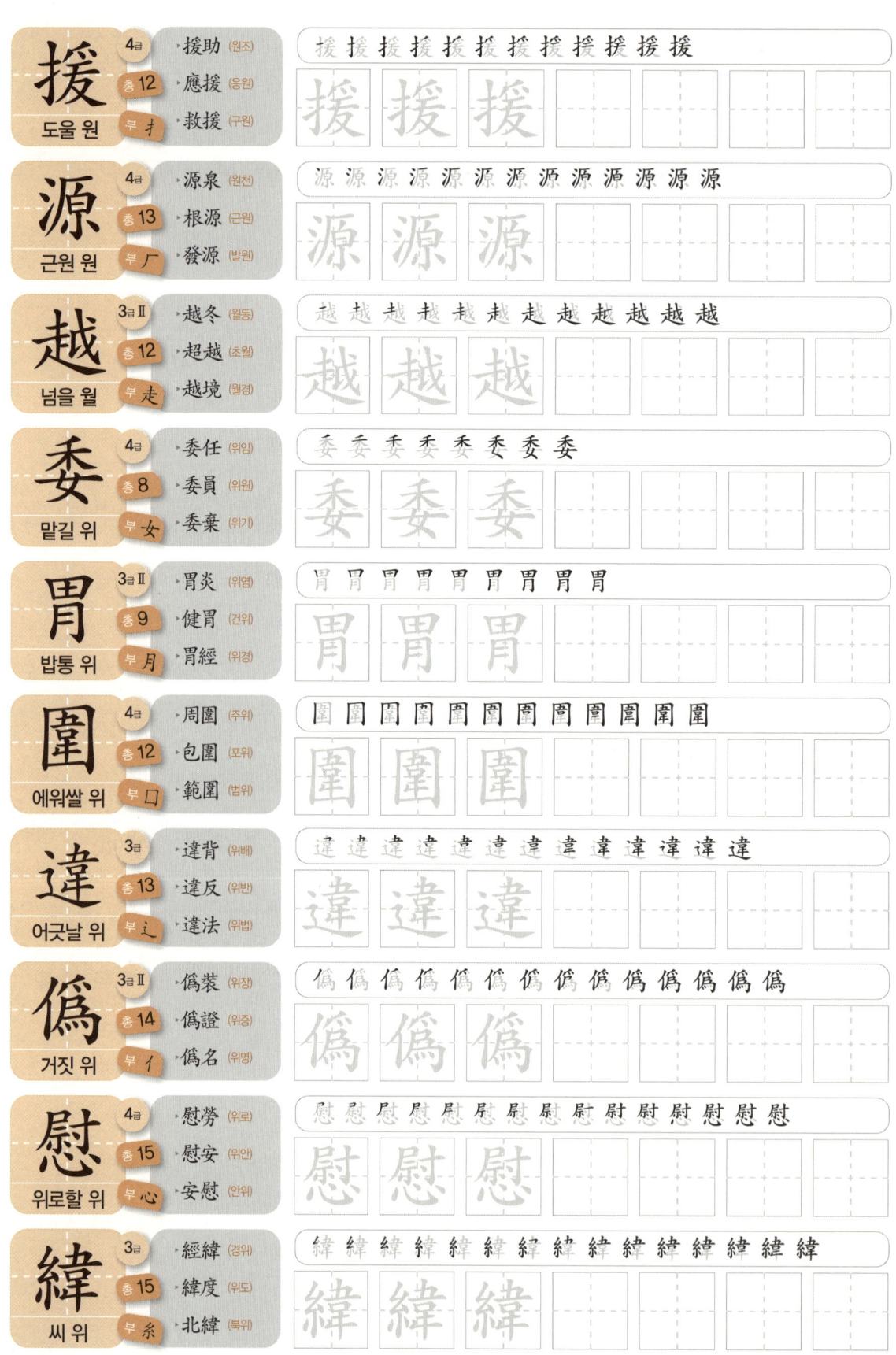

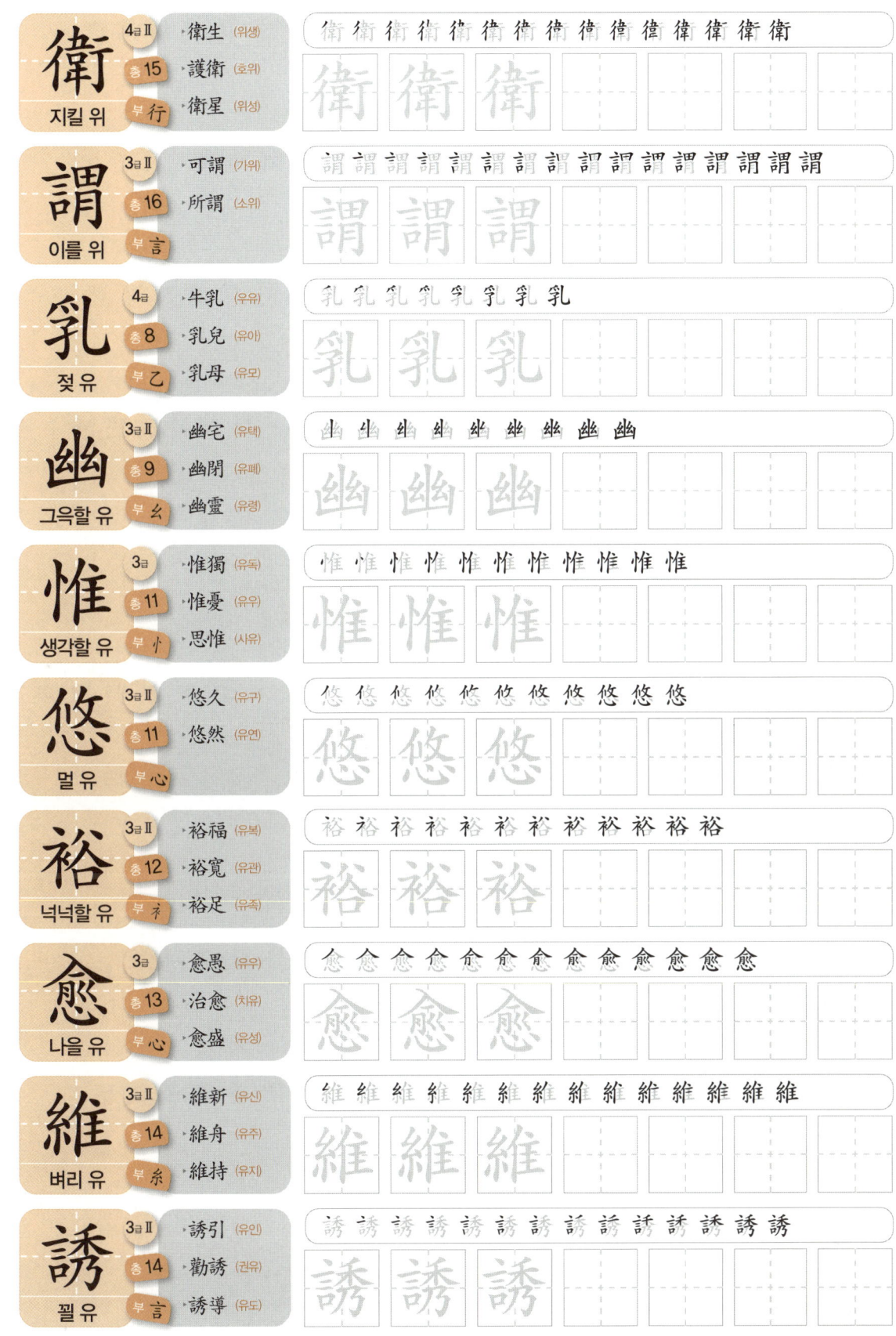

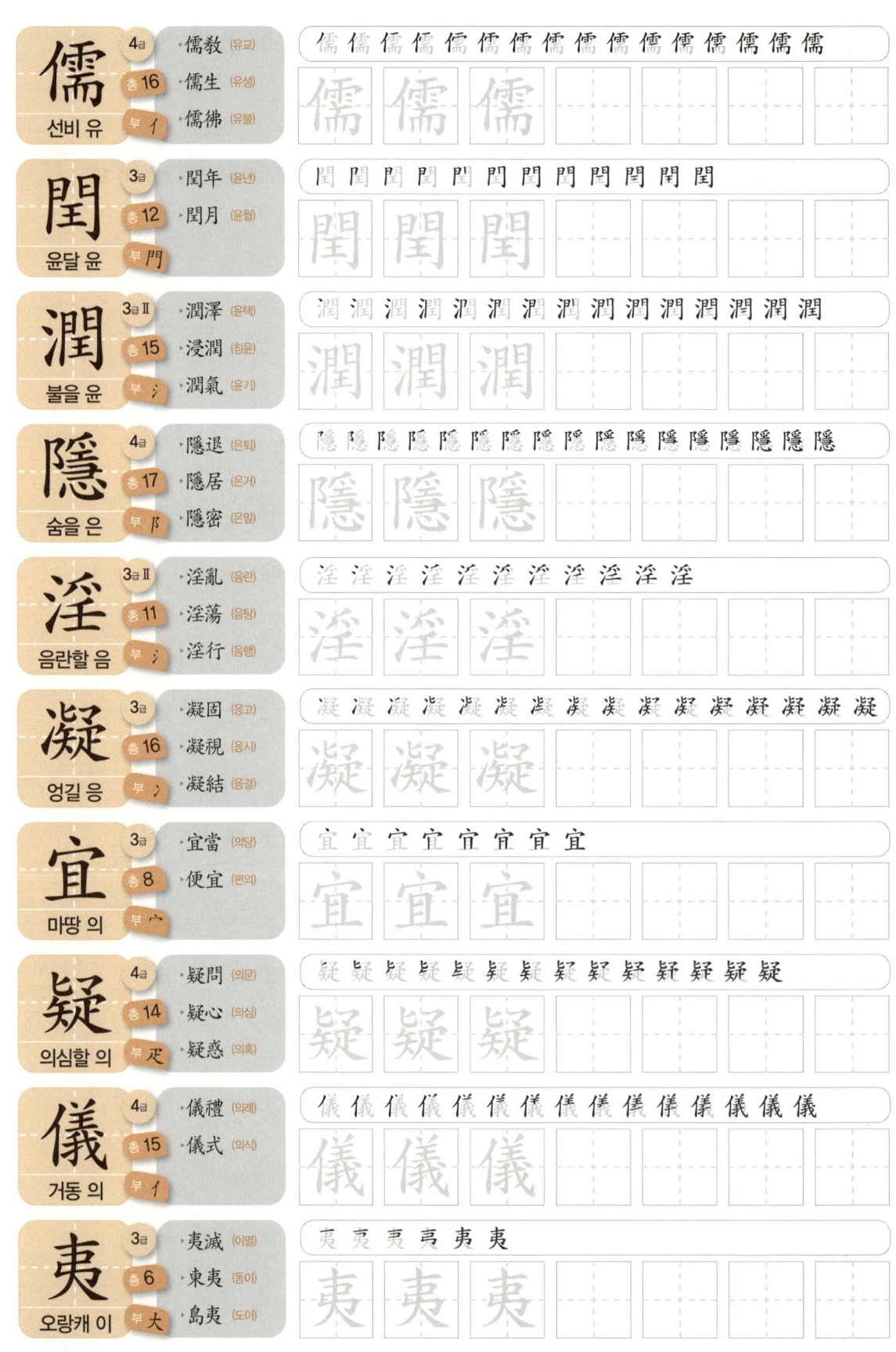

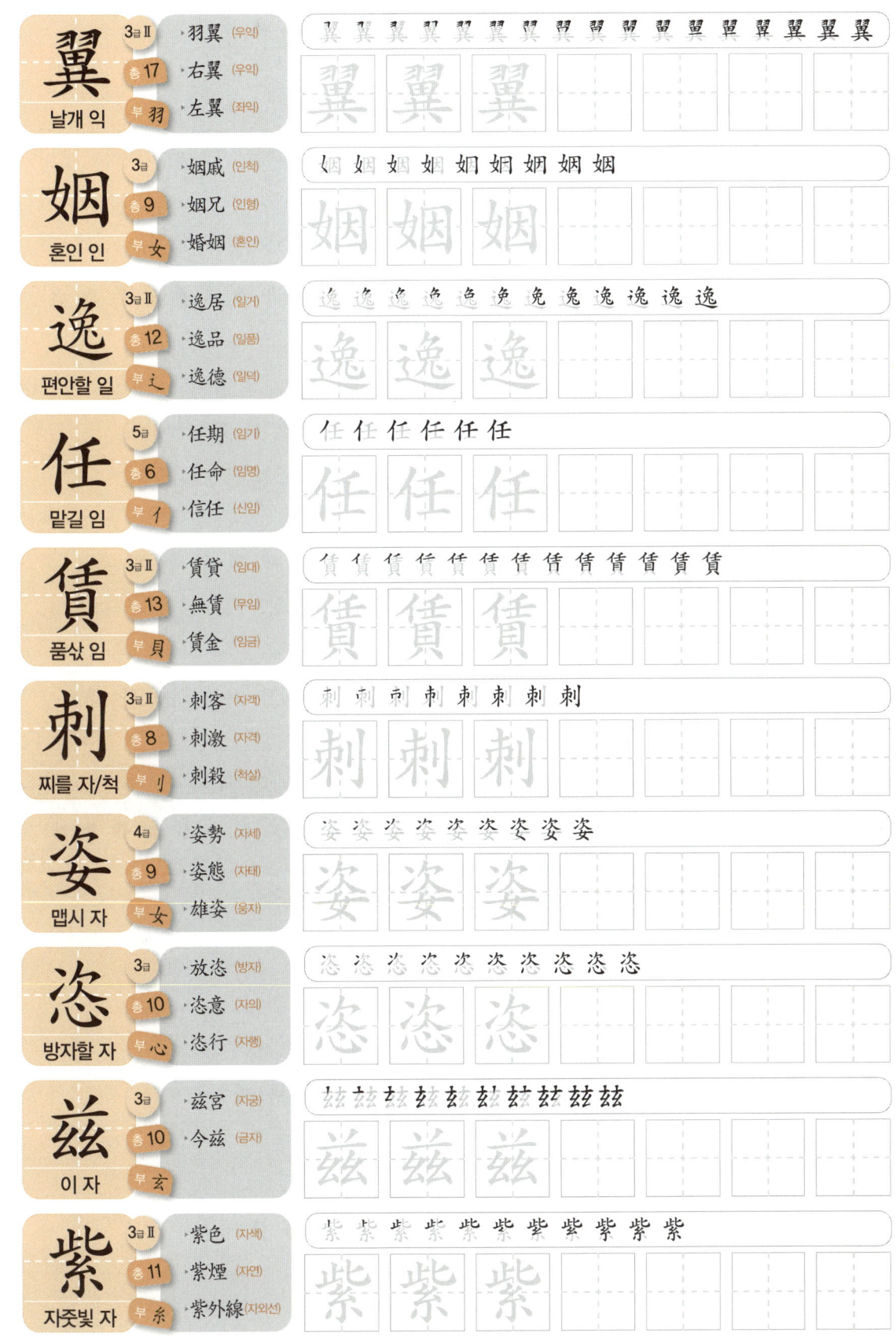

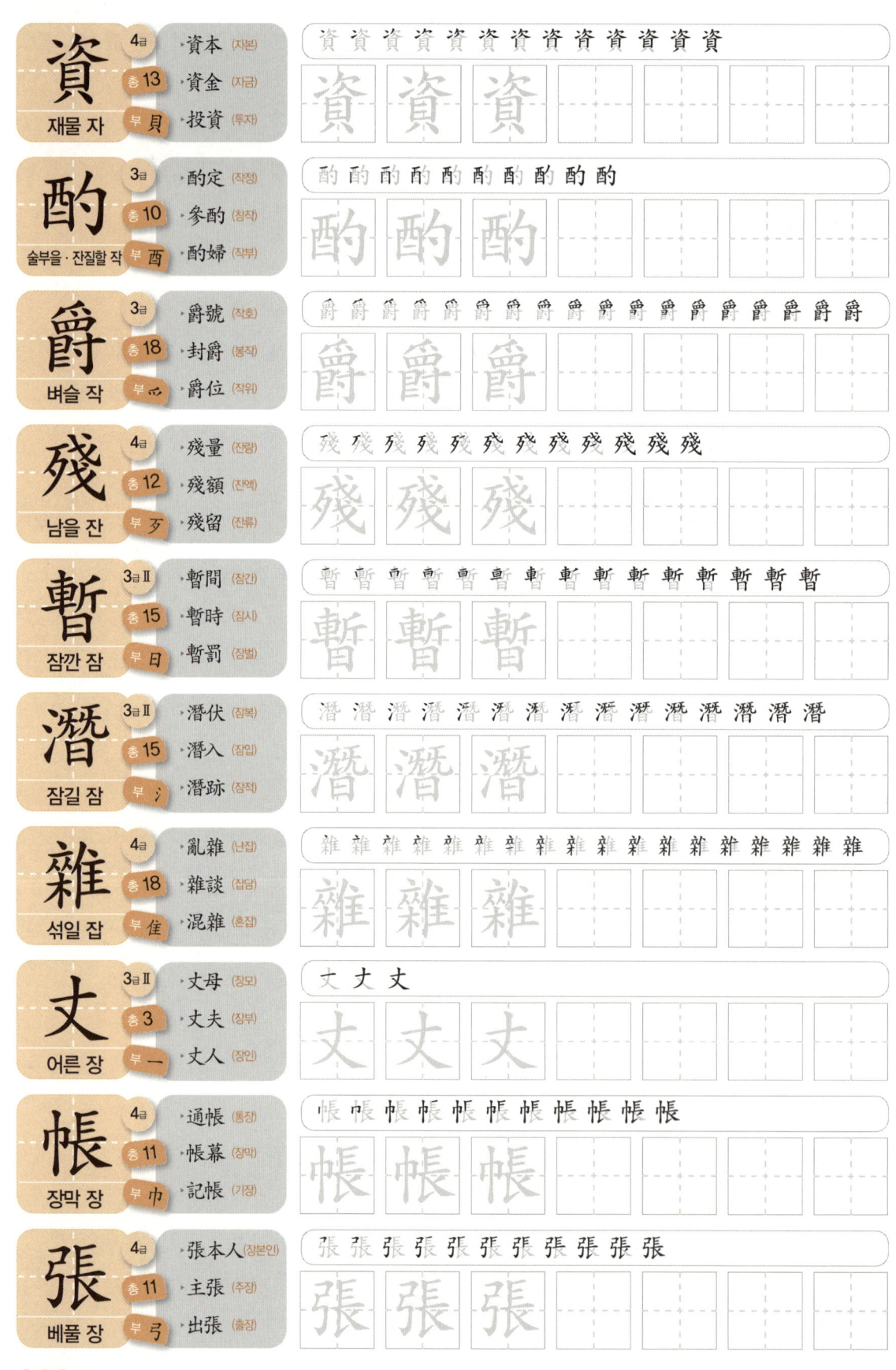

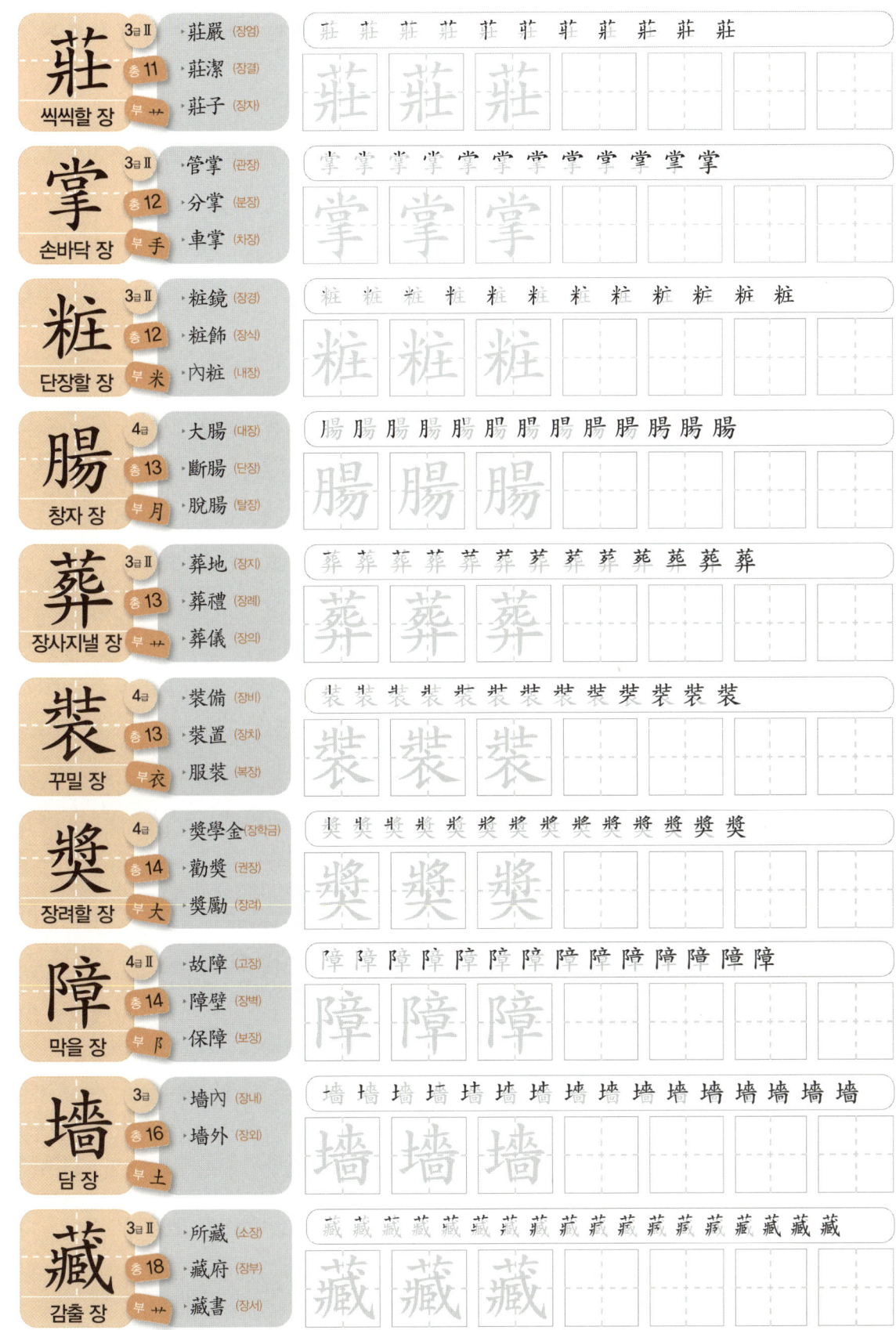

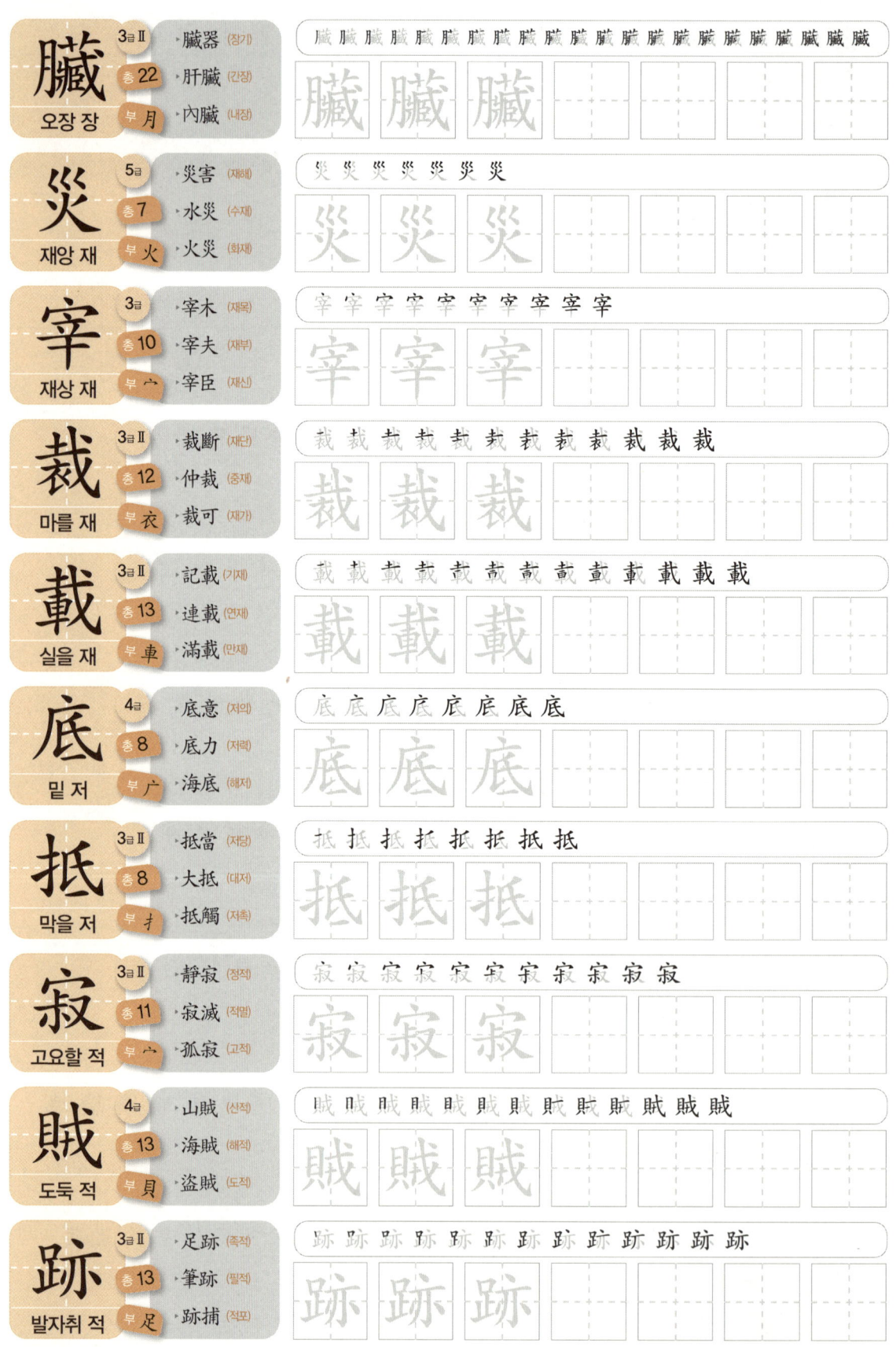

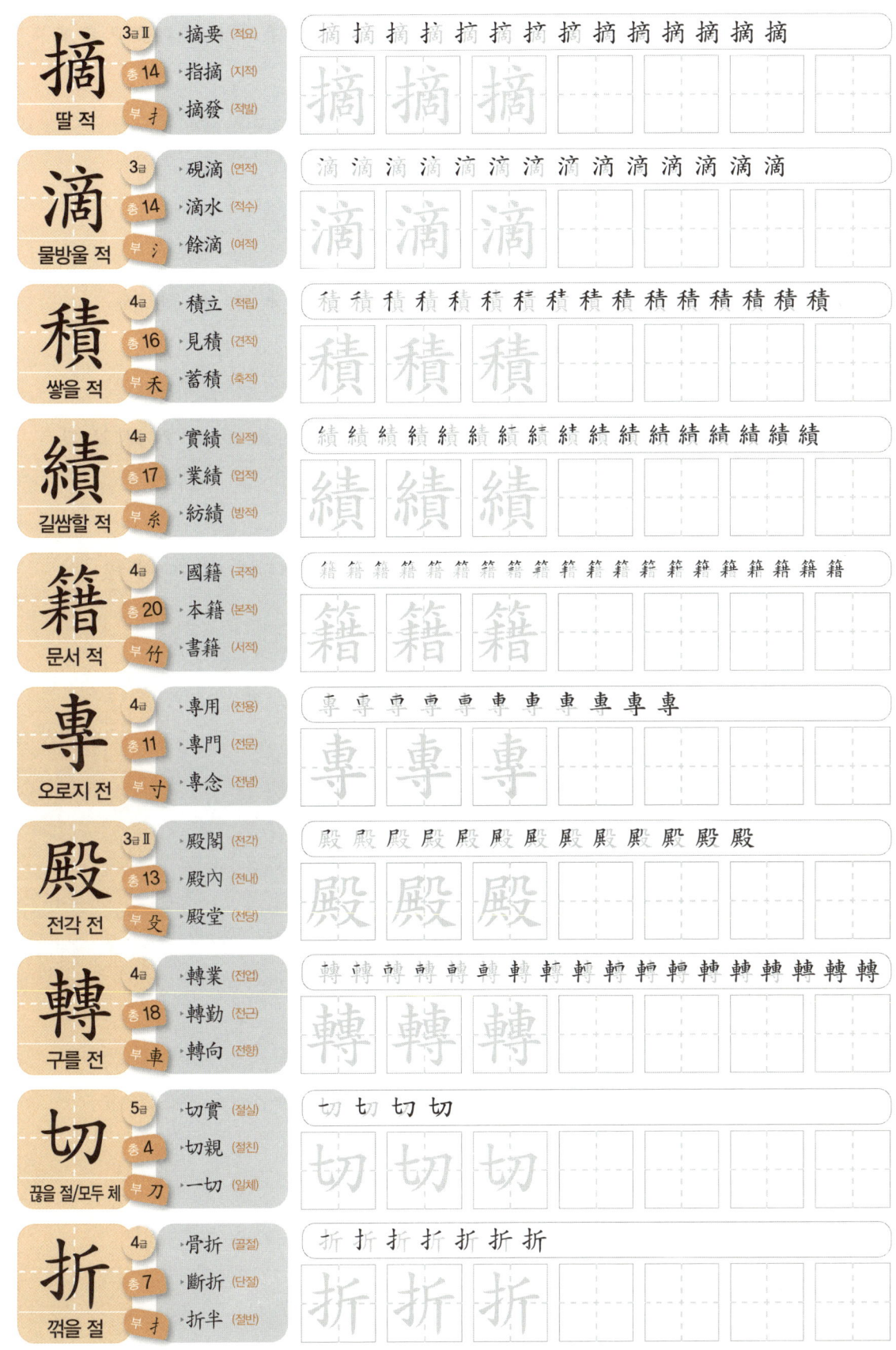

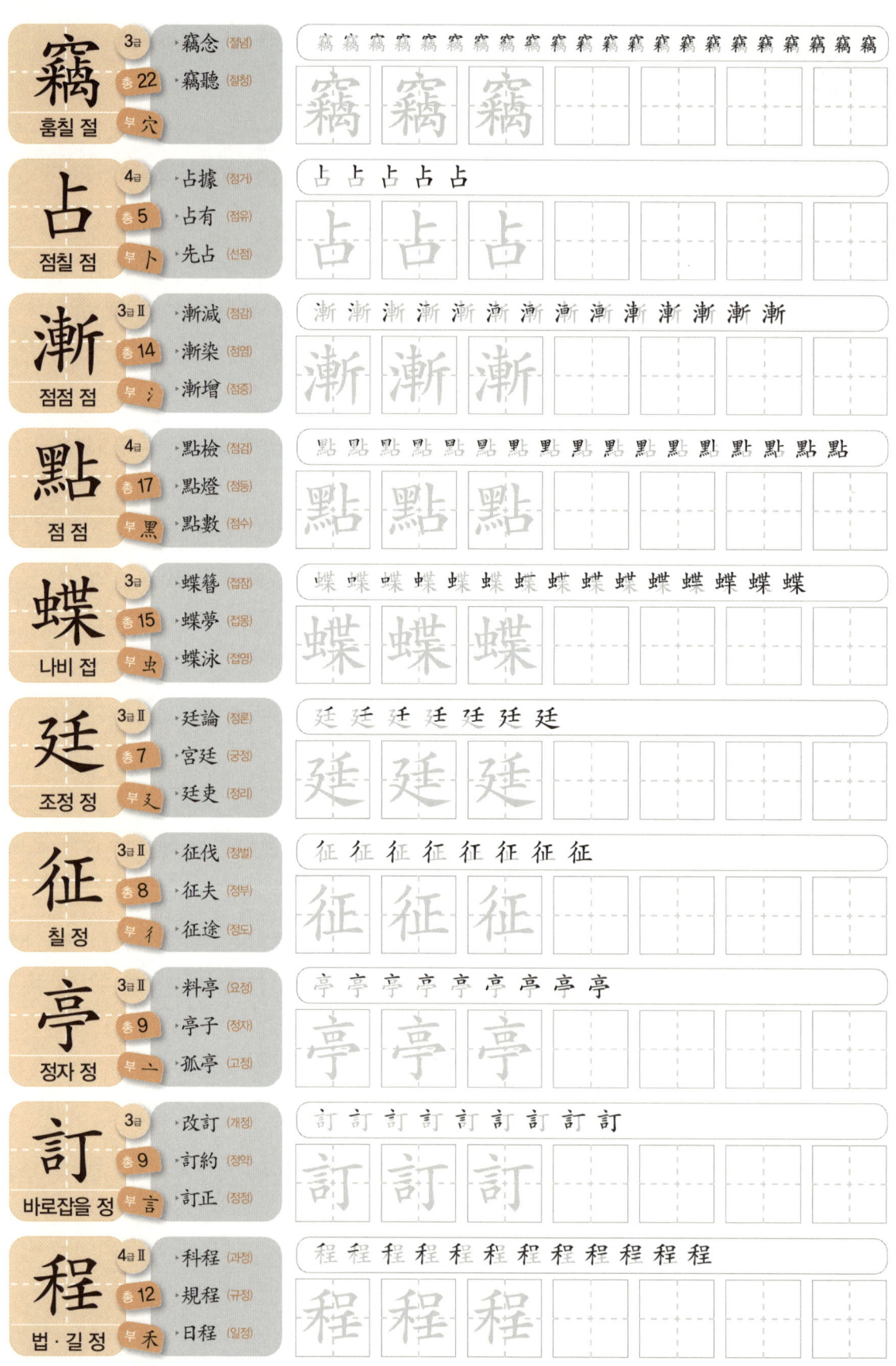

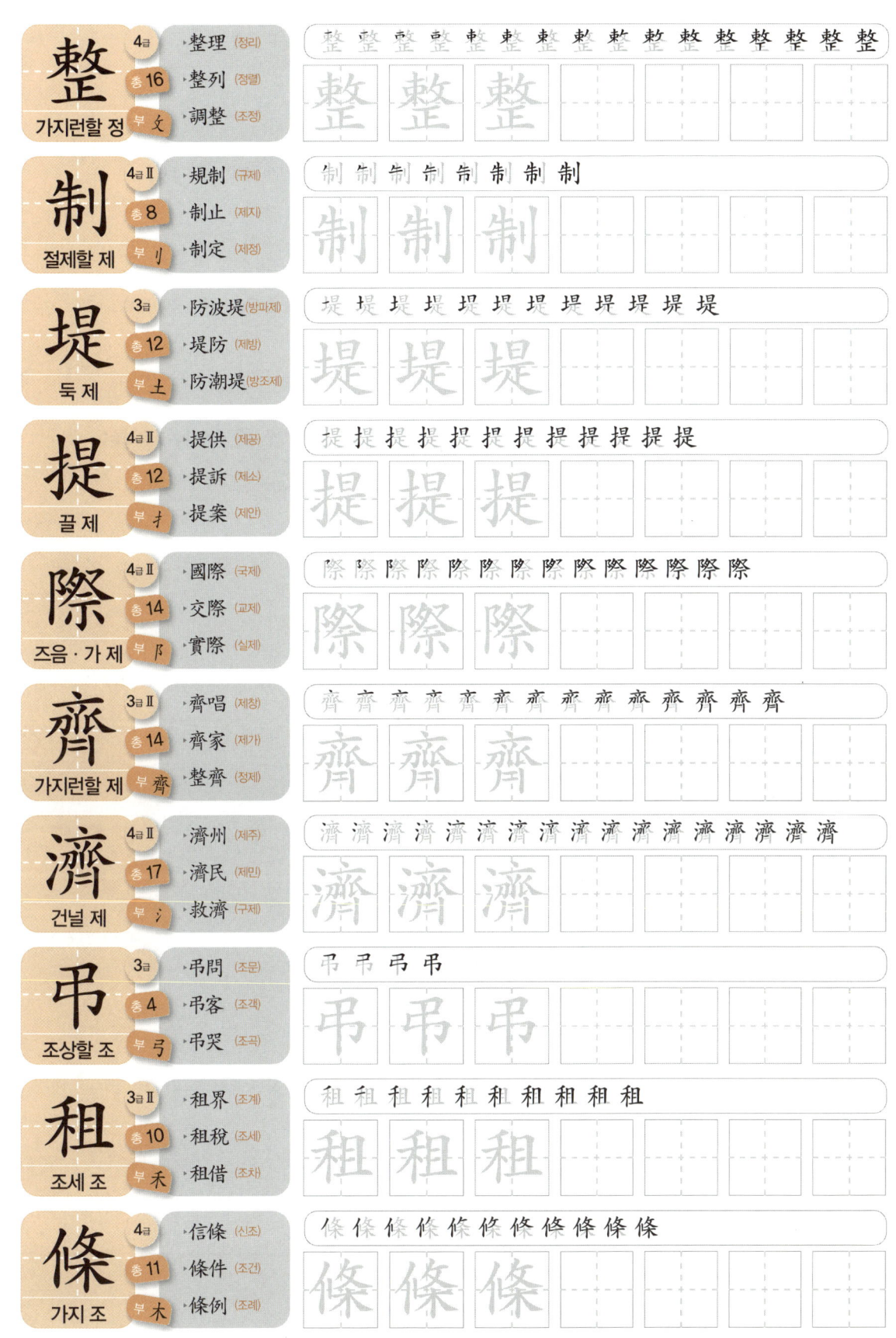

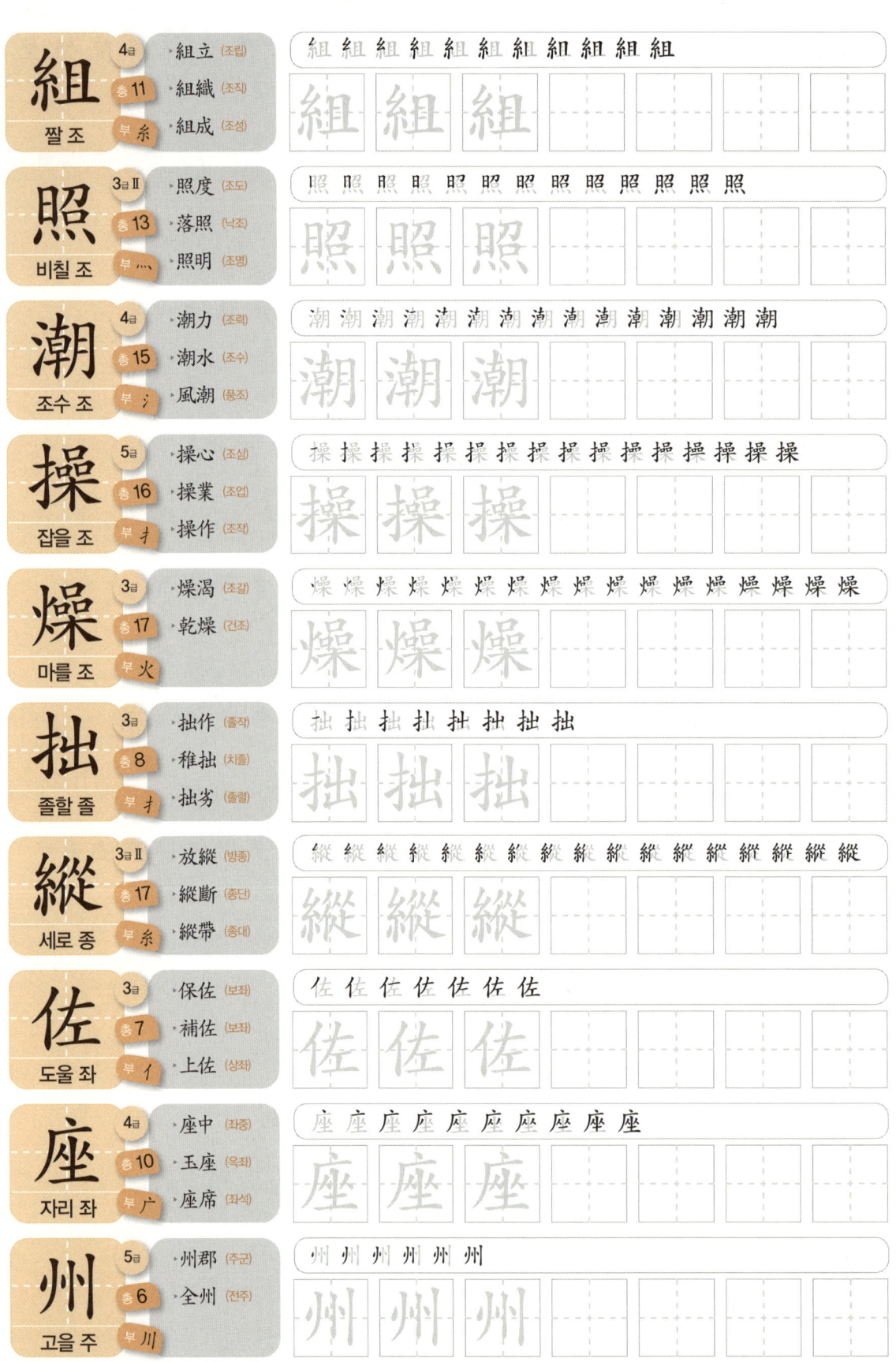

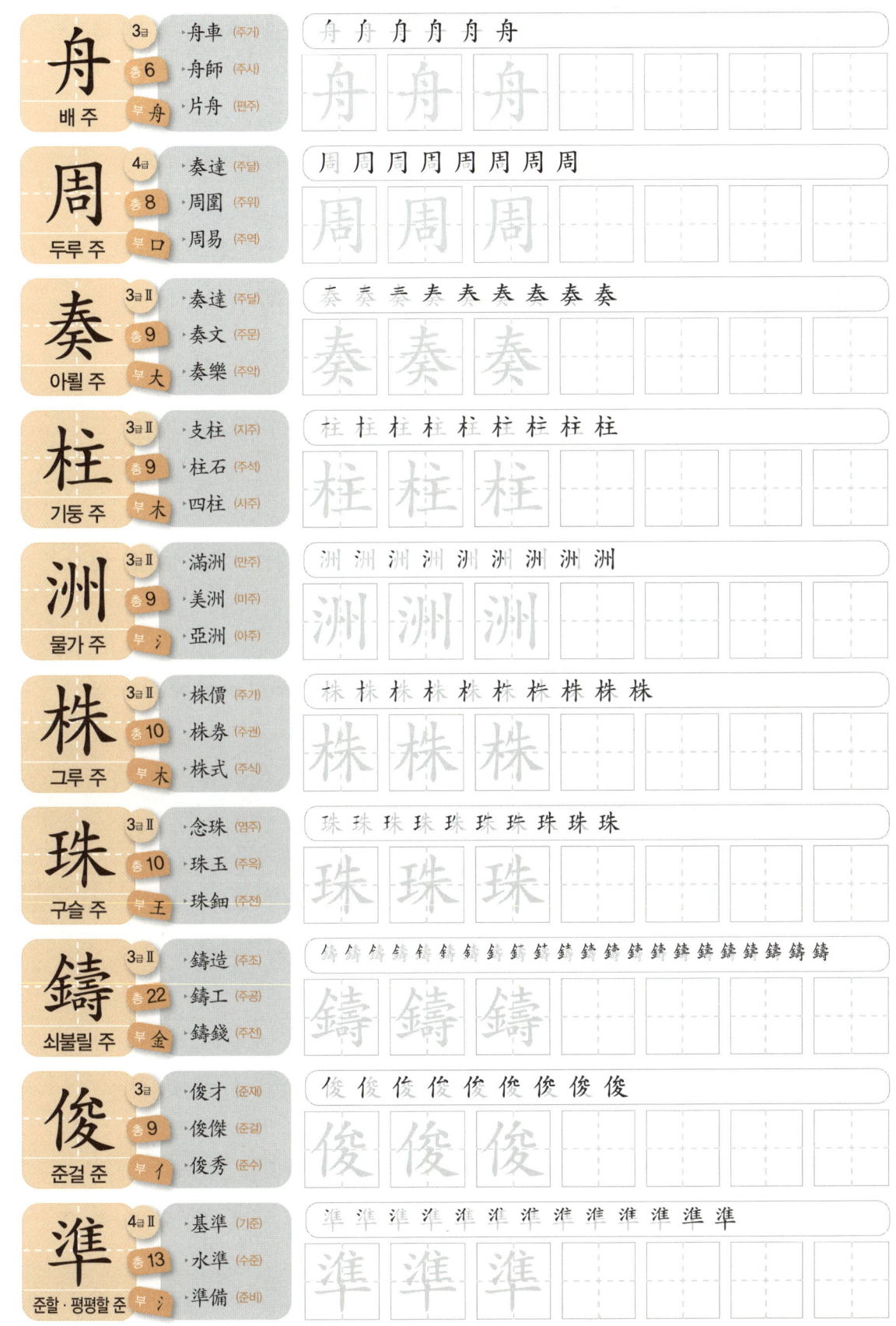

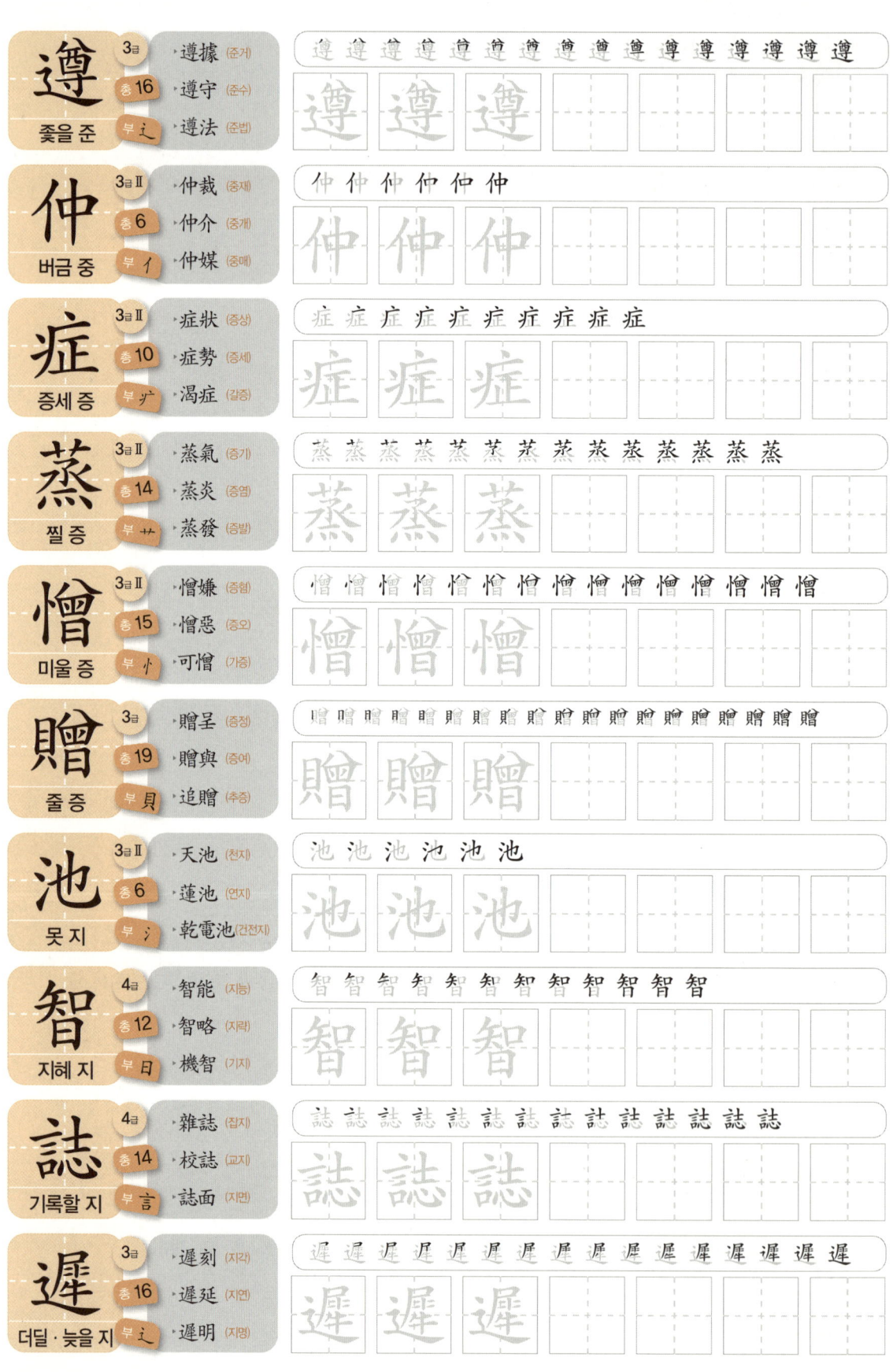

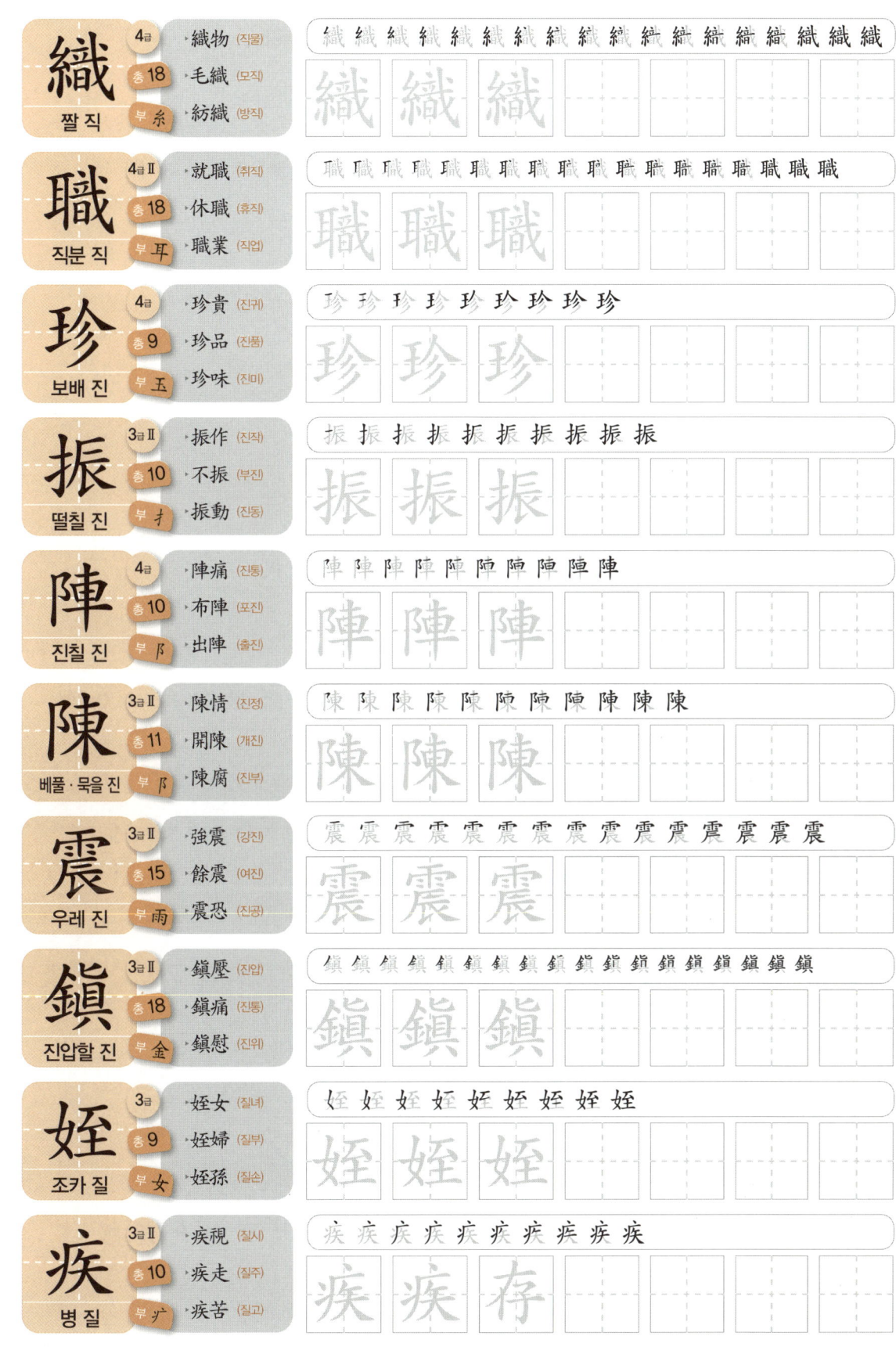

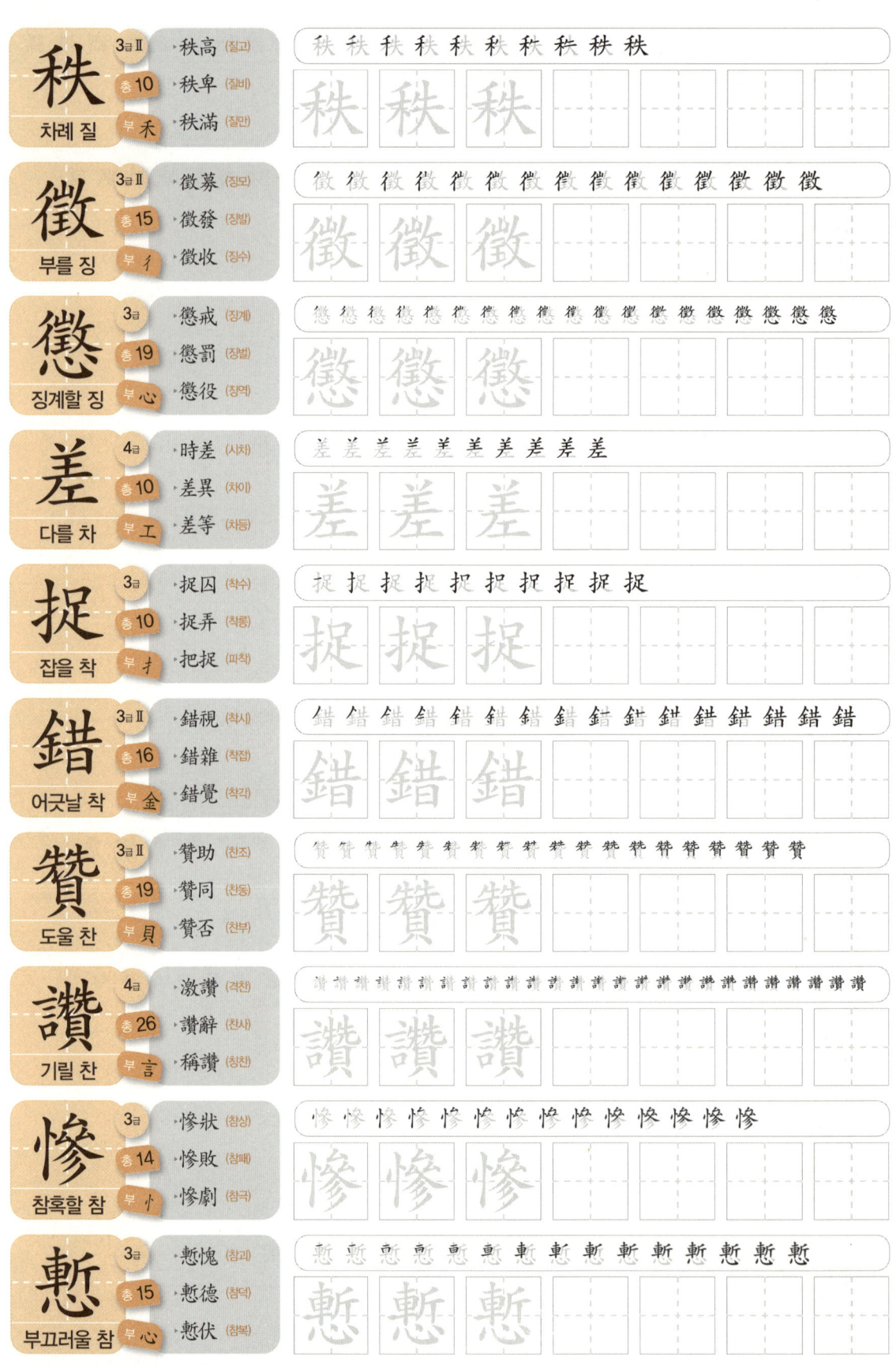

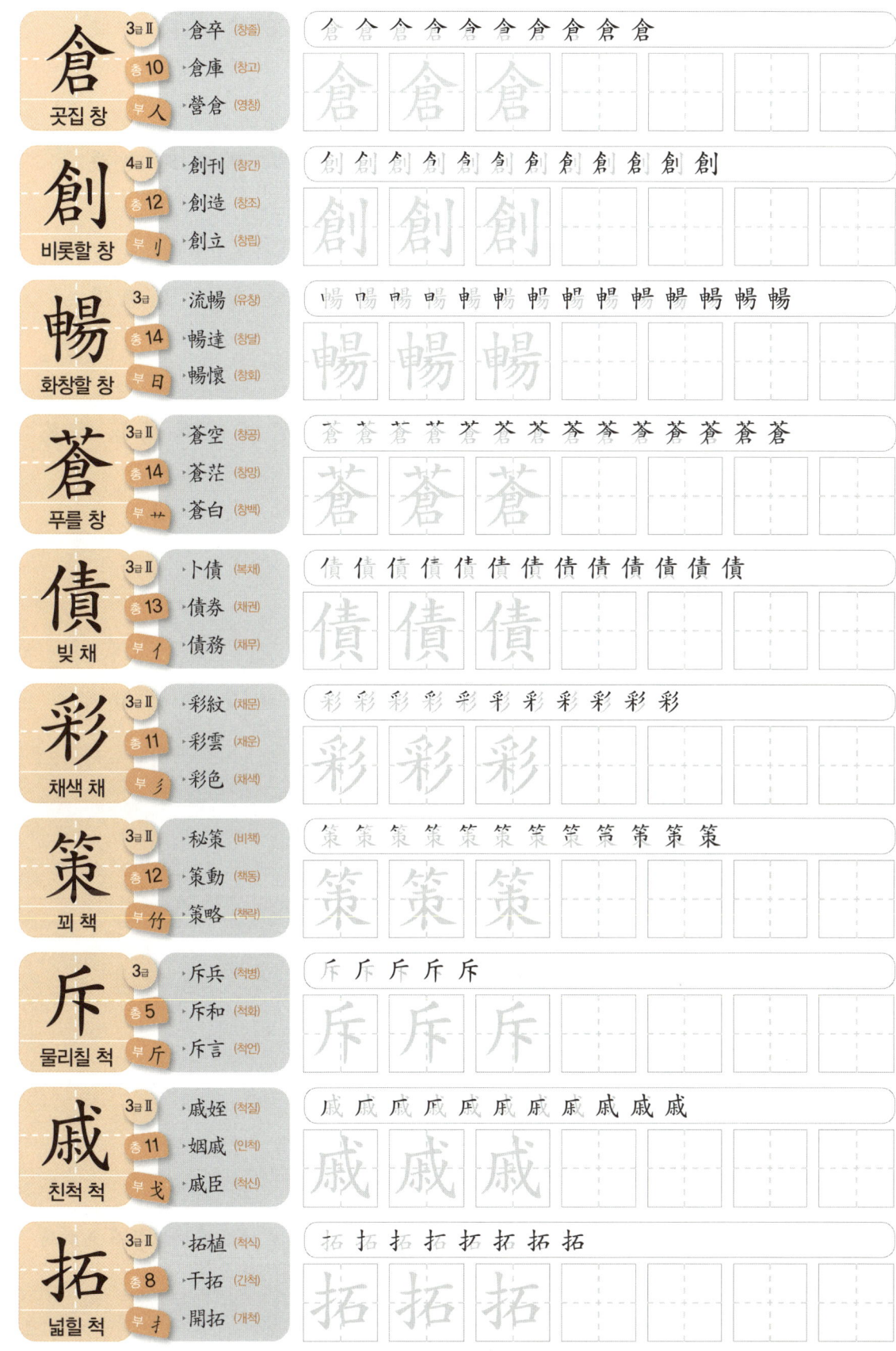

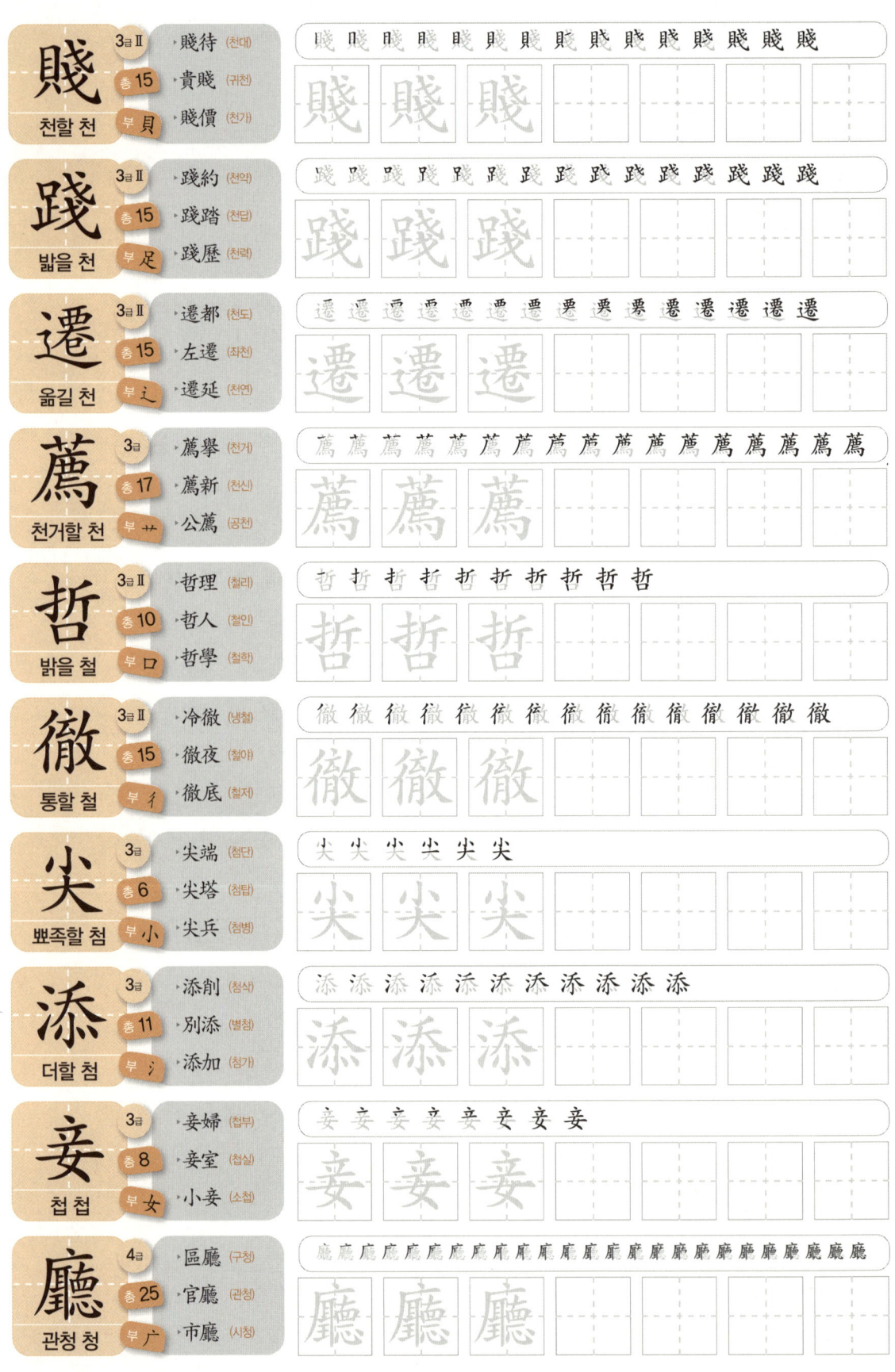

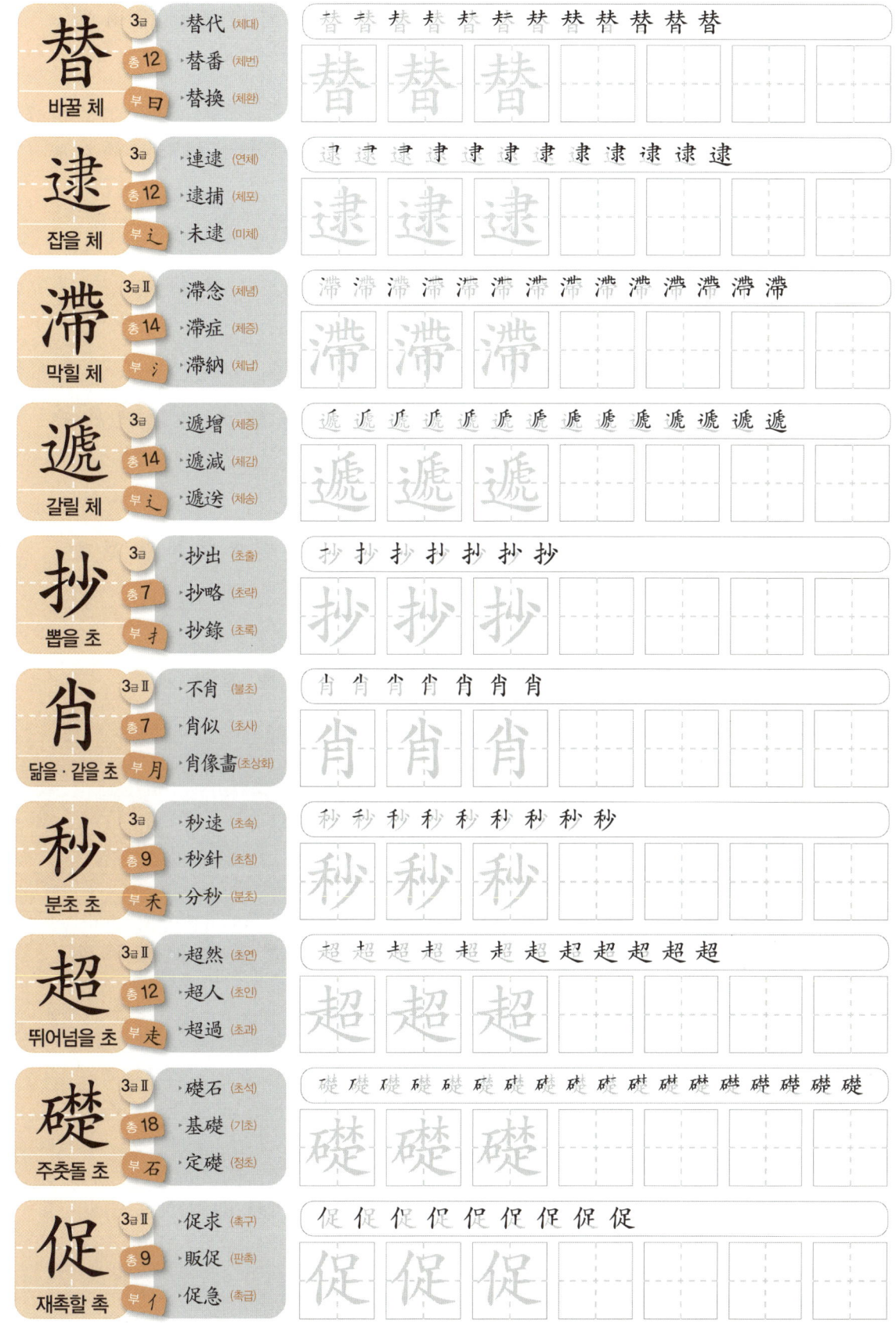

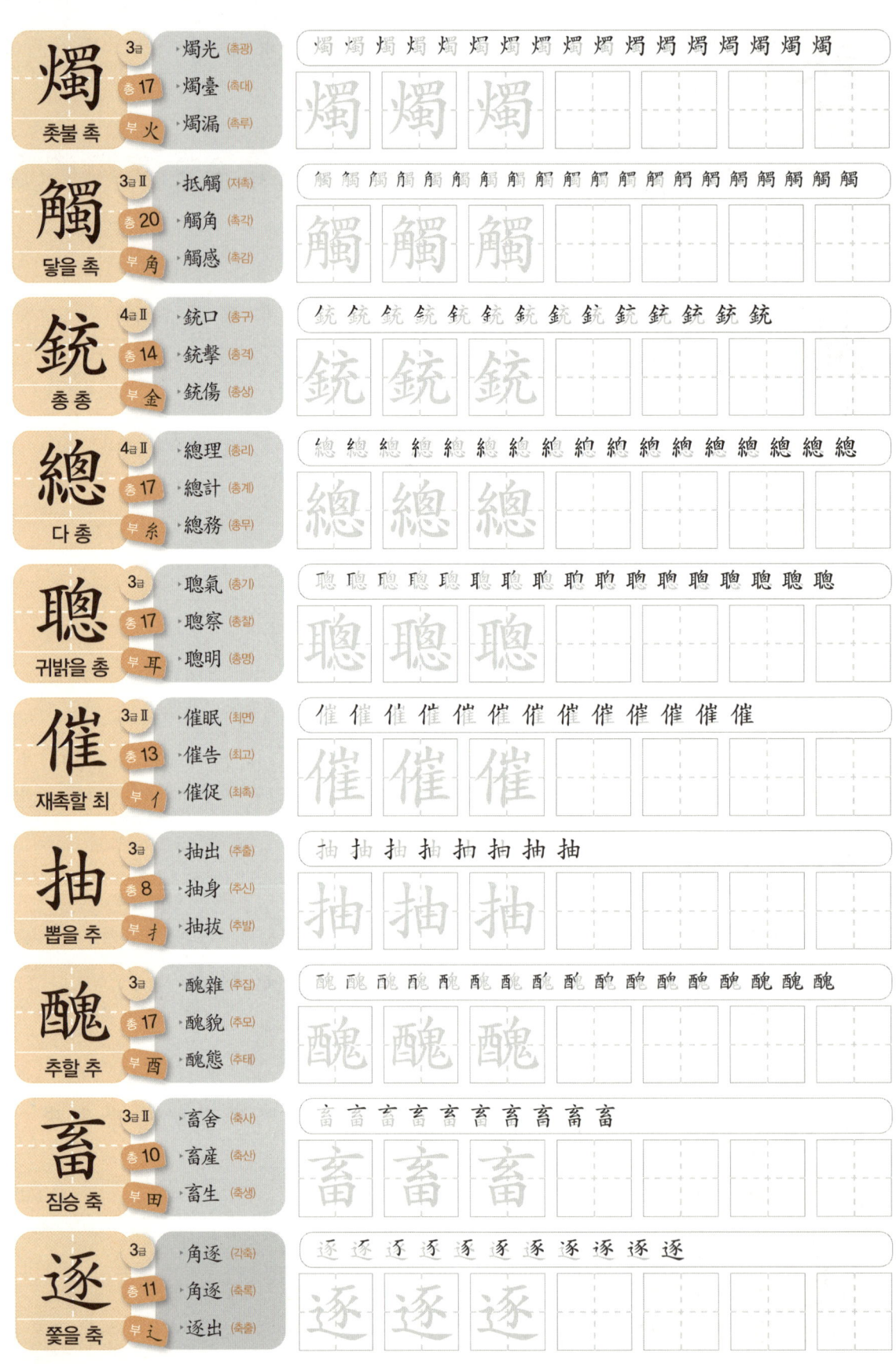

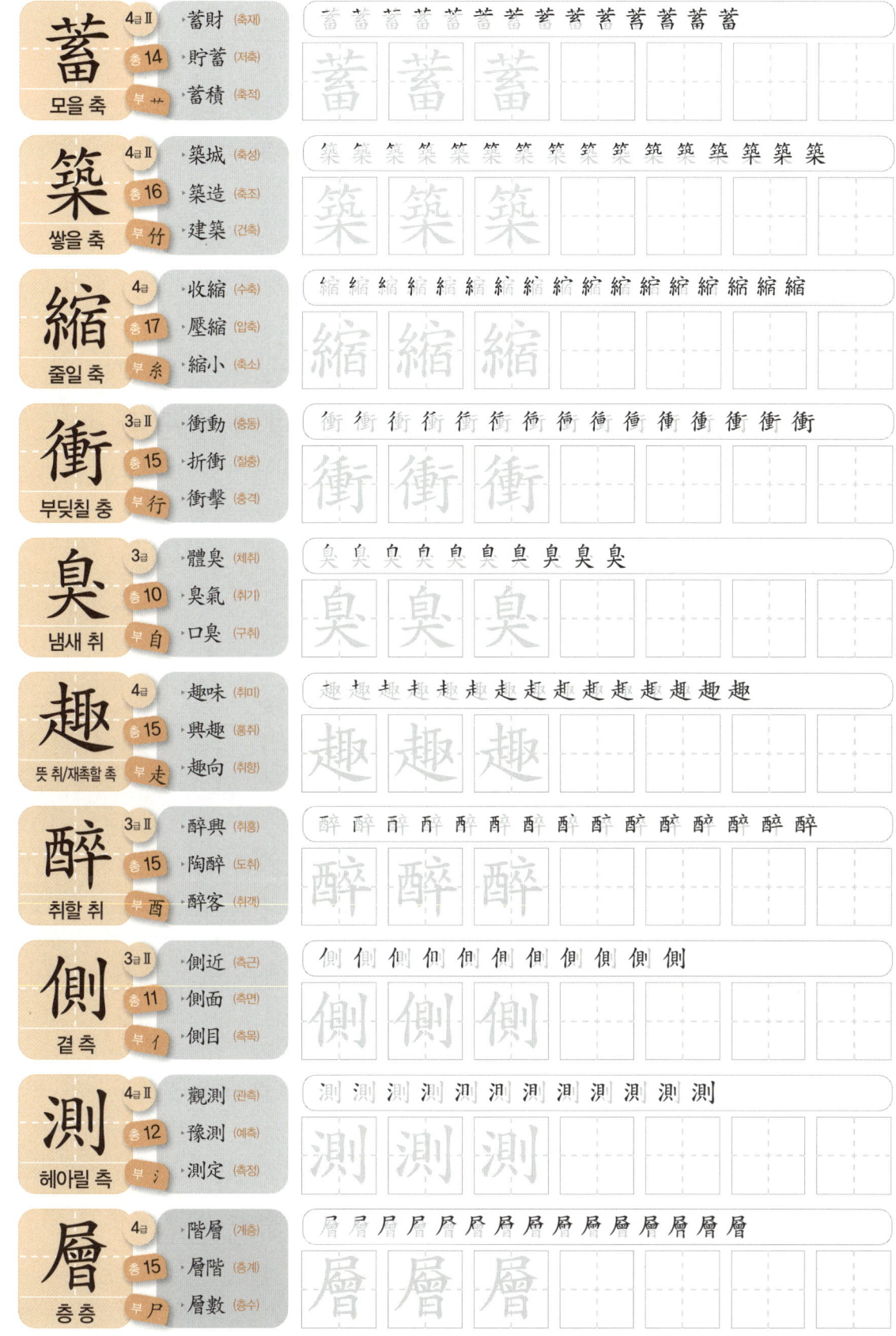

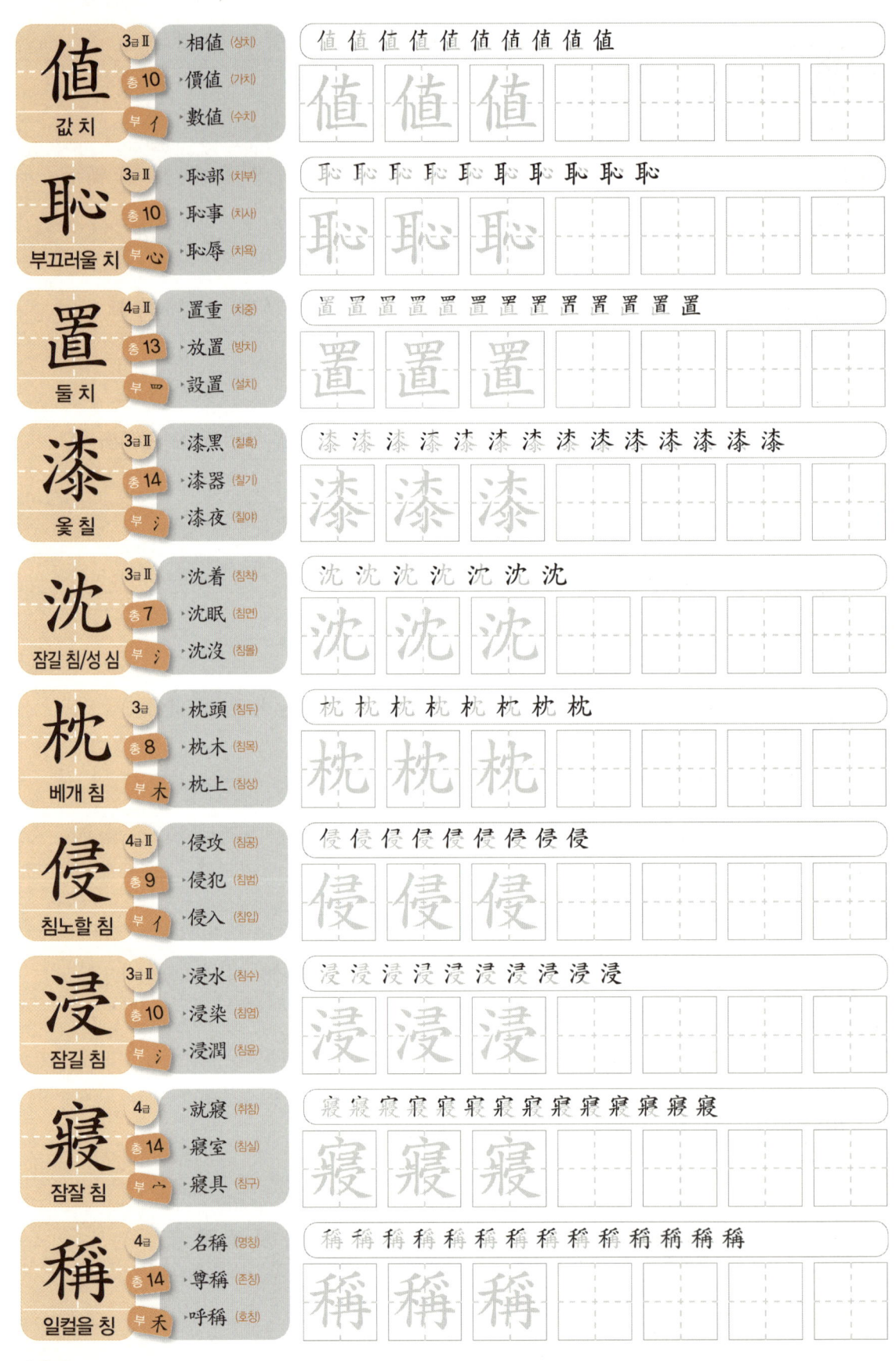

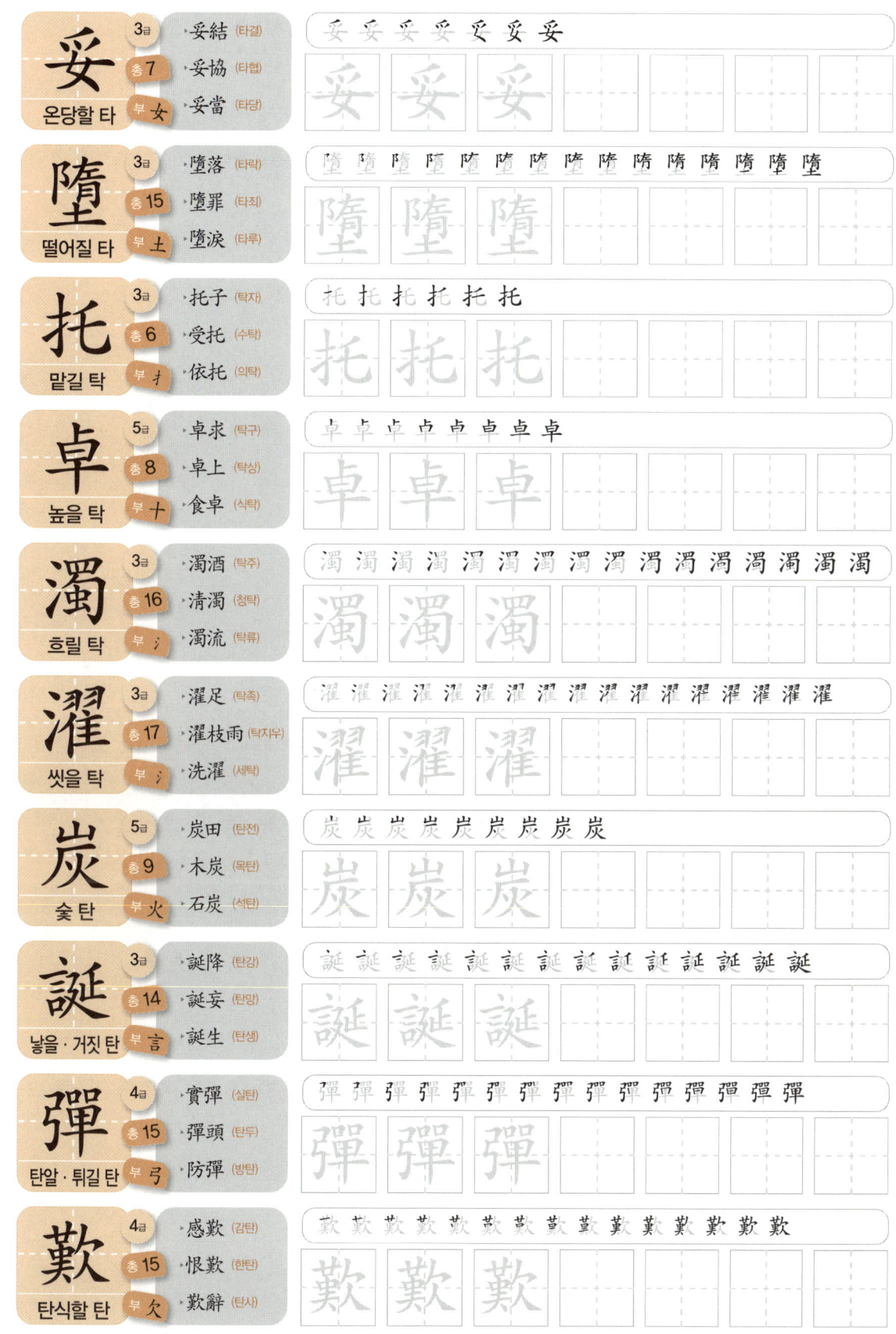

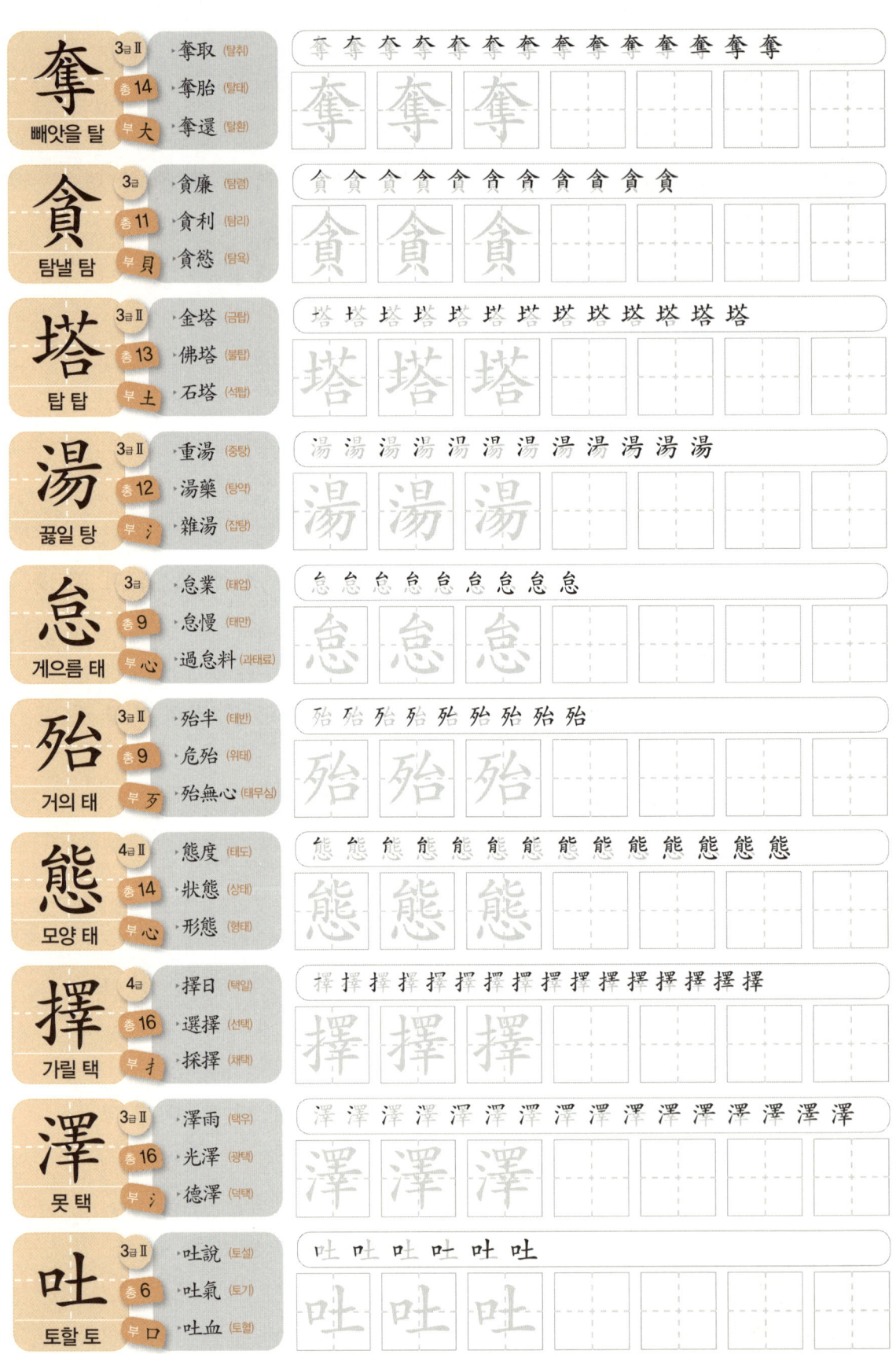

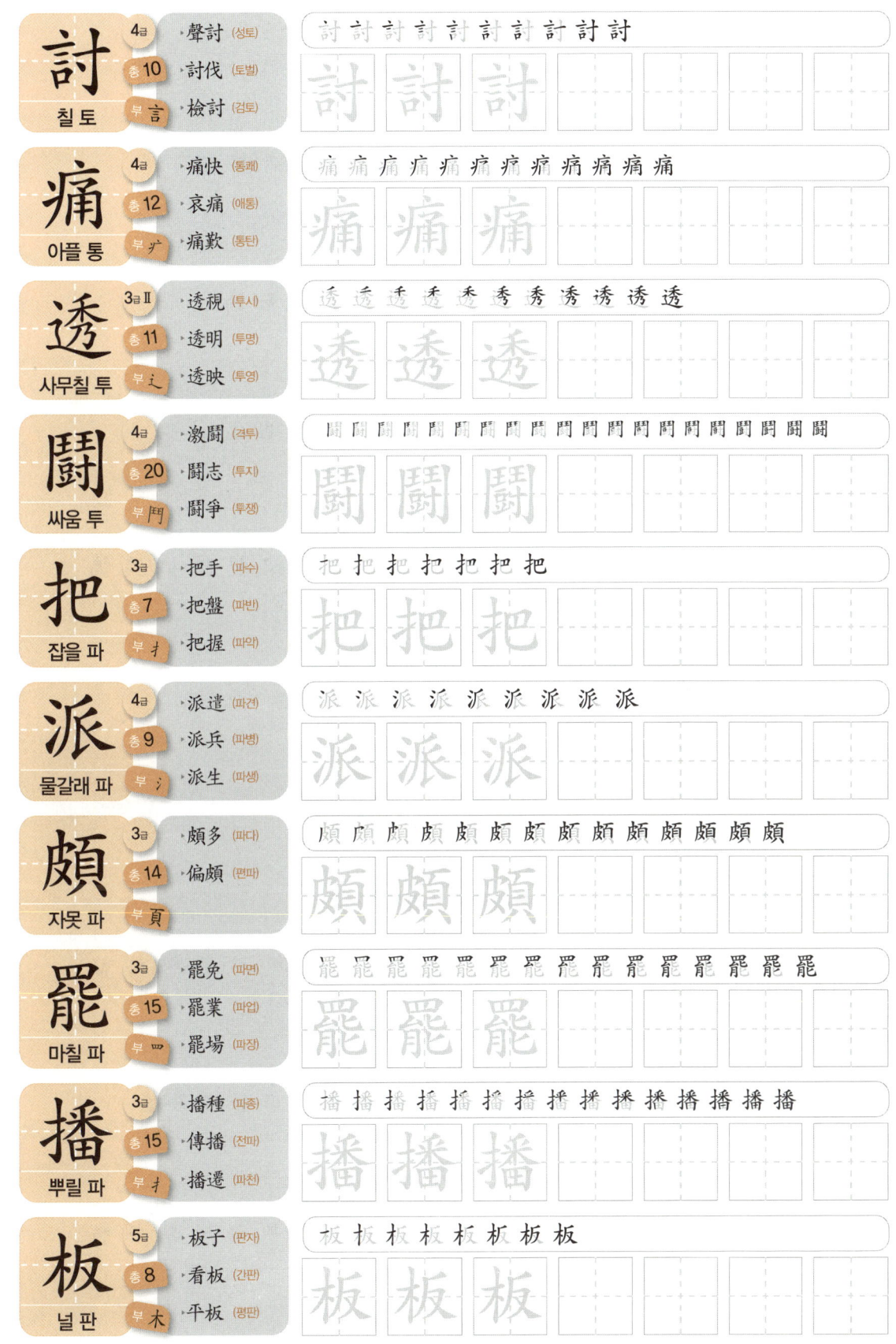

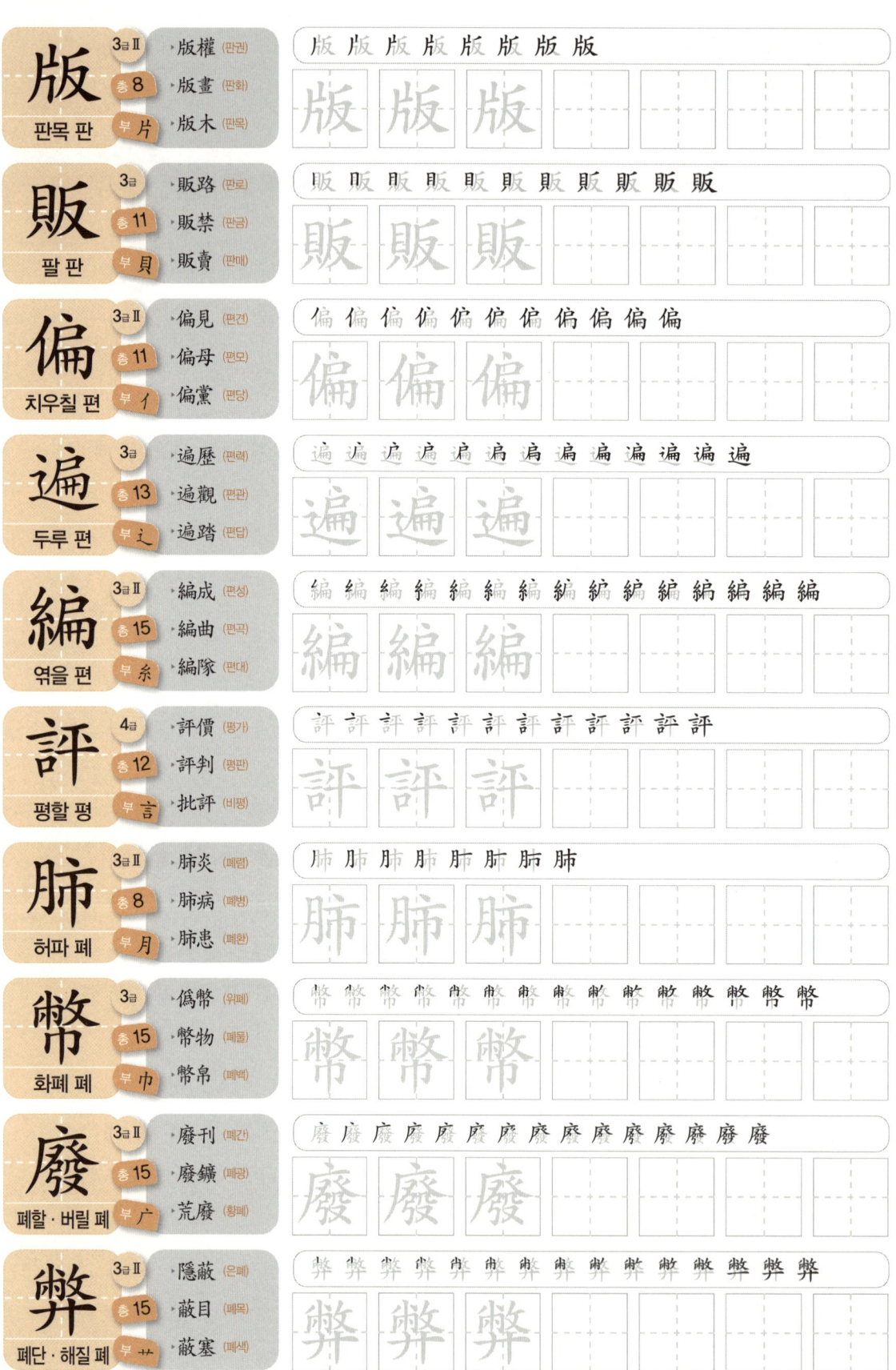

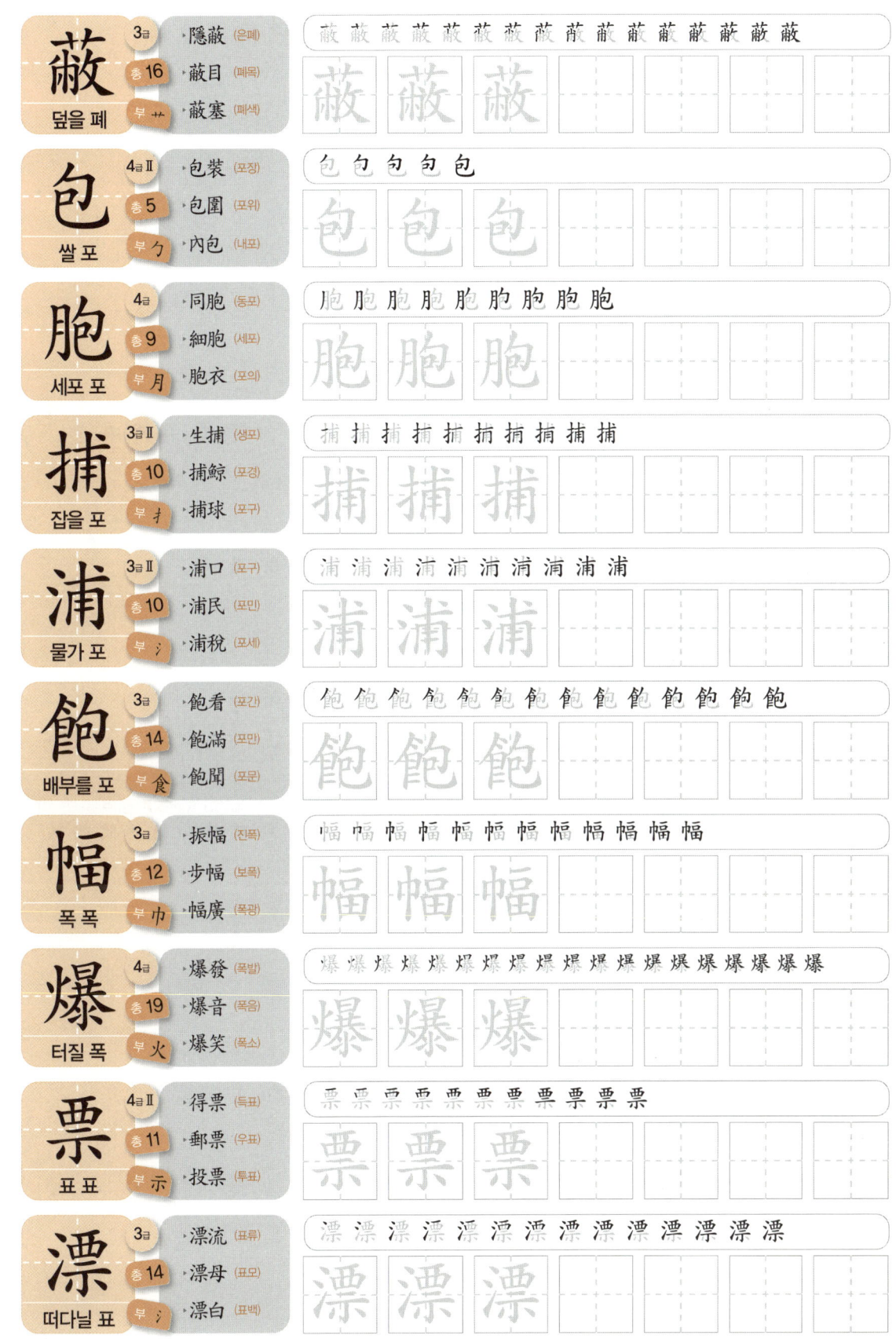

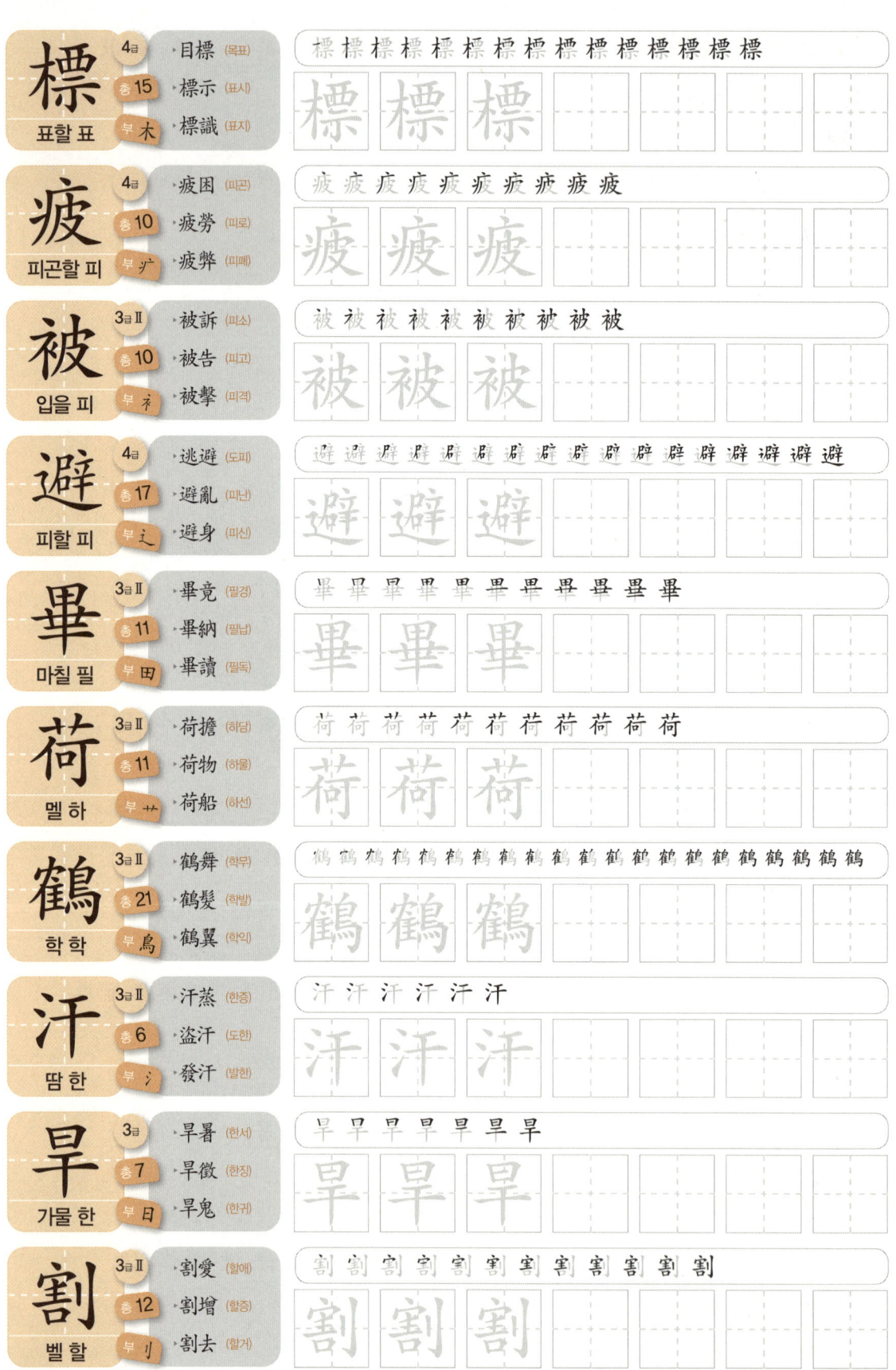

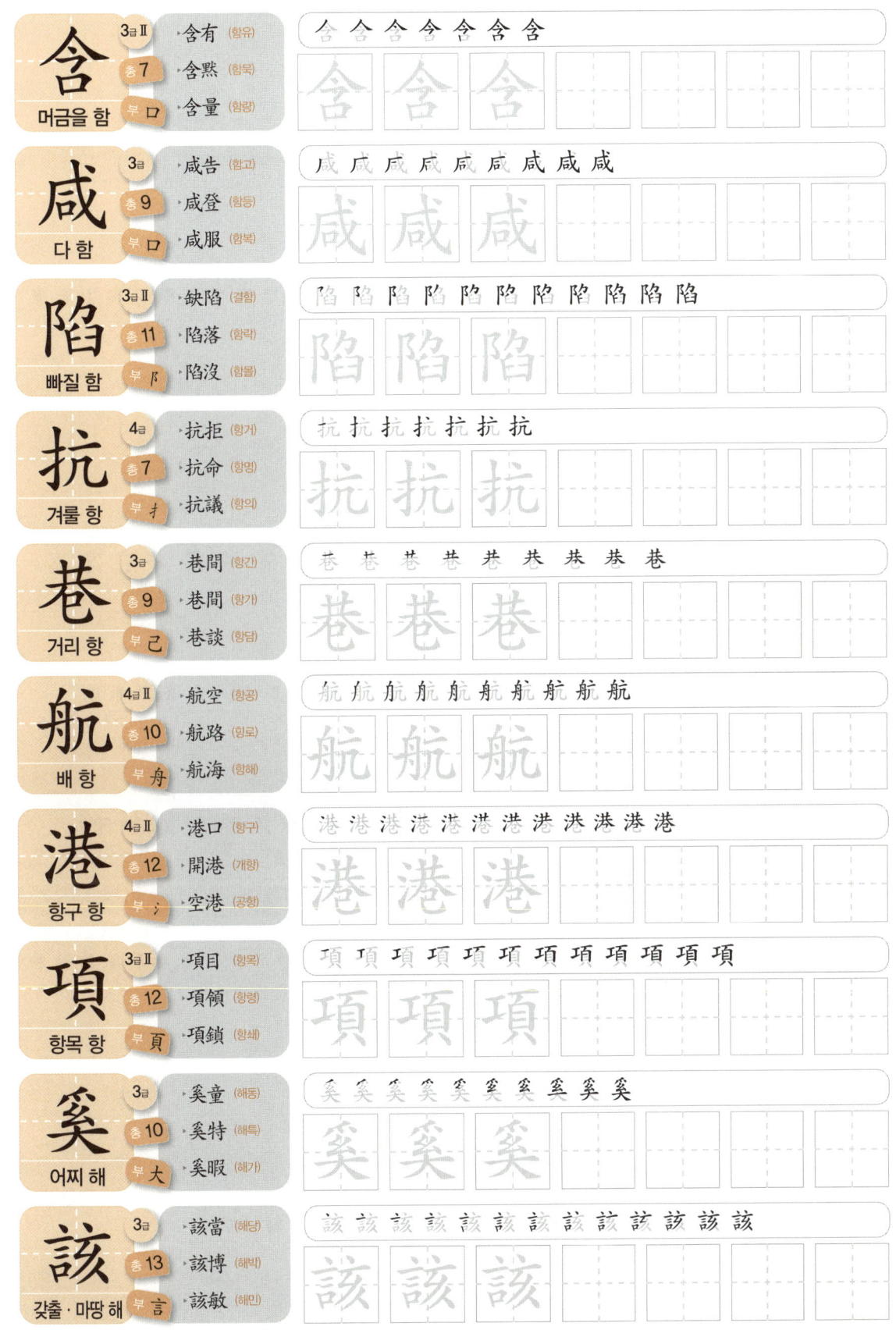

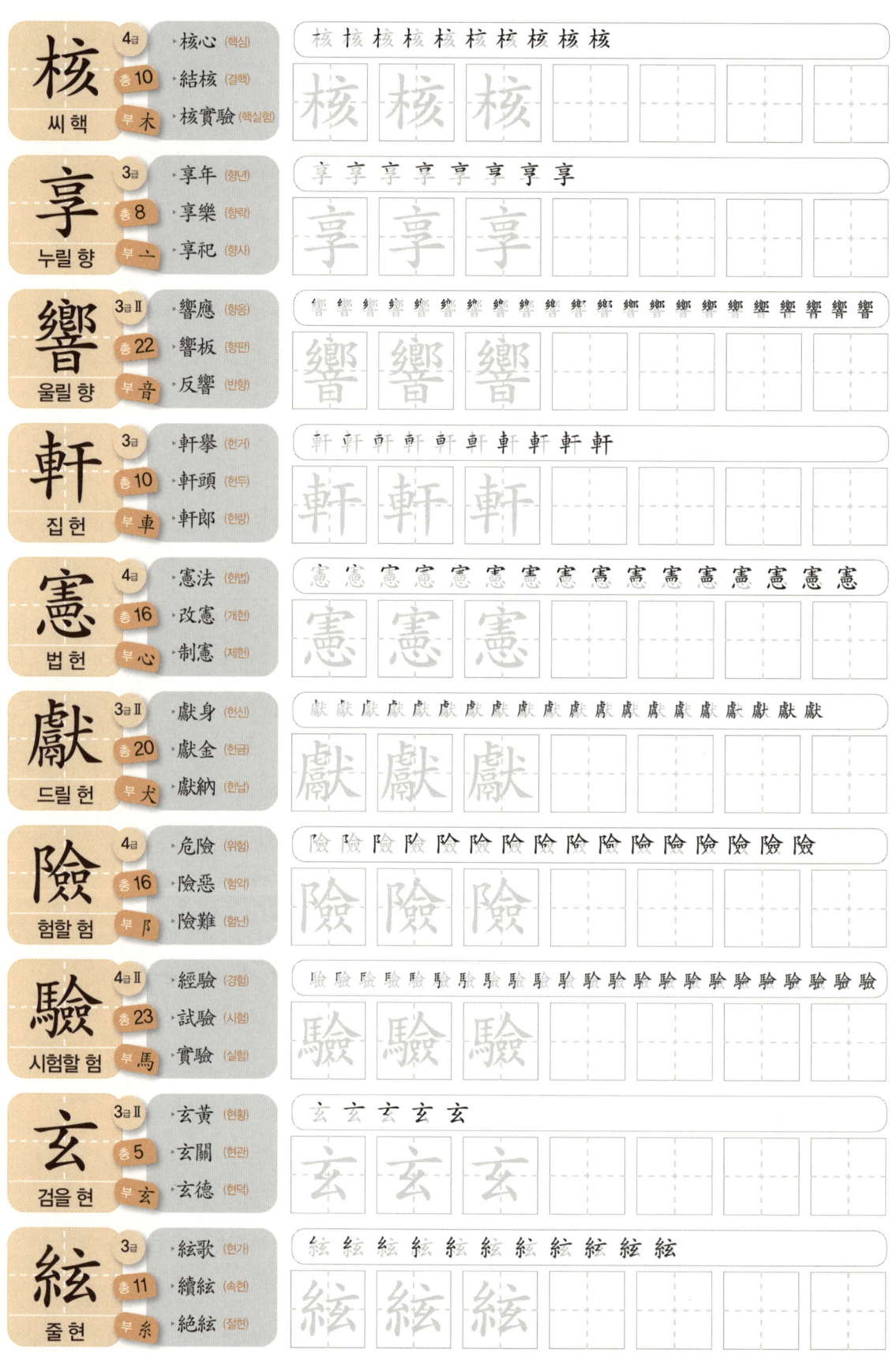

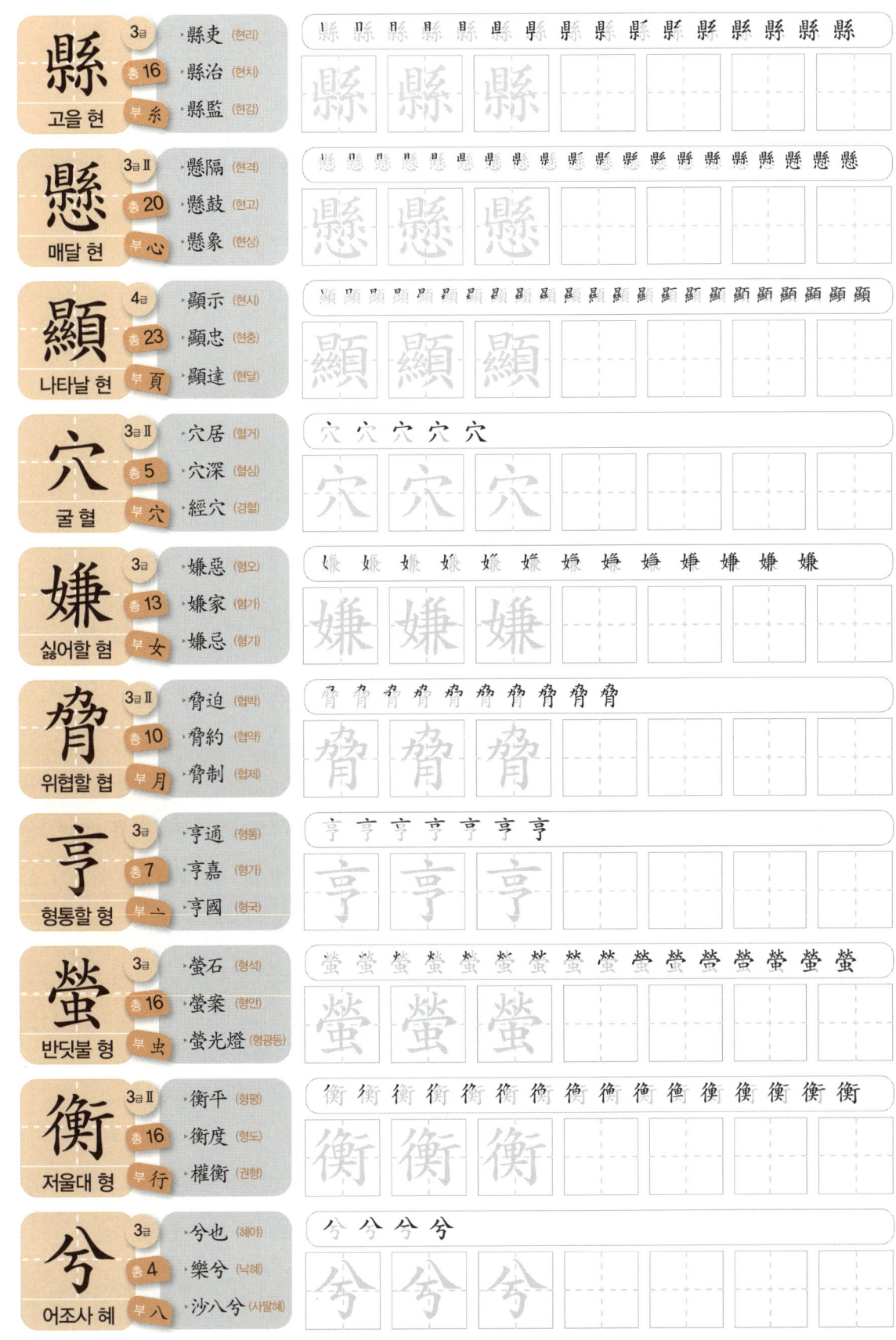

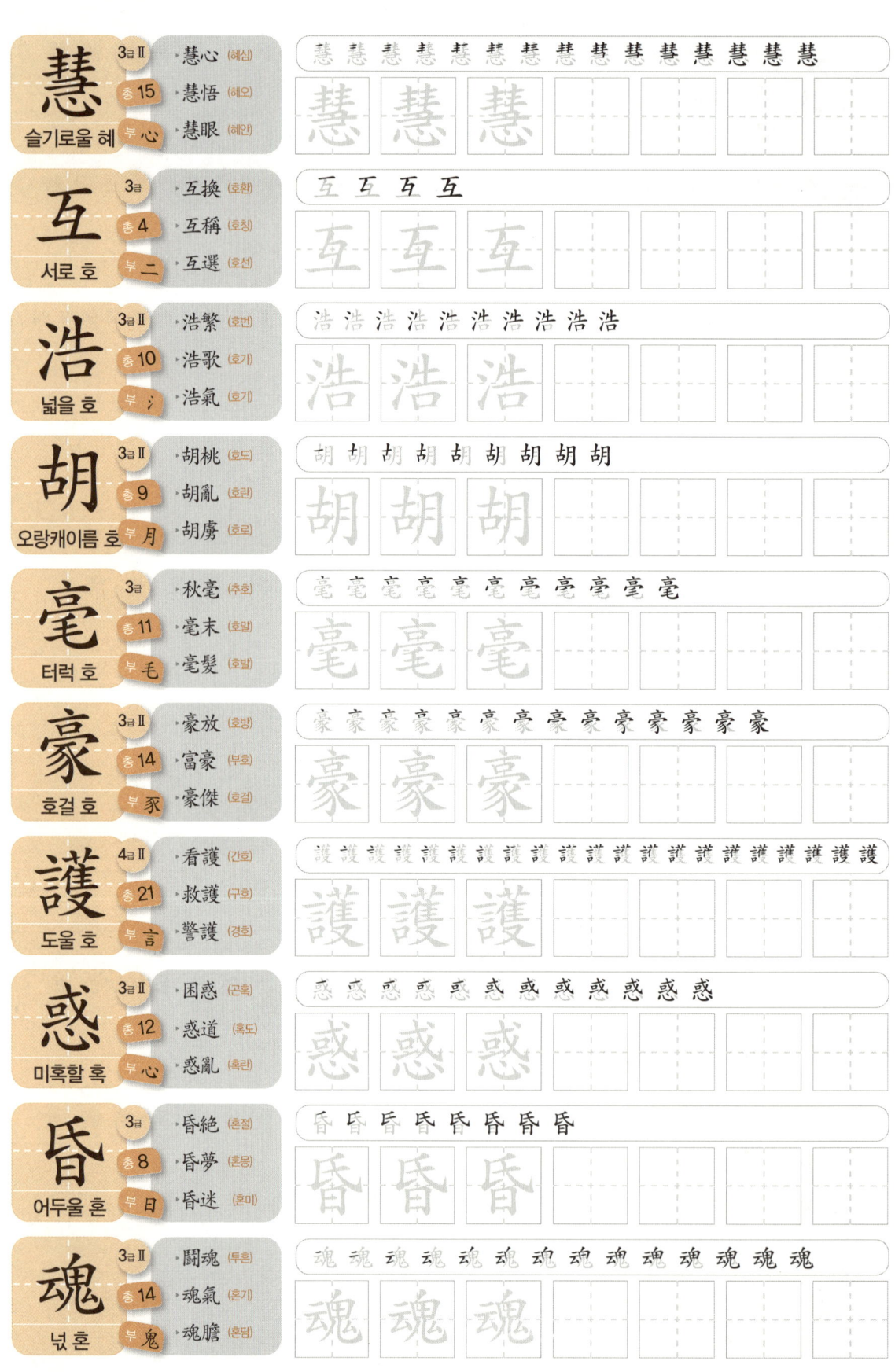

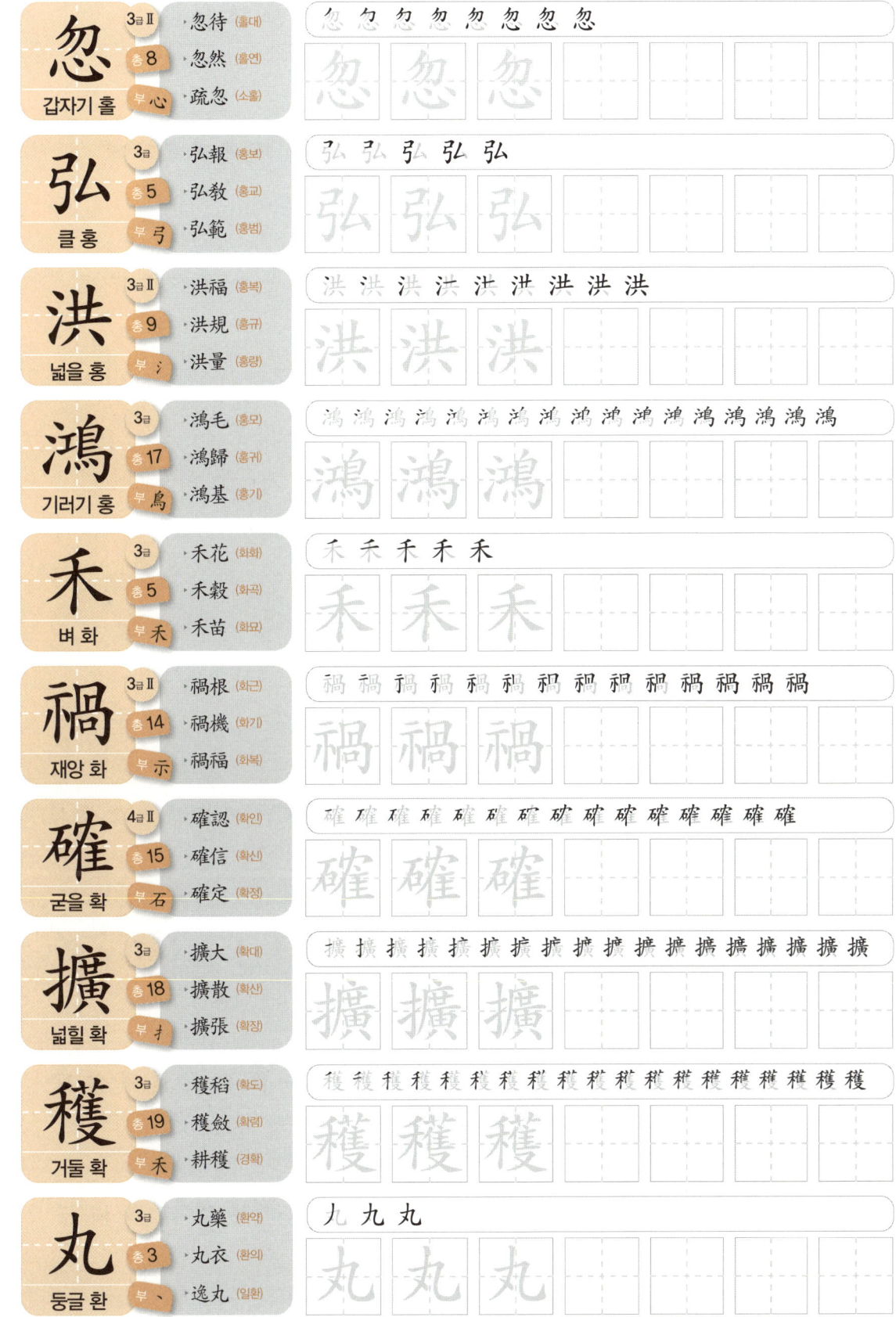

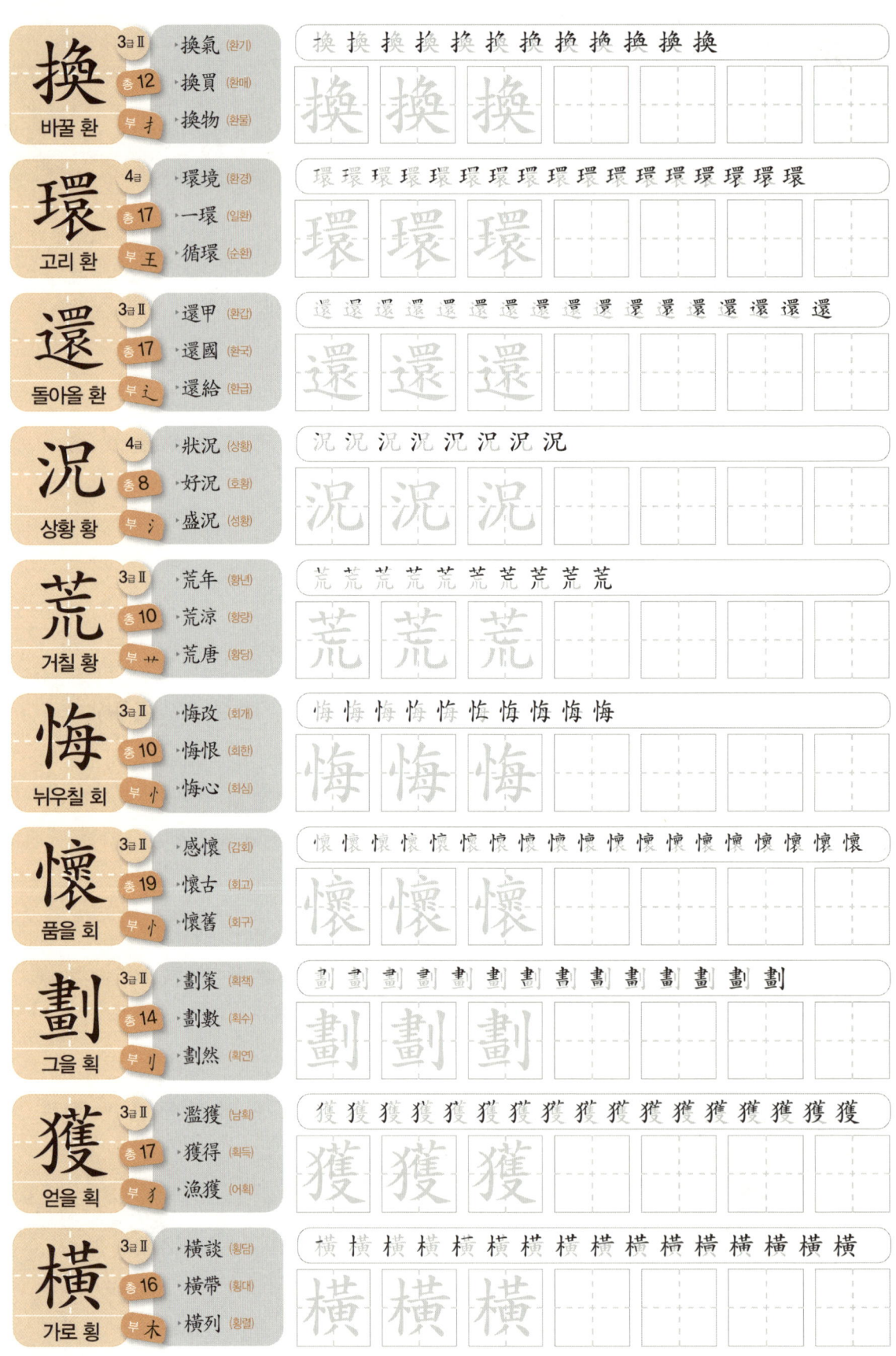

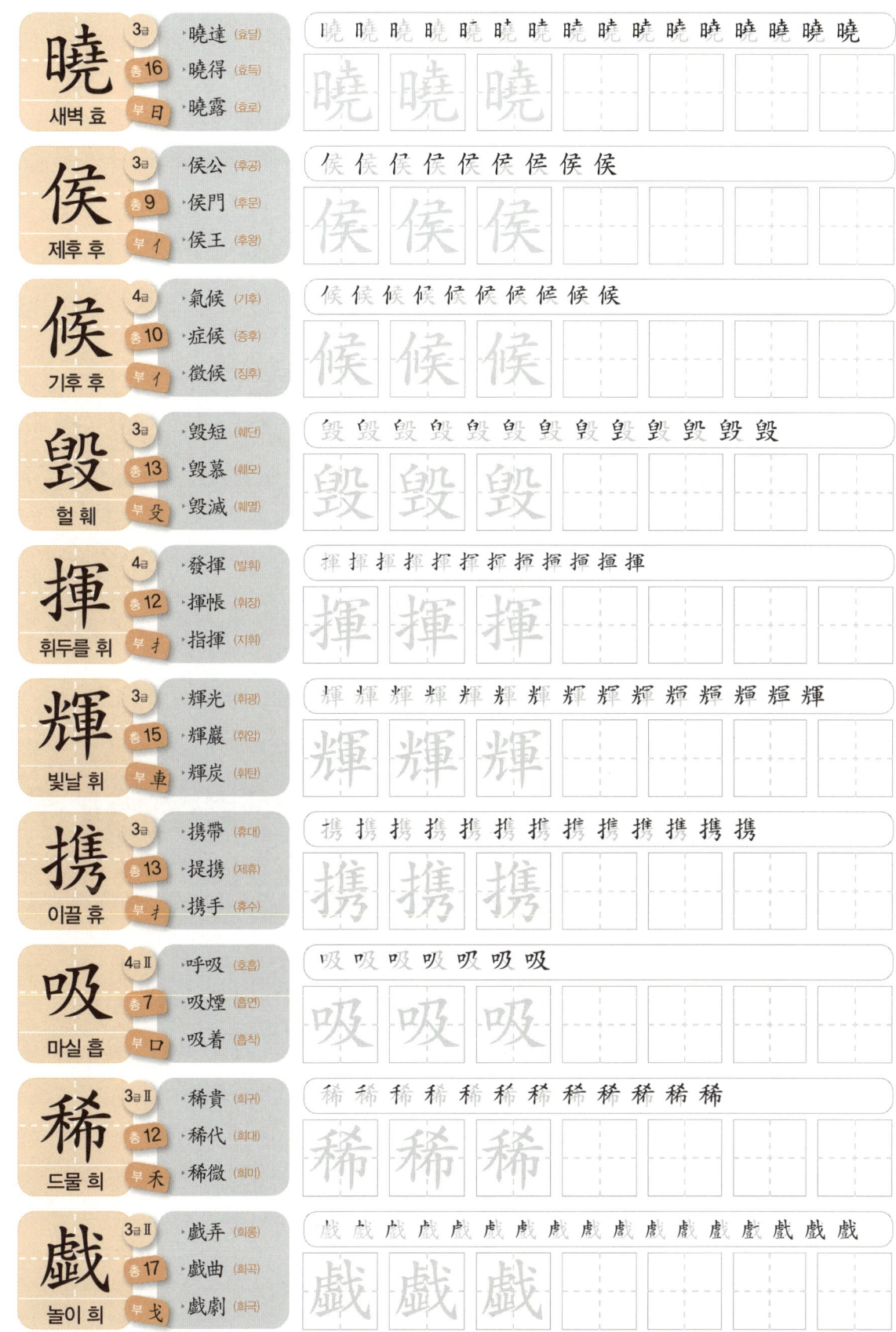

중·고등 한자쓰기
부록

사자성어

사자성어	뜻	한자
家家戶戶 가가호호	한 집 한 집. 집집마다.	家(집 가) 家(집 가) 戶(집 호) 戶(집 호)
街談巷說 가담항설	길거리나 마을에 떠도는 이야기로서 근거 없이 나도는 말들을 뜻함.	街(거리 가) 談(말씀 담) 巷(거리 항) 說(말씀 설)
苛斂誅求 가렴주구	관리가 세금 등을 가혹하게 받고 빼앗아 백성을 못살게 구는 가혹한 정치를 말함.	苛(가혹할 가) 斂(거둘 렴) 誅(벨 주) 求(구할 구)
佳人薄命 가인박명	여자의 용모가 빼어나고 재주가 많으면 운명이 기구함을 뜻함.	佳(아름다울 가) 人(사람 인) 薄(엷을 박) 命(목숨 명)
刻骨難忘 각골난망	깊이 새겨 두고 은혜를 잊지 않음을 뜻함.	刻(새길 각) 骨(뼈 골) 難(어려울 난) 忘(잊을 망)
刻舟求劍 각주구검	배에 새겨 칼을 찾는다는 뜻으로, 융통성 없고 어리석음을 뜻함.	刻(새길 각) 舟(배 주) 求(구할 구) 劍(칼 검)
肝膽相照 간담상조	서로 간과 쓸개를 꺼내 보인다는 뜻으로, 서로 간에 진심을 터놓고 격의 없이 사귐.	肝(간 간) 膽(쓸개 담) 相(서로 상) 照(비칠 조)
甘言利說 감언이설	귀가 솔깃하도록 달콤한 말로 남을 꾀어내는 말.	甘(달 감) 言(말씀 언) 利(이할 리) 說(말씀 설)

| 犬兔之爭 | 개와 토끼의 다툼이란 뜻으로, 양자의 다툼에 제삼자가 힘들이지 않고 이익을 봄을 비유한 말. |
| 견 토 지 쟁 | 개 견 / 토끼 토 / 갈 지 / 다툴 쟁 |

| 結者解之 | 맺은 사람이 푼다는 뜻으로, 처음 일을 만들어 놓은 사람이 끝을 맺어야 한다는 뜻. |
| 결 자 해 지 | 맺을 결 / 사람 자 / 풀 해 / 어조사 지 |

| 結草報恩 | 풀을 엮어서 은혜를 갚는다는 뜻으로, 죽어서도 은혜를 갚음을 말함. |
| 결 초 보 은 | 맺을 결 / 풀 초 / 갚을 보 / 은혜 은 |

| 輕擧妄動 | 가볍고 망령된 행동을 한다는 뜻으로, 사정 등을 고려하지 않고 경솔하게 행동함을 뜻함. |
| 경 거 망 동 | 가벼울 경 / 들 거 / 망령될 망 / 움직일 동 |

| 鷄卵有骨 | 달걀에도 뼈가 있다는 뜻으로 공교롭게 일이 방해됨을 이르는 말임. |
| 계 란 유 골 | 닭 계 / 알 란 / 있을 유 / 뼈 골 |

| 群鷄一鶴 | 닭 무리 속에 한 마리 학이라는 뜻으로, 평범한 사람들 가운데 뛰어난 사람을 이르는 말. |
| 군 계 일 학 | 무리 군 / 닭 계 / 한 일 / 학 학 |

| 鼓腹擊壤 | 배를 두드리고 땅을 친다는 뜻으로, 태평한 세월을 즐김을 이름. |
| 고 복 격 양 | 북 고 / 배 복 / 칠 격 / 흙덩이 양 |

| 孤掌難鳴 | 한쪽 손바닥으로는 소리를 내기가 어렵듯이, 혼자만의 힘으로는 일을 하기가 어려움을 뜻함. |
| 고 장 난 명 | 외로울 고 / 손바닥 장 / 어려울 난 / 울 명 |

古盡甘來 고진감래	쓴 것이 다하면 단 것이 온다는 뜻으로, 고생 끝에 오는 즐거움을 이름.
高枕安眠 고침안면	베개를 높게 하여 편안히 잔다는 뜻으로, 근심 없이 편안히 지냄을 이름.
曲學阿世 곡학아세	학문을 왜곡하여 세상에 아첨함.
過猶不及 과유불급	지나치는 것은 미치지 못하는 것과 같음.
瓜田李下 과전이하	오이 밭에서 신을 고쳐 신지 말고, 자두나무 아래서 갓을 고쳐 쓰지 말라는 뜻으로, 의심받을 행동은 하지 말라는 뜻.
管鮑之交 관포지교	관중과 포숙아의 사귐이라는 뜻으로, 아주 친한 친구 사이의 사귐을 이름.
刮目相對 괄목상대	눈을 비비고 상대를 본다는 뜻으로, 남의 학식이나 재주가 놀랄 만큼 부쩍 늚을 이름.
矯角殺牛 교각살우	뿔을 고치려다 소를 죽인다는 말로, 조그만 결점이나 흠을 고치려다 수단이 지나쳐서 도리어 일을 크게 그르침.

單刀直入 단도직입
혼자서 칼을 들고 바로 들어간다는 뜻으로, 문장의 군더더기를 빼고 바로 그 요점으로 들어감.
홑 단 / 칼 도 / 곧을 직 / 들 입

道聽塗說 도청도설
길에서 들은 이야기를 곧 그 길에서 말한다는 뜻으로, 길거리에 떠돌아다니는 뜬소문.
길 도 / 들을 청 / 칠할 도 / 말씀 설

簞食瓢飮 단사표음
도시락밥과 표주박 물이라는 뜻으로, 소박하고 청빈한 생활을 뜻함.
대광주리 단 / 먹을 사 / 표주박 표 / 마실 음

螳螂拒轍 당랑거철
자기 힘은 생각지도 않고 무모하게 대항함을 비유한 말임.
사마귀 당 / 사마귀 랑 / 막을 거 / 바퀴자국 철

塗炭之苦 도탄지고
진흙구덩이나 숯불 속에 떨어진 것 같은 괴로움을 나타내는 뜻으로, 생활이 몹시 곤란함을 말함.
진흙 도 / 숯 탄 / 어조사 지 / 쓸 고

同苦同樂 동고동락
괴로움과 즐거움을 함께 한다는 뜻으로, 같이 고생하며 같이 즐김.
같을 동 / 쓸 고 / 같을 동 / 즐거울 락

東問西答 동문서답
동쪽을 묻는데 서쪽을 대답한다는 뜻으로, 묻는 말에 엉뚱한 대답을 함.
동녘 동 / 물을 문 / 서녘 서 / 답할 답

同病相憐 동병상련
같은 병을 앓는 사람끼리 서로 가엽게 여긴다는 뜻으로, 어려운 처지에 있는 사람끼리 서로 가엽게 여김.
같을 동 / 병 병 / 서로 상 / 가련할 련

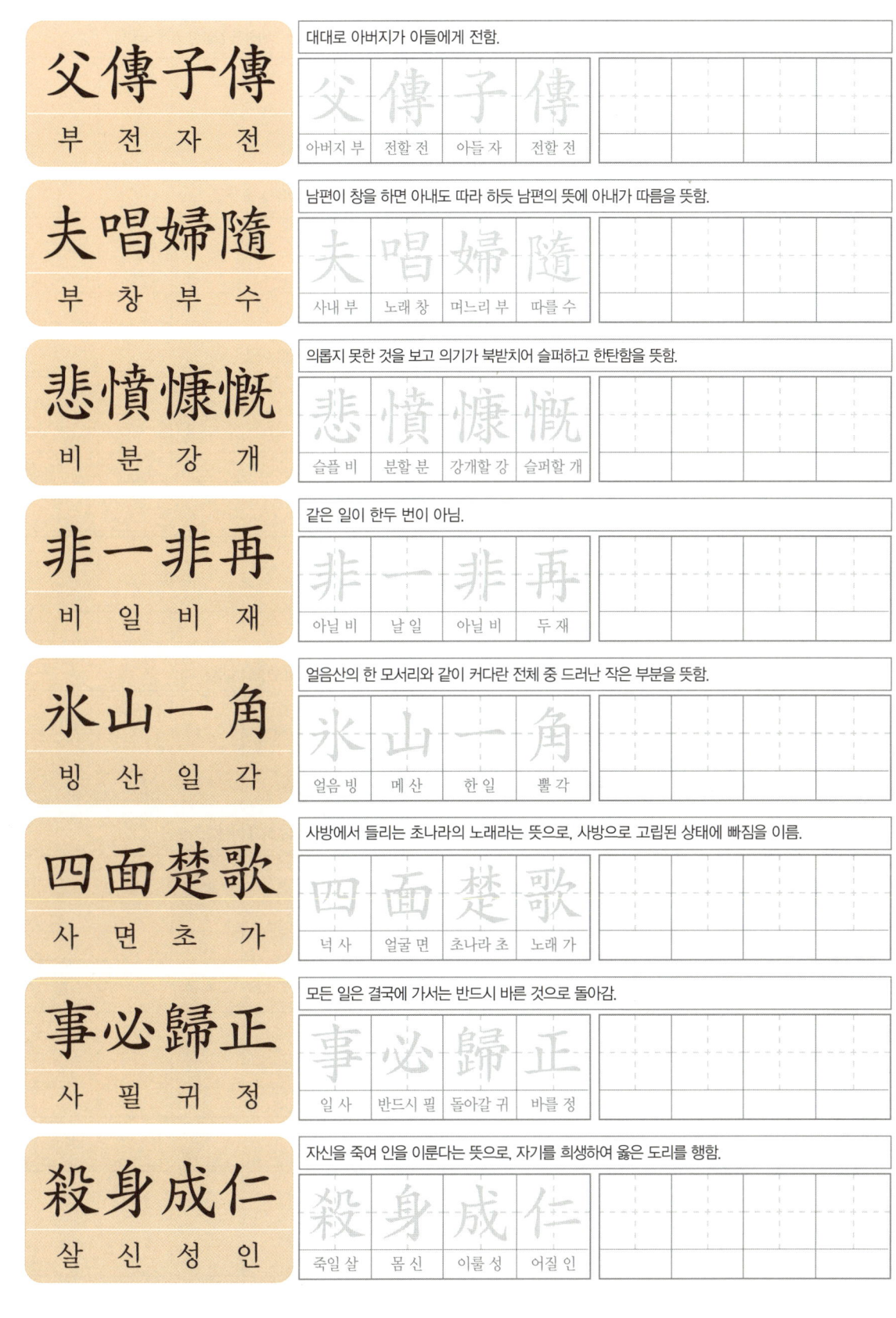

| 良藥苦口 | 좋은 약은 입에 씀. |
| 양약고구 | 좋을 량 / 약 약 / 쓸 고 / 입 구 |

| 養虎遺患 | 호랑이를 길러 근심을 남기듯, 화근이 될만한 일을 내버려두어 크게 함을 뜻함. |
| 양호유환 | 기를 양 / 범 호 / 남길 유 / 근심 환 |

| 漁父之利 | 어부의 이익이라는 뜻으로, 둘이 다투는 틈에 제삼자가 이익을 가로챔을 이름. |
| 어부지리 | 고기잡을 어 / 아버지 부 / 어조사 지 / 이할 리 |

| 言中有骨 | 예사로운 말속에 깊은 속뜻이 들어 있음을 의미함. |
| 언중유골 | 말씀 언 / 가운데 중 / 있을 유 / 뼈 골 |

| 言行一致 | 말과 행동이 같음. |
| 언행일치 | 말씀 언 / 행할 행 / 한 일 / 이를 치 |

| 易地思之 | 입장을 바꾸어 생각해 봄. |
| 역지사지 | 바꿀 역 / 땅 지 / 생각 사 / 갈 지 |

| 緣木求魚 | 나무에 올라가 물고기를 구한다는 뜻으로, 불가능한 일을 굳이 하려 함을 이름. |
| 연목구어 | 인연 연 / 나무 목 / 구할 구 / 물고기 어 |

| 五里霧中 | 오리나 되는 짙은 안개 속에 있다는 뜻으로, 일의 방향이나 갈피를 잡을 수 없음을 이름. |
| 오리무중 | 다섯 오 / 마을 리 / 안개 무 / 가운데 중 |

烏飛梨落 (오비이락)	까마귀 날자 배 떨어진다는 뜻으로, 억울하게 의심을 받거나 난처한 입장이 됨을 이름.
吳越同舟 (오월동주)	오나라 사람과 월나라 사람이 한 배에 타고 있다라는 뜻으로, 뜻이 다른 사람들이 한자리에 있게 됨.
烏合之衆 (오합지중)	까마귀가 모인 것처럼 질서없는 군중.
烏合之卒 (오합지졸)	제대로 훈련도 하지 않은 어중이떠중이의 보잘 것 없는 군사를 가리킴.
溫故知新 (온고지신)	옛것을 익혀서 새것을 앎.
臥薪嘗膽 (와신상담)	섶에 누워 쓸개를 씹는다는 뜻으로, 원수를 갚으려고 온갖 괴로움을 참고 견딤.
曰可曰否 (왈가왈부)	좋거나 나쁘다고 떠듦.
樂山樂水 (요산요수)	산을 좋아하고 물을 좋아함. 즉, 경치를 좋아함.

사자성어	뜻	한자
人生朝露 (인생조로)	인생은 아침 이슬과 같이 덧없음.	사람 인 / 날 생 / 아침 조 / 이슬 로
人之常情 (인지상정)	사람이라면 누구나 가지는 보통의 인정이나 생각.	사람 인 / 어조사 지 / 항상 상 / 정 정
一擧兩得 (일거양득)	하나를 들어 둘을 얻음.	한 일 / 들 거 / 두 량 / 얻을 득
一網打盡 (일망타진)	그물을 한 번 쳐서 물고기를 모두 잡는다는 뜻으로, 한 번에 죄다 잡음.	한 일 / 그물 망 / 칠 타 / 다할 진
一石二鳥 (일석이조)	한 개의 돌을 던져 두 마리의 새를 잡음.	한 일 / 돌 석 / 두 이 / 새 조
一魚濁水 (일어탁수)	한 사람의 잘못으로 여러 사람이 그 해를 받게 됨을 뜻함.	한 일 / 물고기 어 / 흐릴 탁 / 물 수
一葉知秋 (일엽지추)	사소한 한 가지 일로써 큰일을 미루어 짐작할 수 있음을 뜻함.	한 일 / 잎 엽 / 알 지 / 가을 추
一衣帶水 (일의대수)	띠처럼 좁은 강이나 해협.	한 일 / 옷 의 / 띠 대 / 물 수

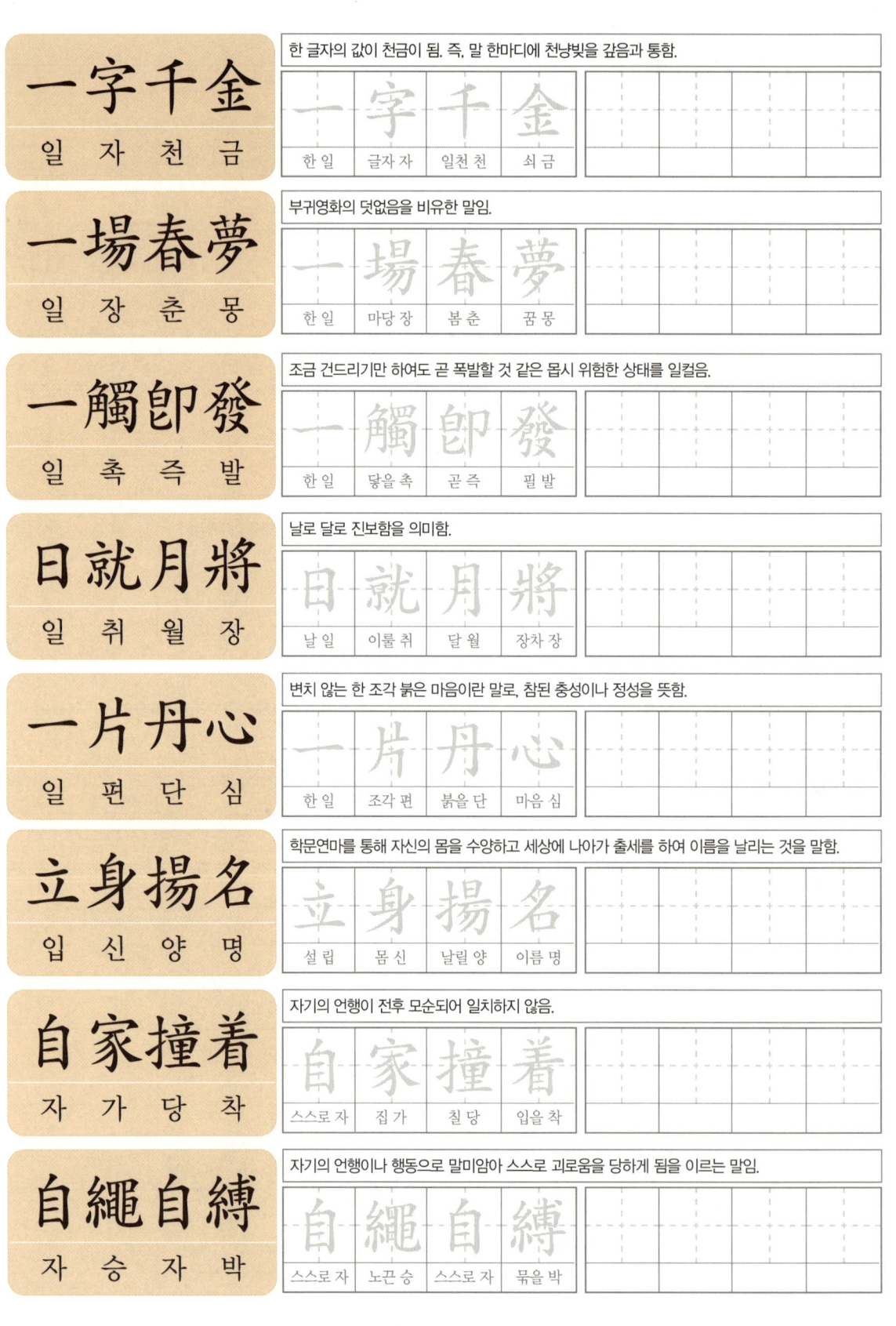

朝三暮四 조삼모사	아침에 세 개, 저녁에 네 개라는 뜻으로, 간사한 꾀를 써서 남을 속임을 이름.
	아침 조 / 석 삼 / 저물 모 / 넉 사

種豆得豆 종두득두	콩을 심어 콩을 거둔다는 말로, 원인에 따라 그에 맞는 결과가 생김을 일컬음.
	씨 종 / 콩 두 / 얻을 득 / 콩 두

坐井觀天 좌정관천	우물 속에 앉아 하늘을 쳐다본다는 뜻으로, 견문이 매우 좁음을 말함.
	앉을 좌 / 우물 정 / 볼 관 / 하늘 천

左之右之 좌지우지	왼쪽으로 돌리고 오른쪽으로 돌린다는 뜻으로, 제 마음대로 처리하거나 다루는 것을 이름.
	왼 좌 / 갈 지 / 오른 우 / 갈 지

晝耕夜讀 주경야독	어려운 여건 속에서도 꿋꿋이 공부함을 비유하는 말임.
	낮 주 / 밭갈 경 / 밤 야 / 읽을 독

走馬看山 주마간산	말을 타고 달리면서 산을 바라본다는 뜻으로, 대충 보고 지나감을 이름.
	달릴 주 / 말 마 / 볼 간 / 메 산

酒池肉林 주지육림	술로 만든 못과 고기로 만든 수풀이라는 뜻으로, 호화스럽고 방탕한 생활을 이름.
	술 주 / 못 지 / 고기 육 / 수풀 림

竹馬故友 죽마고우	대나무 말을 타고 놀던 옛 친구라는 뜻으로, 어릴 때부터 같이 자란 친구를 이름.
	대 죽 / 말 마 / 옛 고 / 벗 우

千慮一失 천려일실	천 가지 생각 가운데 한 가지 실수라는 뜻으로, 총명한 사람도 많은 생각을 하다 보면 하나쯤은 실수가 있음을 이름.
天方地軸 천방지축	가벼운 사람이 덤벙대는 모습이거나 몹시 급하여 방향을 모르고 함부로 날뛰는 모양을 말함.
泉石膏肓 천석고황	산수자연을 몹시 사랑함을 의미함.
千辛萬苦 천신만고	천 가지 매운 것과 만 가지 쓴 것이라는 뜻으로, 온갖 어려움을 다 겪으며 심하게 고생함.
天衣無縫 천의무봉	하늘의 선녀의 옷에는 바느질 자국이 없음. 자연스럽고 꾸밈이 없음.
千載一遇 천재일우	천년에 한 번 만난다는 뜻으로, 좀처럼 얻기 어려운 좋은 기회를 이르는 말임.
靑天白日 청천백일	푸른 하늘에서 밝게 비치는 해라는 뜻으로, 무죄를 가리키는 말로 쓰임.
靑天霹靂 청천벽력	푸른 하늘에서 치는 날벼락이라는 뜻으로, 뜻밖에 일어난 사고나 사건을 이름.

針小棒大 침 소 봉 대	바늘만한 것을 몽둥이만하다고 과장한다는 뜻으로, 작은 일을 크게 허풍떨어 말함을 가리킴.
他山之石 타 산 지 석	다른 산의 돌이라는 뜻으로, 다른 사람의 하찮은 언행이라도 나에게 도움이 될 수 있음.
泰山北斗 태 산 북 두	중국의 명산인 태산과 북두성이라는 뜻으로, 남에게 존경 받는 뛰어난 존재를 이름.
兎死狗烹 토 사 구 팽	토끼가 죽으면 사냥개도 삶아 먹는다는 뜻으로, 필요할 때는 쓰고 필요 없을 때는 가혹하게 버림.
破竹之勢 파 죽 지 세	대를 쪼개는 기세라는 뜻으로, 적을 거침없이 물리치고 쳐들어가는 기세를 이름.
敝袍破笠 폐 포 파 립	해진 도포나 부서진 갓이란 말로, 너절하고 구차한 차림새를 가리킴.
風樹之嘆 풍 수 지 탄	부모님이 돌아가셔서 효도할 기회를 잃은 것에 탄식함을 뜻함.
風前燈火 풍 전 등 화	바람 앞의 등불이라는 뜻으로, 매우 위태로운 형세를 이름.

好事多魔 (호사다마)
좋은 일에는 방해가 되는 일이 많음.
- 좋을 호 / 일 사 / 많을 다 / 마귀 마

浩然之氣 (호연지기)
하늘과 땅 사이에 가득 찬 넓고 큰 원기라는 뜻으로, 거침없이 넓고 큰 기개를 이름.
- 넓을 호 / 그럴 연 / 어조사 지 / 기운 기

好衣好食 (호의호식)
좋은 옷과 좋은 음식이라는 뜻으로, 잘 입고 잘 먹음 또는 그런 생활을 일컫는 말임.
- 좋아할 호 / 옷 의 / 좋아할 호 / 먹을 식

胡蝶之夢 (호접지몽)
장자가 나비가 되어 날아다닌 꿈으로, 인생의 덧없음의 비유하여 이름.
- 되 호 / 나비 접 / 어조사 지 / 꿈 몽

昏定晨省 (혼정신성)
저녁에는 잠자리를 보아 드리고, 아침에는 문안을 드림.
- 어두울 혼 / 정할 정 / 새벽 신 / 살필 성

紅爐點雪 (홍로점설)
벌겋게 단 화로에 떨어지는 한 점의 눈이라는 뜻으로, 큰 힘 앞에 맥을 못 추는 매우 작은 힘을 이르는 말임.
- 붉을 홍 / 화로 로 / 점 점 / 눈 설

弘益人間 (홍익인간)
널리 인간을 이롭게 한다는 단군의 건국이념.
- 넓을 홍 / 더할 익 / 사람 인 / 사이 간

畵龍點睛 (화룡점정)
용을 그릴 때 마지막으로 눈동자에 점을 찍어 완성시킨다는 뜻으로, 가장 중요한 부분을 그려 일을 끝낸다는 것을 가리킴.
- 그림 화 / 용 룡 / 점 점 / 눈동자 정

畫蛇添足	뱀을 그리는데 없는 발까지 더함을 뜻하는데, 안 해도 될 쓸데없는 일을 하다가 도리어 일을 그르치는 경우를 말함.
화사첨족	그림 화 / 긴 뱀 사 / 더할 첨 / 발 족

華胥之夢	화서(華胥)가 꾸었던 꿈이란 뜻으로, 좋은 꿈을 이름.
화서지몽	빛날 화 / 서로 서 / 어조사 지 / 꿈 몽

和氏之璧	화씨의 구슬이라는 뜻으로, 천하의 명옥(名玉)을 이름.
화씨지벽	화할 화 / 성씨 씨 / 어조사 지 / 구슬 벽

換骨奪胎	뼈대를 바꾸고 태를 바꾸어 쓴다는 뜻으로, 고인의 시문의 형식을 바꾸어서 먼저 것보다 잘되게 함을 이름.
환골탈태	바꿀 환 / 뼈 골 / 빼앗을 탈 / 아이밸 태

後生可畏	후배들이 선배들보다 젊어 학문을 닦음에 따라 더 뛰어날 수 있으므로 가히 두렵다는 말임.
후생가외	뒤 후 / 날 생 / 옳을 가 / 두려울 외

興亡盛衰	흥하고 망하고 성하고 쇠하는 일.
흥망성쇠	흥할 흥 / 망할 망 / 성할 성 / 쇠할 쇠

興盡悲來	즐거운 일이 다하면 슬픈 일이 닥쳐옴.
흥진비래	흥할 흥 / 다할 진 / 슬플 비 / 올 래

喜怒哀樂	기쁨과 노여움, 슬픔과 즐거움. 곧 사람의 여러 가지 감정을 이름.
희로애락	기쁠 희 / 성낼 로 / 슬플 애 / 즐거울 락

유의자

- 家 집 가 — 屋 집 옥
- 却 물리칠 각 — 斥 물리칠 척
- 可 옳을 가 — 義 옳을 의
- 間 사이 간 — 隔 사이뜰 격
- 加 더할 가 — 益 더할 익
- 干 방패 간 — 盾 방패 순
- 價 값 가 — 値 값 치
- 看 볼 간 — 覽 볼 람
- 歌 노래 가 — 謠 노래 요
- 幹 줄기 간 — 脈 줄기 맥
- 街 거리 가 — 道 길 도
- 簡 간략할 간 — 略 간략할 략
- 假 거짓 가 — 僞 거짓 위
- 監 볼 감 — 督 감독할 독
- 覺 깨달을 각 — 悟 깨달을 오
- 減 덜 감 — 縮 줄일 축

- 感 느낄 감 — 覺 깨달을 각

  感覺

- 蓋 덮을 개 — 覆 덮을 부

  蓋覆

- 剛 굳셀 강 — 健 굳셀 건

  剛健

- 慨 슬퍼할 개 — 悼 슬퍼할 도

  慨悼

- 康 편안 강 — 寧 편안 녕

  康寧

- 客 손 객 — 賓 손 빈

  客賓

- 介 낄 개 — 擁 낄 옹

  介擁

- 更 다시 갱 — 復 다시 부

  更復

- 簡 고칠 개 — 略 고칠 경

  簡略

- 拒 막을 거 — 絶 끊을 절

  拒絶

- 皆 다 개 — 總 다 총

  皆總

- 居 살 거 — 住 살 주

  居住

- 個 낱 개 — 枚 낱 매

  個枚

- 巨 클 거 — 大 큰 대

  巨大

- 開 열 개 — 啓 열 계

  開啓

- 車 수레 거 — 輛 수레 량

  車輛

- 擧 들 거 — 揭 높이들 게
- 犬 개 견 — 狗 개 구
- 乾 하늘 건 — 旻 하늘 민
- 遣 보낼 견 — 送 보낼 송
- 建 세울 건 — 設 베풀 설
- 絹 비단 견 — 錦 비단 금
- 健 굳셀 건 — 康 편안 강
- 結 맺을 결 — 約 맺을 약
- 劍 칼 검 — 刀 칼 도
- 潔 깨끗할 결 — 淨 깨끗할 정
- 檢 검사할 검 — 查 조사할 사
- 庚 별 경 — 辰 별 신
- 牽 끌 견 — 引 끌 인
- 卿 벼슬 경 — 尉 벼슬 위
- 堅 굳을 견 — 固 굳을 고
- 硬 굳을 경 — 確 굳을 확

- 敬 공경 경 — 欽 공경할 흠
- 戒 경계할 계 — 儆 경계할 경
- 經 지날 경 — 過 지날 과
- 溪 시내 계 — 川 내 천
- 競 다툴 경 — 爭 다툴 쟁
- 鷄 닭 계 — 酉 닭 유
- 境 지경 경 — 界 지경 계
- 古 옛 고 — 舊 옛 구
- 階 섬돌 계 — 層 층 층
- 孤 외로울 고 — 獨 홀로 독
- 繼 이을 계 — 續 이을 속
- 考 생각할 고 — 慮 생각할 려
- 計 셀 계 — 算 셈 산
- 谷 골 곡 — 洞 골 동
- 系 이어맬 계 — 係 맬 계
- 哭 울 곡 — 鳴 울 명

- 穀 곡식 곡 — 糧 양식 량
- 坤 땅 곤 — 地 땅 지
- 困 곤할 곤 — 難 어려울 난
- 空 빌 공 — 虛 빌 허
- 恭 공손할 공 — 敬 공경 경
- 貢 바칠 공 — 獻 드릴 헌
- 攻 칠 공 — 擊 칠 격
- 功 공 공 — 勳 공 훈

- 共 한가지 공 — 同 한가지 동
- 恐 두려울 공 — 怖 두려워할 포
- 戈 창 과 — 矛 창 모
- 寡 적을 과 — 少 적을 소
- 過 지날 과 — 去 갈 거
- 果 실과 과 — 實 열매 실
- 貫 꿸 관 — 撤 통할 철
- 觀 볼 관 — 覽 볼 람

• 觀 볼 관 — 察 살필 찰	• 救 구원할 구 — 濟 건널 제
觀察	救濟

• 光 빛 광 — 色 빛 색	• 口 입 구 — 舌 혀 설
光色	口舌

• 愧 부끄러울 괴 — 慙 부끄러울 참	• 購 살 구 — 買 살 매
愧慙	購買

• 郊 들 교 — 野 들 야	• 群 무리 군 — 衆 무리 중
郊野	群衆

• 校 학교 교 — 庠 학교 상	• 君 임금 군 — 主 주인 주
校庠	君主

• 敎 가르칠 교 — 訓 가르칠 훈	• 屈 굽힐 굴 — 折 꺾을 절
敎訓	屈折

• 區 구분할 구 — 域 지경 역	• 窮 다할 궁 — 極 극할 극
區域	窮極

• 具 갖출 구 — 備 집갖출 비	• 勸 권할 권 — 奬 장려할 장
具備	勸奬

• 均 고를 균 — 等 무리 등	• 技 재주 기 — 藝 재주 예
規律	技藝

• 極 극할 극 — 端 끝 단	• 冀 바랄 기 — 望 바랄 망
極端	冀望

• 根 뿌리 근 — 源 근원 원	• 飢 주릴 기 — 餓 주릴 아
根源	飢餓

• 根 뿌리 근 — 本 근본 본	• 基 터 기 — 底 밑 저
根本	基底

• 給 줄 급 — 與 더불 여	• 記 기록할 기 — 錄 기록할 록
給與	記錄

• 冀 속일 기 — 望 속일 사	• 寄 부칠 기 — 與 더불 여
冀望	寄與

• 祈 빌 기 — 祝 빌 축	• 技 재주 기 — 術 재주 술
祈祝	技術

• 豈 어찌 기 — 奈 어찌 내	• 緊 긴할 긴 — 要 요긴할 요
豈奈	緊要

- 娘 계집 낭 — 姬 계집 희
- 年 해 년 — 歲 해 세
- 念 생각 념 — 慮 생각 려
- 旦 아침 단 — 朝 아침 조
- 但 다만 단 — 只 다만 지
- 團 둥글 단 — 圓 둥글 원
- 單 홑 단 — 獨 홀로 독
- 斷 끊을 단 — 絶 끊을 절

- 談 말씀 담 — 話 말씀 화
- 擔 멜 담 — 荷 멜 하
- 當 마땅 당 — 宜 마땅 의
- 道 길 도 — 路 길 로
- 盜 도둑 도 — 賊 도둑 적
- 到 이를 도 — 着 붙을 착
- 逃 도망할 도 — 避 피할 피
- 到 이를 도 — 達 이를 달

• 敦 도타울 돈 — 篤 도타울 독	• 隆 높을 륭 — 盛 성할 성
• 連 이을 련 — 續 이을 속	• 烈 매울 렬 — 辛 매울 신
• 憐 가련할 련 — 憫 민망할 민	• 羅 벌릴 라 — 列 벌릴 렬
• 嶺 고개 령 — 峴 고개 현	• 朗 밝을 랑 — 亮 밝을 량
• 老 늙을 로 — 耆 늙을 기	• 良 어질 량 — 仁 어질 인
• 祿 녹 록 — 俸 녹 봉	• 麗 고울 려 — 姸 고울 연
• 雷 우레 뢰 — 震 우레 진	• 鍊 쇠불릴 련 — 鍛 쇠불릴 단
• 留 머무를 류 — 駐 머무를 주	• 離 떠날 리 — 別 다를 별

- 滿 찰 만 — 盈 찰 영
- 毛 털 모 — 髮 터럭 발
- 里 마을 리 — 閭 마을 려
- 沐 머리감을 목 — 浴 목욕할 욕
- 末 끝 말 — 尾 꼬리 미
- 睦 화목할 목 — 穆 화목할 목
- 麥 보리 맥 — 牟 보리 모
- 沒 빠질 몰 — 溺 빠질 닉
- 孟 맏 맹 — 允 맏 윤
- 茂 무성할 무 — 郁 성할 욱
- 勉 힘쓸 면 — 勵 힘쓸 려
- 問 물을 문 — 諮 물을 자
- 滅 멸할 멸 — 亡 망할 망
- 門 집 문 — 戶 집 호
- 模 본뜰 모 — 範 법 범
- 文 글월 문 — 章 글 장

• 物 물건 물 — 件 물건 건	• 白 흰 백 — 皓 흴 호
• 美 아름다울 미 — 徽 아름다울 휘	• 法 법 법 — 規 법 규
• 微 작을 미 — 扁 작을 편	• 變 변할 변 — 化 될 화
• 飯 밥 반 — 餐 밥 찬	• 兵 병사 병 — 卒 군사 졸
• 返 돌이킬 반 — 還 돌아올 환	• 保 지킬 보 — 護 도울 호
• 芳 꽃다울 방 — 馨 꽃다울 형	• 報 알릴 보 — 告 고할 고
• 傍 곁 방 — 旁 곁 방	• 寶 보배 보 — 鈺 보배 옥
• 背 등 배 — 後 뒤 후	• 福 복 복 — 祐 복 우

- 否 아닐 부 — 不 아닐 부
- 貧 가난할 빈 — 窮 궁할 궁
- 扶 도울 부 — 助 도울 조
- 辭 말씀 사 — 說 말씀 설
- 副 버금 부 — 次 버금 차
- 思 생각 사 — 念 생각 념
- 附 붙을 부 — 屬 붙일 속
- 思 생각 사 — 考 생각할 고
- 紛 어지러울 분 — 紊 어지러울 문
- 事 일 사 — 務 힘쓸 무
- 崩 무너질 붕 — 壞 무너질 괴
- 寺 절 사 — 刹 절 찰
- 批 비평할 비 — 評 비평할 평
- 師 스승 사 — 傅 스승 부
- 毘 도울 비 — 襄 도울 양
- 産 낳을 산 — 娩 낳을 만

• 殺 죽일 살 — 劉 죽일 류	• 宣 베풀 선 — 布 베풀 포
殺劉	宣布

• 商 장사 상 — 賈 장사 고	• 選 가릴 선 — 擇 가릴 택
商賈	選擇

• 祥 상서 상 — 瑞 상서 서	• 旋 돌 선 — 廻 돌 회
祥瑞	旋廻

• 傷 다칠 상 — 害 해할 해	• 船 배 선 — 舶 배 박
傷害	船舶

• 恕 용서할 서 — 赦 용서할 사	• 盛 성할 성 — 旺 왕성할 왕
恕赦	盛旺

• 署 마을 서 — 閻 마을 염	• 省 살필 성 — 察 살필 찰
署閻	省察

• 書 글 서 — 冊 책 책	• 洗 씻을 세 — 濯 씻을 탁
書冊	洗濯

• 釋 풀 석 — 放 놓을 방	• 素 본디 소 — 朴 소박할 박
釋放	素朴

- 損 덜 손 — 害 해할 해

  損害

- 承 이을 승 — 繼 이을 계

  承繼

- 隨 따를 수 — 扈 따를 호

  隨扈

- 試 시험 시 — 驗 시험 험

  試驗

- 樹 나무 수 — 木 나무 목

  樹木

- 施 베풀 시 — 設 베풀 설

  施設

- 受 받을 수 — 納 들일 납

  受納

- 息 쉴 식 — 憩 쉴 게

  息憩

- 搜 찾을 수 — 索 찾을 색

  搜索

- 身 몸 신 — 體 몸 체

  身體

- 授 줄 수 — 與 더불 여

  授與

- 心 마음 심 — 性 성품 성

  心性

- 純 순수할 순 — 潔 깨끗할 결

  純潔

- 深 깊을 심 — 濬 깊을 준

  深濬

- 崇 높을 숭 — 高 높을 고

  崇高

- 眼 눈 안 — 目 눈목

  眼目

- 暗 어두울 암 — 黑 검을 흑
- 愛 사랑 애 — 好 좋을 호
- 樣 모양 양 — 態 모습 태
- 涯 물가 애 — 洙 물가 수
- 藥 약 약 — 劑 약제 제
- 養 기를 양 — 飼 기를 사
- 樣 모양 양 — 態 모습 태
- 言 말씀 언 — 語 말씀 어

- 業 일 업 — 務 힘쓸 무
- 輿 수레 여 — 軻 수레 가
- 連 잇닿을 연 — 絡 이을 락
- 緣 인연 연 — 由 말미암을 유
- 硏 갈 연 — 究 연구할 구
- 永 길 영 — 遠 멀 원
- 藝 재주 예 — 術 재주 술
- 梧 오동 오 — 桐 오동 동

- 傲 거만할 오 — 慢 거만할 만

傲慢

- 怨 원망할 원 — 恨 한 한

怨恨

- 誤 그르칠 오 — 謬 그르칠 류

誤謬

- 偉 클 위 — 大 큰 대

偉大

- 溫 따뜻할 온 — 暖 따뜻할 난

溫暖

- 恩 은혜 은 — 惠 은혜 혜

恩惠

- 完 완전할 완 — 全 온전 전

完全

- 音 소리 음 — 聲 소리 성

音聲

- 要 요긴할 요 — 求 구할 구

要求

- 議 의논할 의 — 論 논할 논

議論

- 憂 근심 우 — 愁 근심 수

憂愁

- 意 뜻 의 — 旨 뜻 지

意旨

- 元 으뜸 원 — 覇 으뜸 패

元覇

- 衣 옷 의 — 服 옷 복

衣服

- 園 동산 원 — 苑 나라동산 원

園苑

- 利 이할 이 — 益 더할 익

利益

仁 어질 인 — 慈 사랑 자	政 정사 정 — 治 다스릴 치
認 알 인 — 識 알 식	淨 깨끗할 정 — 潔 깨끗할 결
引 끌 인 — 導 인도할 도	晶 맑을 정 — 淑 맑을 숙
姿 모양 자 — 貌 모양 모	正 바를 정 — 直 곧을 직
財 재물 재 — 貨 재물 화	停 머무를 정 — 止 그칠 지
貯 쌓을 저 — 蓄 모을 축	製 지을 제 — 作 지을 작
戰 싸울 전 — 爭 다툴 쟁	帝 임금 제 — 王 임금 왕
靜 고요할 정 — 寂 고요할 적	調 고를 조 — 和 화할 화

- 組 짤 조 ― 織 짤 직

  組織

- 尊 높을 존 ― 貴 귀할 귀

  尊貴

- 存 있을 존 ― 在 있을 재

  存在

- 卒 군사 졸 ― 兵 병사 병

  卒兵

- 終 마칠 종 ― 末 끝 말

  終末

- 終 마칠 종 ― 了 마칠 료

  終了

- 住 살 주 ― 居 살 거

  住居

- 俊 준걸 준 ― 傑 뛰어날 걸

  俊傑

- 重 무거운 중 ― 厚 두터울 후

  重厚

- 中 가운데 중 ― 央 가운데 앙

  中央

- 增 더할 증 ― 加 더할 가

  增加

- 知 알 지 ― 識 알 식

  知識

- 進 나아갈 진 ― 就 나아갈 취

  進就

- 窒 막힐 질 ― 塞 막힐 색

  窒塞

- 疾 병 질 ― 病 병 병

  疾病

- 秩 차례 질 ― 序 차례 서

  秩序

- **參** 참여할 참 — **與** 더불 여

  參與

- **侵** 침노할 침 — **掠** 노략질 략

  侵掠

- **倉** 곳집 창 — **庫** 곳집 고

  倉庫

- **土** 흙 토 — **地** 땅 지

  土地

- **淸** 맑을 청 — **潔** 깨끗할 결

  淸潔

- **退** 물러날 퇴 — **却** 물리칠 각

  退却

- **充** 채울 충 — **滿** 찰 만

  充滿

- **鬪** 싸움 투 — **爭** 다툴 쟁

  鬪爭

- **測** 헤아릴 측 — **量** 헤아릴 량

  測量

- **皮** 가죽 피 — **膚** 살갗 부

  皮膚

- **層** 층 층 — **階** 섬돌 계

  層階

- **畢** 마칠 필 — **竟** 마침내 경

  畢竟

- **親** 친할 친 — **族** 겨레 족

  親族

- **河** 물 하 — **川** 내 천

  河川

- **打** 칠 타 — **擊** 칠 격

  打擊

- **下** 아래 하 — **降** 내릴 강

  下降

- **學** 배울 학 — **習** 익힐 습

- **寒** 찰 한 — **冷** 찰 랭

- **行** 행할 행 — **爲** 할 위

- **幸** 다행 행 — **福** 복 복

- **虛** 빌 허 — **空** 빌 공

- **許** 허락할 허 — **諾** 허락할 낙

- **憲** 법 헌 — **法** 법 법

- **顯** 나타날 현 — **著** 나타날 저

- **穴** 굴 혈 — **窟** 굴 굴

- **刑** 형벌 형 — **罰** 벌할 벌

- **和** 화할 화 — **睦** 화목할 목

- **確** 굳을 확 — **固** 굳을 고

- **歡** 기쁠 환 — **喜** 기쁠 희

- **會** 모일 회 — **社** 모일 사

- **休** 쉴 휴 — **息** 쉴 식

- **希** 바랄 희 — **望** 바랄 망

반대자

- 加 더할 가 ↔ 減 덜 감
- 可 옳을 가 ↔ 否 아닐 부
- 干 방패 간 ↔ 矛 창 모
- 降 내릴 강 ↔ 陟 오를 척
- 江 강 강 ↔ 山 메 산
- 强 강할 강 ↔ 弱 약할 약
- 開 열 개 ↔ 閉 닫을 폐
- 皆 다 개 ↔ 枚 낱 매
- 慨 슬퍼할 개 ↔ 怡 기쁠 이
- 巨 클 거 ↔ 扁 작을 편
- 去 갈 거 ↔ 來 올 래
- 慶 경사 경 ↔ 弔 조상할 조
- 輕 가벼울 경 ↔ 重 무거울 중
- 京 서울 경 ↔ 鄕 시골 향
- 高 높을 고 ↔ 低 낮을 저
- 苦 쓸 고 ↔ 樂 즐거울 락

247

- 姑 시어미 고 ↔ 婦 며느리 부
- 官 벼슬 관 ↔ 民 백성 민
- 曲 굽을 곡 ↔ 直 곧을 직
- 廣 넓을 광 ↔ 陝 좁을 협
- 坤 땅 곤 ↔ 旻 하늘 민
- 敎 가르칠 교 ↔ 學 배울 학
- 空 빌 공 ↔ 盈 찰 영
- 購 살 구 ↔ 販 팔 판
- 功 공 공 ↔ 過 허물 과
- 君 임금 군 ↔ 臣 신하 신
- 公 공적인 공 ↔ 私 사사 사
- 貴 귀할 귀 ↔ 賤 천할 천
- 攻 칠 공 ↔ 防 막을 방
- 勤 부지런할 근 ↔ 怠 게으를 태
- 攻 칠 공 ↔ 守 지킬 수
- 急 미칠 급 ↔ 落 떨어질 락

• 起 일어날 기 ↔ 伏 엎드릴 복	• 斷 끊을 단 ↔ 紹 이을 소
起伏	斷紹

• 起 일어날 기 ↔ 寢 잘 침	• 答 대답 답 ↔ 諮 물을 자
起寢	答諮

• 吉 길할 길 ↔ 凶 흉할 흉	• 大 큰 대 ↔ 扁 작을 편
吉凶	大扁

• 難 어려울 난 ↔ 易 쉬울 이	• 大 큰 대 ↔ 小 작을 소
難易	大小

• 男 사내 남 ↔ 女 계집 녀	• 悼 슬퍼할 도 ↔ 兌 기쁠 태
男女	悼兌

• 南 남녘 남 ↔ 北 북녘 북	• 東 동녘 동 ↔ 西 서녘 서
南北	東西

• 內 안 내 ↔ 外 밖 외	• 凍 얼 동 ↔ 熔 녹을 용
內外	凍熔

• 多 많을 다 ↔ 少 적을 소	• 貸 빌려줄 대 ↔ 借 빌릴 차
多少	貸借

- 動 움직일 동 ↔ 靜 고요할 정

動靜

- 同 한가지 동 ↔ 異 다를 이

同異

- 得 얻을 득 ↔ 失 잃을 실

得失

- 裸 벗을 라 ↔ 着 붙을 착

裸着

- 拉 끌 랍 ↔ 推 밀 추

拉推

- 郎 사내 랑 ↔ 媛 계집 원

郎媛

- 勞 일할 로 ↔ 使 부릴 사

勞使

- 老 늙을 로 ↔ 少 젊을 소

老少

- 晚 늦을 만 ↔ 早 이를 조

晚早

- 忙 바쁠 망 ↔ 閑 한가할 한

忙閑

- 賣 팔 매 ↔ 買 살 매

賣買

- 枚 낱 매 ↔ 總 다 총

枚總

- 明 밝을 명 ↔ 暗 어두울 암

明暗

- 矛 창 모 ↔ 盾 방패 순

矛盾

- 問 물을 문 ↔ 兪 대답할 유

問兪

- 問 물을 문 ↔ 答 대답 답

問答

반의어	반의어
• 文 글월 문 ↔ 武 호반 무	• 放 놓을 방 ↔ 秉 잡을 병
• 物 물건 물 ↔ 心 마음 심	• 汎 넓을 범 ↔ 陜 좁을 협
• 微 작을 미 ↔ 碩 클 석	• 普 넓을 보 ↔ 陜 좁을 협
• 民 백성 민 ↔ 后 임금 후	• 本 근본 본 ↔ 末 끝 말
• 博 넓을 박 ↔ 陜 좁을 협	• 夫 지아비 부 ↔ 婦 지어미 부
• 班 나눌 반 ↔ 綜 모을 종	• 發 떠날 발 ↔ 着 붙을 착
• 班 나눌 반 ↔ 常 보통 상	• 分 나눌 분 ↔ 綜 모을 종
• 發 떠날 발 ↔ 着 붙을 착	• 妃 왕비 비 ↔ 后 임금 후

- 卑 낮을 비 ↔ 亢 높을 항
- 悲 슬플 비 ↔ 兌 기쁠 태
- 貧 가난할 빈 ↔ 富 부자 부
- 氷 얼음 빙 ↔ 炭 숯 탄
- 師 스승 사 ↔ 弟 제자 제
- 死 죽을 사 ↔ 活 살 활
- 山 메 산 ↔ 川 내 천
- 山 메 산 ↔ 河 물 하

- 山 메 산 ↔ 海 바다 해
- 散 흩을 산 ↔ 綜 모을 종
- 賞 상줄 상 ↔ 罰 벌할 벌
- 上 위 상 ↔ 下 아래 하
- 生 날 생 ↔ 死 죽을 사
- 析 쪼갤 석 ↔ 合 합할 합
- 碩 클 석 ↔ 扁 작을 편
- 善 착할 선 ↔ 惡 악할 악

- 先 먼저 선 ↔ 後 뒤 후

  先後

- 手 손 수 ↔ 足 발 족

  手足

- 盛 성할 성 ↔ 衰 쇠할 쇠

  盛衰

- 守 지킬 수 ↔ 歐 칠 구

  守歐

- 成 이룰 성 ↔ 敗 패할 패

  成敗

- 昇 오를 승 ↔ 降 내릴 강

  昇降

- 小 작을 소 ↔ 奭 클 석

  小奭

- 勝 이길 승 ↔ 敗 패할 패

  勝敗

- 紹 이을 소 ↔ 絶 끊을 절

  紹絶

- 是 옳을 시 ↔ 非 아닐 비

  是非

- 損 덜 손 ↔ 益 더할 익

  損益

- 始 시작 시 ↔ 終 마칠 종

  始終

- 需 쓸 수 ↔ 給 줄 급

  需給

- 新 새 신 ↔ 舊 예 구

  新舊

- 授 줄 수 ↔ 受 받을 수

  授受

- 伸 펼 신 ↔ 縮 줄일 축

  伸縮

- 臣 신하 신 ↔ 后 임금 후
- 言 말씀 언 ↔ 行 다닐 행
- 心 마음 심 ↔ 身 몸 신
- 與 더블 여 ↔ 野 들 야
- 殃 재앙 앙 ↔ 祐 복 우
- 逆 거스를 역 ↔ 順 순할 순
- 安 편할 안 ↔ 危 위태할 위
- 厭 싫어할 염 ↔ 好 좋을 호
- 哀 슬플 애 ↔ 怡 기쁠 이
- 玉 구슬 옥 ↔ 石 돌 석
- 哀 슬플 애 ↔ 歡 기쁠 환
- 溫 따뜻할 온 ↔ 冷 찰 랭
- 愛 사랑 애 ↔ 憎 미울 증
- 穩 편안할 온 ↔ 危 위태할 위
- 抑 누를 억 ↔ 揚 날릴 양
- 翁 늙은이 옹 ↔ 幼 어릴 유

• 緩 느릴 완 ↔ 急 급할 급	• 異 다를 이 ↔ 同 한가지 동
• 往 갈 왕 ↔ 來 올 래	• 離 떠날 이 ↔ 合 합할 합
• 愚 어리석을 우 ↔ 賢 어질 현	• 利 이로울 이 ↔ 害 해할 해
• 遠 멀 원 ↔ 近 가까울 근	• 因 인할 인 ↔ 果 결과 과
• 有 있을 유 ↔ 無 없을 무	• 日 날 일 ↔ 月 달 월
• 陸 뭍 륙 ↔ 海 바다 해	• 入 들 입 ↔ 出 날 출
• 隱 숨을 은 ↔ 顯 나타날 현	• 姉 손윗누이 자 ↔ 妹 누이 매
• 陰 그늘 음 ↔ 陽 볕 양	• 自 스스로 자 ↔ 他 남 타

- 雌 암컷 자 ↔ 雄 수컷 웅

雌雄

- 淨 깨끗할 정 ↔ 汚 더러울 오

淨汚

- 長 길 장 ↔ 短 짧을 단

長短

- 早 이를 조 ↔ 晚 늦을 만

早晚

- 將 장수 장 ↔ 卒 병사 졸

將卒

- 朝 아침 조 ↔ 夕 저녁 석

朝夕

- 將 장수 장 ↔ 兵 병사 병

將兵

- 存 있을 존 ↔ 亡 망할 망

存亡

- 低 낮을 저 ↔ 峻 높을 준

低峻

- 存 있을 존 ↔ 廢 버릴 폐

存廢

- 戰 싸움 전 ↔ 和 화할 화

戰和

- 縱 세로 종 ↔ 橫 가로 횡

縱橫

- 前 앞 전 ↔ 後 뒤 후

前後

- 左 왼 좌 ↔ 右 오른 우

左右

- 正 바를 정 ↔ 誤 그르칠 오

正誤

- 主 주인 주 ↔ 客 손님 객

主客

• 晝 낮 주 ↔ 夜 밤 야	• 贊 찬성할 찬 ↔ 反 반대할 반
晝夜	贊反

• 主 주인 주 ↔ 從 종 종	• 悽 슬퍼할 처 ↔ 兌 기쁠 태
主從	悽兌

• 增 더할 증 ↔ 減 덜 감	• 隻 외짝 척 ↔ 雙 두 쌍
增減	隻雙

• 遲 더딜 지 ↔ 速 빠를 속	• 天 하늘 천 ↔ 地 땅 지
遲速	天地

• 眞 참 진 ↔ 假 거짓 가	• 淸 맑을 청 ↔ 濁 흐릴 탁
眞假	淸濁

• 眞 참 진 ↔ 僞 거짓 위	• 推 밀 추 ↔ 惹 이끌 야
眞僞	推惹

• 進 나아갈 진 ↔ 退 물러날 퇴	• 春 봄 춘 ↔ 秋 가을 추
進退	春秋

• 集 모을 집 ↔ 配 나눌 배	• 出 날 출 ↔ 缺 빠질 결
集配	出缺

- 出 날 출 ↔ 納 들일 납

  出納

- 好 좋을 호 ↔ 惡 싫어할 오

  好惡

- 出 날 출 ↔ 入 들 입

  出入

- 呼 숨내쉴 호 ↔ 吸 마실 흡

  呼吸

- 表 겉 표 ↔ 裏 속 리

  表裏

- 和 화할 화 ↔ 爭 다툴 쟁

  和爭

- 彼 저 피 ↔ 此 이 차

  彼此

- 皇 임금 황 ↔ 臣 신하 신

  皇臣

- 寒 찰 한 ↔ 暖 따뜻할 난

  寒暖

- 黑 검을 흑 ↔ 白 흰 백

  黑白

- 虛 빌 허 ↔ 實 열매 실

  虛實

- 興 흥할 흥 ↔ 亡 망할 망

  興亡

- 狹 좁을 협 ↔ 浩 넓을 호

  狹浩

- 喜 기쁠 희 ↔ 怒 성낼 노

  喜怒

- 兄 맏 형 ↔ 弟 아우 제

  兄弟

- 喜 기쁠 희 ↔ 悲 슬플 비

  喜悲